KB241109

중국어와 중국문화, 어떻게 읽고 가르칠 것인가?

중국어와 중국문화,

김현주 외 지음

어떻게 읽고 가르칠 것인가?

KSI 한국학술정보㈜

머리말

　장구한 세월 동안 이어져 온 역사가 우리에게 알려주듯이, 아울러 오늘의 첨예한 현실이 다시 강조하듯이, 중국은 우리에게 떼려야 뗄 수 없는 존재로서 자리 잡고 있다. 역사가 시작된 이래로 지속되어 온 중국과의 관계가 비록 지나간 수십 년 간 현대사의 굴곡으로 일시 단절되기는 했지만, 그 기간은 전체로 보면 미미하다 할 정도에 불과하다. 이를 증명이라도 하듯 10여 년 전 공식적으로 관계를 회복한 한국과 중국 두 나라는 마치 그 동안의 소원함을 보상이라도 하겠다는 듯 급속하게 서로의 존재감을 상위에서 확인하고 있다.

　많은 분들이 지적하는 바와 같이 이럴 때일수록 중국을 더 깊이, 더 넓게 알아야 한다는 주장은 이미 당위적으로 수용되고 있다. 그러나 우리 사회에서 중국을 안다는 것은 여전히 때로는 분열적이며 당착적이고 투명하지 않은 어떤 상태를 의미하기도 한다. 중국의 고전은 마치 유토피아와도 같이 지향해야 할 그 무엇으로 받아들여지기도 하고, 중국의 현재는 극복하거나 위협적 존재로 인식되기도 한다. 중국을 '알아간다는' 일은 두터운 시간의 층을 켜켜이 쌓아야만 가능한 일일 것임은 물론이다. 그럼에도 중국을 공부하는 많은 분들이 공통적으로 주장하는 것은 중국의 언어와 문화를 바탕에 둔 접근 방식이다.

　오리엔탈리즘의 예에서 보는 바와 같이 타인의 시선으로 자신의 내부를 들여다보는 일이 갖고 있는 분명한 한계를 어떻게 극복할 것인가 하는 문제가 우리 스스로의 중국 연구를 비주체적인 내재화 경향에서 벗어나게 할 것이며, 또한 동아시아라는 권역을 넘어서 외부의 시선으로 이를 해독하려는 태도에 대해서도 경계심을 갖게 할 것이다. 이른바 우리는 스스로의 입장에서 바라보는 중국이라는 쉽지 않은 수정의 노선을 택해야 할 것이다.

그러저러한 상황들을 모두 극복하기 위한 기본 중의 기본이란 역시 중국어와 중국 문화에 관한 지속적인 관심이다. 너무 멀지도 그렇다고 너무 가깝지도 않은 자리에서 중국을 읽어낼 수 있는 힘이 거기에서 생겨나리라고 믿는다. 이 책의 집필에 참여한 우리 모두는 그러한 마음가짐으로 책을 엮어내고자 하였다.

이 책의 출간은 우리 모두에게 매우 뜻 깊은 일이다. 이 책의 집필에 참여한 우리 모두는 올해 깊은 아쉬움과 감사의 마음을 다시 한 번 되새겨보는 시간을 갖게 되었다. 우리의 스승이신 갈산(葛山) 강계철 선생님께서 올해 2월 넉넉하게 우리를 지켜주시던 교정을 떠나가셨기 때문이다. 우리는 정들었던 교정을 떠나시는 선생님을 위해서 무엇을 해 드릴 수 있을까 고민했다. 이러저러한 의견들이 나왔지만 우리가 할 수 있는 가장 빛나는 일은 결국 선생님께 책을 엮어 드리는 일이라는 데 아무도 이의를 제기하지는 못했다.

여기에 글을 낸 이들은 모두 선생님의 문하에서 공식·비공식적으로 가르침을 받으며 자신의 연구와 학문을 키워왔다. 무릇 책을 낸다는 일은 집중된 주제 의식을 요구하는 일이다. 선생님의 인품과 학문에 가장 잘 어울리는 주제가 무엇일까 하는 고민 끝에 우리는 그 동안 선생님께서 연구와 강의를 통해 개척해 오셨던 분야이자 우리 모두가 선생님을 통해 가르침을 받을 수 있었던 분야에 집중하기로 하였다. 선생님은 27년이 넘는 세월 동안 중국어를 기반으로 하고 그 위에서 중국 연극이라는 연구 분야를 개척해 오셨다. 중국어는 중국을 공부하는 이들이라면 누구에게나 필수불가결한 기본 영역이지만, 이에 관한 학문적·경험적 성과의 축적은 미미한 상태이다. 선생님께서는 한국외국어대학교 중국어과에서 무엇보다 이 분야에 대한 관심과 애정을 가지고 학생들에게 어떻게 중국어를 잘 가르칠 수 있을까 고민하고 연구해 오셨고, 이를 바탕으로 교육대학원 등에서도 관련 강좌를 꾸준히 개설하신 바 있다. 또, 그

간의 중국 문학 연구가 대체로 소위 정통이라 하는 '아(雅)' 문학의 범주에만 머물러 있는 현실에 대하여 '속(俗)' 문학으로서의 대중 문학과 문화에 관심을 기울여 오셨다. 중국 연극에 대한 연구와 강의는 국내 중문학계에서도 매우 드물게 이뤄지고 있는 상황임에도 선생님의 분명한 '노선'을 통해 우리는 중국 문학 연구의 균형을 잡을 수 있었던 것이다. 이러한 상황에서 우리는 중국어, 중국문화, 그리고 이들에 대한 교육이라는 핵심어를 추출할 수 있었고 이와 관련한 다양한 글들을 모을 수 있었다.

그 결과물로 여기 이렇게 작은 책 한 권을 출간할 수 있게 되었음을 매우 기쁘게 생각한다. 그러나 다시 곰곰이 생각해 보면, 좀 더 많은 필자들이 참여하지 못한 점과 모인 글들이 더욱 압축적인 주제 의식으로 일관되지 못한 점은 아쉬울 뿐이다. 선생님에게 누가 되지나 않을까 저어하여 끝내 책을 출간할 것인가를 놓고 고심을 거듭했지만, 이렇게나마 우리 스스로를 위로하고, 또 선생님에게 작은 선물을 드리려고 굳은 마음을 다잡았다. 혹시라도 눈에 뜨이는 잘못은 모두 못난 제자들의 탓이니 너그러운 마음으로 해량하여 주시길 바랄 뿐이다. 한 가지 더 부언하면 여기 모인 글들 중 류기수, 송철규, 이정인의 글은 처음으로 발표되는 것이며 나머지는 이전에 쓴 글들을 다시 고치고 다듬어서 내놓은 것임을 밝혀둔다.

책이 나오면 5월이 가기 전에 선생님을 모시고 조촐한 자리를 마련하고자 한다. 오랜만에 술잔을 기울이며 선생님께 다시 인생과 학문에 관한 말씀을 듣고 싶다. 강의실에 앉아 선생님의 강의를 들었던 소년 시절로 다시 돌아가면 옛 추억이 새록새록 펼쳐질 것이다. 거기다 선생님께서 건네주시는 술도 한 잔 기울이노라면 그보다 더한 즐거움이 또 있을까 싶다.

2007년 4월
스승 갈산 선생님께 이 책을 바친다.

차 례

Ⅰ 중국 연극과 영화 교육

Ⅱ 중국 문화학의 제 면모

Ⅲ 중국어와 중국 문화 교육의 방법들

I

중국 연극과 영화 교육

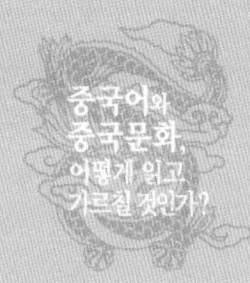

중국어와
중국문화,
어떻게 읽고
가르칠 것인가?

중국의 희곡교육론

- 리위의 희곡론을 중심으로

송철규

중국의 희곡은 송·원·명대를 거치면서 지속적인 발전을 보였다. 그래서 「두아의 원한(竇娥寃)」, 「서상기(西廂記)」, 「한궁의 가을(漢宮秋)」, 「조씨고아(趙氏孤兒)」, 「모란정(牧丹亭)」 등 높은 수준의 창작물이 연이어 탄생했다. 이와 더불어 이런 작품을 공연하기 위해 필요한 창작론, 연출론, 공연론, 교육론 등의 모색도 이어졌다. 그러나 이론의 정립은 작품의 창작에 훨씬 뒤떨어지는 형편이었다. 왕지더(王驥德)의 『곡률(曲律)』은 이런 상황을 크게 만회하여 다방면에서 희곡이론의 정립을 위한 기틀을 마련하였다. 그러나 여전히 많은 문제점들[1]을 안고 있었기에 새로운 이론서의 출현을 기다려야 했다. 리위(李漁)의 『이립옹곡

---

1) 뚜수잉(杜書瀛)은 「리위의 생평과 사상 개관(李漁生平思想槪觀)」에서 『이립옹곡화』 이전의 희곡이론서들의 문제점을 크게 세 가지로 지적하였다. 첫째, 문장(詞采)과 음률에 지나치게 치중하여 희극의 특징을 살리지 못했기 때문에 일반 시화(詩話) 및 사화(詞話)와 다를 바 없었다. 둘째, 창작론 부분을 많이 언급하였으나 체계적이지 못하고 완정한 체계를 갖추지 못하였다. 셋째, 희곡 창작과 무대 공연을 연계시켜 고찰하지 못하였다.

화(李笠翁曲話)』이 나옴으로써 중국의 희곡론은 창작과의 격차를 줄였을 뿐만 아니라 진정한 의미에서 중국고전희곡이론을 집대성할 수 있었다. 중국고전희곡이 정식으로 형성된 이래로 『곡화』처럼 창작과 연출, 공연 및 교육 등의 각 방면을 체계적이고 심도 있게 다룬 이론서는 없었다.

리위(李漁, 1610~1680)의 자는 립홍(笠鴻) 또는 적범(謫凡)이고 호는 립옹(笠翁)이며 저쟝성 란시(蘭溪) 사람이었다. 그는 극작가이자 연출가이자 극단주이자 출판사 사장이자 희곡 이론가였다. 10종의 희곡 작품2)을 남겼으며, 그의 저작 『한정우기(閑情偶寄)』는 선비들의 일상생활을 위한 지침을 담은 수필집이다. 그중 「사곡부(詞曲部)」와 「연습부(演習部)」 2편이 중국 고전 희곡을 종합하고 체계화한 이론 논문이며, 이를 별도로 『곡화』라고 부른다. 『곡화』의 목차는 리위 나름의 기준에 의하여 작성된 것이나 일부분에서 체계적이지 못한 결함이 보인다. 이를 다시 체계적으로 재편집하여 목차를 잡는다면 희곡창작론, 희곡연출론, 희곡공연론, 희곡교육론 등으로 나눌 수 있겠다. 이제 이러한 순서로 리위의 희곡관을 살펴봄으로써 중국의 희곡교육론을 살펴보기로 하자.

---

2) 『연향반(憐香伴)』, 『풍쟁오(風箏誤)』, 『의중연(意中緣)』, 『옥소두(玉搔頭)』, 『신 중루(蜃中樓)』, 『내하천(奈何天)』, 『비목어(比目魚)』, 『황구봉(凰求鳳)』, 『신난교(新鸞交)』, 『교단원(巧團圓)』 등 10종의 작품으로서 이를 통칭하여 '십종곡(十種曲)', 또는 '립옹(笠翁)십종곡'이라고 일컫는다.

1. 희곡창작론

1) 제재의 다양성 및 진실성(眞)과 기이성(奇) 추구

리위는 '과거사(古事)'와 '현대사(今事)'를 막론하고 제재의 광범위한 흡수를 주장하였다. 먼저 그는 제재의 선택에 있어서 '권선징악'적 사회기능을 출발점으로 하였다. 이는 「구성제일(結構第一)」의 제1항 「풍자에 대한 경계(戒諷刺)」의 논술에 집중적으로 나타난다. 그는 특별히 자신의 「곡에 대한 맹세(曲部誓詞)」를 제시하면서 자신이 창작한 전기(傳奇)가 모두 우언을 담고 있음을 선포하였다. 그가 이토록 부드럽게 자신의 확신을 표현한 것은 당시의 필화(文字獄)를 피하기 위함이요, 희곡의 사회적 작용을 제고시키기 위함이었다. 그는 희곡이 원한의 발설도구가 되는 것을 반대하였다. 그는 희곡 중의 인물과 줄거리를 일부 역사인물과 역사 사실에 의존하는 현상에 대해 강도 높게 비판하였다.

둘째로, 리위는 제재 선택의 또 다른 기준으로 '진실성 추구(求眞)'를 주장하였다. 이른바 '진실성 추구'란 '황당'과 상대되는 말이다. 당시 여러 종교 세력의 발전과 때를 맞추어 극단에는 귀신과 마귀를 묘사하는 극본들이 적지 않았다.3) 리위는 희곡제재의 선택에 있어 인정과 사물의 이치(人情物理)에 부합하지 않는 황당한 귀신 이야기(神怪故事)를 반대하였다.

'기이성 추구(求奇)'는 제재 선택의 셋째 기준이었다. "…… 신기한 이야기가 아니면 전파될 수 없으니 새로움(新)은 기이함(奇)의 또 다른

---

3) 朴齋主人, 『風箏誤.總評』, "近來에 鬼神이 가득한 演劇들이 全國을 가득 메워 祝賀를 위해 宴會를 마련한 家庭에 終日토록 怪異한 鬼神이야기를 보여주면서 '이렇게 하지 않으면 觀衆들의 이목을 끌 수가 없다'고 말한다(近來牛鬼蛇神之劇充塞宇內, 使慶賀宴集之家, 終日見鬼遇怪, 謂非此不足悚人觀聽)."

이름이다."⁴⁾ 이처럼 리위에게 '기이함(奇)'는 '새로움(新)'과 동일시되었다. 그래서 박재주인(朴齋主人)은 리위의 작품을 이렇게 평하였다. "극의 구조(結構)가 기이하여 잘 용해되고 일체의 구습을 타파하여 종래의 작가들에게 찾아보기 힘든 것을 찾아 한 경지를 이루었으니 기이함(奇)의 극치요, 새로움(新)의 지극함이라 하겠다. 그러나 이른바 '기이함(奇)'이란 모두 '이치의 지극한 평범함'이요, '새로움(新)'이란 모두 '일의 항상 있음'을 말한다."⁵⁾ 이처럼 리위의 제재선택 기준 중 '진실성 추구(求眞)'와 '기이성 추구(求奇)'는 구별되면서도 연결되는 통일체라고 말할 수 있다.

그렇다면 이렇게 선택된 희극의 제재를 어떻게 처리할 것인가의 문제가 생긴다. 여기서 리위는 허구와 진실의 통일문제를 제시하였다. 그러나 일부분은 너무 절대화시킨 경향이 있다. 고인의 성명과 옛 사실을 언급할 경우에 대해 리위는 이렇게 말했다. "고인의 이름을 사용하는 일이 힘든 것이 아니라 무대의 모든 배우들을 동시에 하나의 사건으로 연결시키는 일이 힘든 것이다. 그리고 고인들의 사적을 조사하는 일이 힘든 것이 아니라 고인의 사적을 희극의 이야기줄거리에 맞게 발전시키고 조직하는 일이 어려운 것이다."⁶⁾

그런데 허구와 진실의 문제에 관한 리위의 견해를 이해하는 관건은 이 앞 뒤 문장을 연결하는 "그러나 작가가 집필할 때에는 또 완전히 이렇게 처리해서만은 안 된다."⁷⁾라는 말에 있다. '완전히……해서는 안 된다'라는 말은 제재의 허구성과 진실성 문제에 대한 그의 유연성을

---

4) 『閑情偶寄.詞曲部上.脫窠臼』, ……可見非奇不傳. 新卽奇之別名也.
5) 朴齋主人, 『風箏誤.總評』: 是劇結構離奇, 熔鑄工煉, 掃除一切窠臼, 向從來作者搜尋不到處, 另辟一境, 可謂奇之極新之至矣! 然其所謂奇者, 皆理之極平; 新者, 皆事之常有.
6) 『閑情偶寄.詞曲部上.審虛實』, 非用古人姓字爲難, 使與滿場脚色同時共事之爲難也; 非查古人事實爲難, 使與本等情由貫串合一之爲難也.
7) 『閑情偶寄.詞曲部上.審虛實』, 然作者秉筆, 又不宜盡作是觀.

보여준다. 이렇게 허구와 진실을 통일시킨다면 제재 처리 문제를 잘 해결할 수 있을 것이다.

2) 구조의 합리적 배치와 안배

중국희곡이론사상 '구성제일(結構第一)'을 명확하게 제시하면서 명·청 전기(傳奇)의 구성 특징을 선도한 인물이 바로 리위였다. 그는 『곡화·사곡부·구성제일』에서 다음과 같이 말하였다.

> 그래서 전기(傳奇)를 쓰는 사람은 조급하게 붓을 놀려서는 안 된다. 처음에는 팔짱을 끼고 심사숙고해야 비로소 이후에 거침없이 써내려갈 수 있다. 신기(新奇)한 이야기가 있기만 하면 신기한 극본이 반드시 생기게 된다. 명제가 훌륭하지 않고서 아름다운 마음과 고운 말을 드날린 작가는 없었다. 요즈음 한다하는 작가들이 지은 희곡을 읽으면서 안타깝게 느낀 점은, 그들이 애써서 계획하고 고심하였으나 음악과 조화를 이룰 수 없고 배우들에 의해 공연될 수 없다는 것이었다. 이는 음률의 조화를 꾀하기 어려워서가 아니라 희곡의 전체적인 구성이 완정하게 갖추어지지 않았기 때문이다.[8]

리위의 '구성제일'론의 첫째 공헌은 이야기줄거리를 희곡 창작의 최우선순위에 둔 점이다. 전기(傳奇)라는 장르는 형성 이후에도 창작과 연출 연구가 낙후되어 있었다. 그 후 명 중엽에 가서야 남북곡이 음악과 시가의 결합임을 밝혀낼 수 있었다. 그 이전까지 이론연구는 음률과 문장(詞采)에 집중되었고 좀 더 나아가 곡률체제(曲體) 발전과 풍격·유

---

8) 故作傳奇者, 不宜卒急拈毫, 袖手於前, 始能疾書於後. 有奇事, 方有奇文, 未有命題不佳, 而能出其錦心, 揚爲繡口者也. 嘗讀時髦所撰, 惜其慘淡經營, 用心良苦, 而不得被管絃.副優孟者, 非審音協律之難, 而結構全部規模之未善也.

파 등의 연구에 편중되어 있었다. 그러다가 왕지더의 『곡률(曲律)』과 뤼톈청(呂天成) 및 치뱌오쟈(祁彪佳)의 『곡품(曲品)』 등이 나오면서 이야기줄거리의 중요성이 인식되었다. 리위에게 와서 이러한 연구는 심화, 발전되어 마침내 중국희곡이론의 질적 승화를 이루었다.

우선 구성이론에 대한 그의 총론을 살펴보자. 여기서 리위는 구성(結構)의 중요성을 중점적으로 말하였다. "신기한 이야기가 있기만 하면 신기한 극본이 생기게 된다."[9]에서 이른바 '신기한 이야기(奇事)'란 작품의 제재를 말한다. 그 후 '입주뇌(立主腦)'부터 줄거리에 대해 직접적으로 서술하였다. '입주뇌(立主腦)'는 중심인물과 주요줄거리, 즉 '한 인물과 하나의 사건(一人一事)'을 갖추어야 함을 말하고, '탈소구(脫巢臼)'는 줄거리의 천편일률화와 공식화를 피해야 한다는 것이며, '밀침선(密針線)'은 줄거리의 전후가 상응하여 누락된 부분이 없어야 함을 말한다. 그리고 '감두서(減頭緒)'는 줄거리의 맥락이 단순하여 복잡하지 말아야 함을 말한 것이고, '계황당(戒荒唐)'은 줄거리의 진실성에 주의해야 한다는 것이며, '심허실(審虛實)'은 줄거리의 허구와 진실문제를 다룬 것이다.

구성 부분에서 리위가 가장 역점을 두었던 것은 '입주뇌(立主腦)'였다. 그런 만큼 지금까지도 그 정확한 의미를 놓고 각 연구자들의 의견이 분분하다. 그러나 그들의 의견을 종합해보면 주제사상설, 중심사건설, 중요이야기 줄거리설 등으로 집약할 수 있다.[10] 그 중에서도 주제

---

9) 『閑情偶寄.詞曲部上.結構第一』, 有奇事, 方能有奇文.

10) 후톈청(胡天成)의 『이어 희곡예술론(李漁戱曲藝術論)』(西南師範大學出版社, 1993.5), 55-62쪽의 「主腦挈領, 一線到底」 부분에 '입주뇌(立主腦)'에 관한 여러 연구자의 견해들을 종합하고 있다.

　　리위의 '주뇌'설은 극작가가 극본을 창작할 때의 총체적 구상이라는 측면에서 나온 것으로서, 극작가가 '현대사(今事)'와 '고대사(古事)' 중에서 제재를 선택한 후 그 처리에 있어 가장 우선적으로 해결해야할 문제였다. 리위가 말하는 '일선(一線)'은 '중심맥락' 혹은 '주요줄거리'를 가리키며 주제사상의 맥락과 인물 동작의 맥락, 줄거리의 발전 맥락의 3부분을 포괄한다. 그 중에서 주

설(중심사상설)이 일반적으로 인정되고 있다. 단 주요인물과 주요사건과 연계됨을 전제로 한다. 그러나 자오징선(趙景深)은 희극줄거리설을 주장한다. 야오핀원(姚品文)은 위의 두 설을 종합하여 비교 검토한 후 '한 인물과 하나의 사건(一人一事)'으로 결론을 내렸다. 중심인물과 중심맥락인 1인1사를 위해 '입주뇌'와 '감두서(減頭緖)'는 한 문제의 양 측면이 된다. 그 후 리위가 많은 부분을 할애하여 『비파기(琵琶記)』와 『서상기(西廂記)』의 내용을 예로 든 이유는 리위 시대의 극단 상황과 관계가 깊다. 명말청초에 잡극(雜劇)은 이미 쇠퇴하고 화부(花部)가 아직 성행하기 전 전기(傳奇)만이 극단을 독점하여 성행하고 있었다. 리위가 이 글을 쓴 목적은 장래를 위한 것이 아니라 당시의 전기 창작을 지도하기 위함이었다. 그래서 그의 전체 이론은 일반적 희극이론에서 출발한 것이 아니라 당시 전기 창작을 위한 것이었다.

뤼톈청(呂天成)은 전기와 잡극을 구별하면서 이렇게 말하였다. "잡극은 하나의 사건으로 일관하지만 그 느낌이 매우 촉박하다. 그런데 전기는 한 인물을 중심으로 여러 사건을 전개하므로 그 여운이 길다."[11] 잡극은 편폭이 짧고 용량이 한정되어 하나의 사건만 다룰 수밖에 없었다. 이 사건을 둘러싸고 인물 간의 성격갈등이 전개되는 데 대체로 발단-전개-고조-결말의 과정으로 진행되었다. 그러나 한 배우가 주도적으로 노래(主唱)하지만 '한 인물을 위해 짜여진' 구조가 아니었기 때문에 주창자(主唱者)와 주인공이 일치하지 않을 때가 많았다. 이는 잡극의 보편적 현상이었다. 왜냐하면 잡극이 '노래(曲)'를 주체로 하였

제사상의 맥락이 핵심적이고 주도적인 위치를 차지한다. 이렇게 볼 때 '주선(主線)'과 '주뇌(主腦)' 사이에는 대응관계가 성립된다. 주뇌의 '입의(立意)' 혹 주제사상은 주선(主線)의 주제사상의 맥락에 대응하고 주뇌의 주요인물은 주선(主線)의 인물 동작의 맥락에 대응하며 주뇌의 주요사건은 주선(主線)의 이야기 발전 맥락과 대응한다.

11) 吳書蔭의 『曲品校註』(中華書局, 1990,8), 1쪽, 雜劇但摭一事始末, 其境促; 傳奇多述一人始終, 其味長.

기 때문이다.

　전기는 이와 달라 줄거리를 위주로 하는 서사문학에서 발전된 것이다. 전기는 편폭이 무한하고 잡극처럼 음악의 속박을 많이 받지 않기 때문에 인물의 운명을 중심으로 사건을 대량으로 서술할 수 있었다. 그래서 '줄거리'를 주체로 하는 희곡체제를 이루었다. 또한 남방의 민간에서 기원하였기 때문에 남방 대중이 즐기는 애정과 혼인 제재가 대부분을 차지하였다. 그래서 점차 '남녀 주인공의 줄거리 주도(生旦排場)'가 고정형식을 이루게 되었다. 가장 중요한 것은 연출과정에서 '배역제(脚色制)'가 형성되면서 주연남우(生)·주연여우(旦)·조연남우(末)·액션배우(淨)·희극배우(丑)를 위주로 하는 배역체계가 전기라는 희곡예술의 존재방식으로 굳어졌다는 점이다. 이러한 무대연출체제는 당시의 희곡문학에 커다란 영향을 끼쳤다. 전기극본의 줄거리 구도와 구성방식, 인물성격, 예술풍격 등이 이러한 배역제와 연계되어 잡극과 구별되는 모습을 갖추었다. 리위의 '1인1사' 또한 이러한 배경의 이해 없이는 해석하기 힘들다.

　傳奇의 배역 제도에서 남녀 주연과 조연, 액션배우와 희극배우가 모두 필요하지만 주연남우(生)와 주연여우(旦)가 가장 우선되었다. 남녀 주연은 모두 정면인물로서 연인 혹은 부부관계였다. 그런데 남녀 주연 중에서도 또 주연남우가 우선하였다. 그래서 극의 구도상 중요한 부분은 주연남우가 공연하였다. 그래서 리위는 「구조제육(格局第六)」에서 "개장(開場)에서 조연남우를, 충장(沖場)에서 주연남우를 활용하는 것, ……남녀 주연은 부부의 역할에 적합하고 남녀 노인 배역(外와 老旦)은 부모보다 시부모의 역할에 적합하다12)."라고 하였고, '충장(沖場)' 항목에서도 "개장(開場)의 제2절(折)을 '충장(沖場)'라고 한다. 충장은 다른 연기자들이 무대에 올라오기 전에 먼저 무대에 올라 반드시 긴 인자(引

---

12) 開場用末, 沖場用生; ……生旦合爲夫婦, 外與老旦非充父母卽作翁姑.

子)를 노래해야 함을 일컫는다."13)라고 말하였다. 여기서 '개장(開場)' 과 '충장(沖場)'이라 함은 '가문(家門)' 뒤의 첫 출(出)을 가리키며, 주연남우(正生)가 등장하는 것에 예외가 없었다. 주연여우(正旦)는 그 다음 혹은 몇 출(出) 뒤에 등장한 후 주연남우와 두 줄기를 이루어 극을 진행하였다. 액션배우와 희극배우는 그 사이사이에 등장하여 모순갈등을 이루고 남우조연(副末)은 주연여우와 협조하며 대단원에 이르렀다. 내용면에서 혼인과 연애를 제재로 한 희곡을 제외한 정치 등의 기타 제재 희곡은 주연남우가 주인공이었다. 그러나 혼인연애희극에서는 남녀쌍방이 평등하게 주인공의 역할을 감당하였다.

또 리위가 편극의 방법으로서 '주뇌주선'설을 제기한 것은 관중의 심미심리를 고려하였기 때문이다. 아울러 희곡예술의 특수법칙에 근거한 것이다. 희곡은 매우 제한된 시공간 속에서 가무로 이야기를 공연하기 때문에 집중된 구조가 요구되었다. 동시에 희곡의 배역이 많지 않은 것은 당시 극단의 배우가 일반적으로 적었기 때문이다. 이러한 연출조건에 비추어 볼 때 극작 구조는 긴축되고 집약될 수밖에 없었다.

이처럼 「입주뇌」라 함은 작가의 창작동기와 창작목적, 주요사건의 안배와 확정 등을 포함하고 있었다. 작품구조의 재단과 배치는 마땅히 "작자가 문장을 쓰는 본래의 뜻(作者立言之本意)"의 지도 아래 "한 인물과 하나의 사건(一人一事)"을 구조의 중심으로 확정해야 작품의 통일성을 보증할 수 있다고 생각하였다. 작품 중의 주요인물과 사건은 기타 인물 및 사건과 주빈(主賓)의 관계에 놓였다. 만일 주차(主次)가 분명치 않고 두서(頭緒)가 확실치 않다면 작품은 "줄 끊어진 진주목걸이와 기둥 없는 집(斷線之珠, 無梁之屋)"이 되었다. 그래서 '주요내용을 세우기(立主腦)' 위해서는 반드시 '산만함을 줄여야(減頭緒)'만 하였다. 리위는 구조가 작품을 유기체가 되도록 이끌어야 한다는 관점에서 출

---

13) 開場第二折, 謂之'沖場'. 沖場者, 人未上而我先上也, 必用一悠長引子.

발하여 「바느질을 촘촘히(密針線)」하는 문제도 제기하였다. 이는 작품
의 각 부분 간의, 부분과 전체 간의, 각종 인물과 사건 간에 내재된 관
계를 설정하여 작품 전체를 유기적으로 일맥상통하게 하는 작업을 말
하였다. "단절과 접속의 흔적이 없어야 한다는 것은, 막과 막을 잇고
한 인물이 다른 인물을 대신하게 하여 앞뒤를 연결하고 피와 근육이
통하게 하는 것을 말한다. 그래서 이야기구조가 전혀 무관한 듯한 부분
에서도 연관된 사건의 싹이 잠복되어 있어 뒷장면을 보고 나서야 그
교묘함을 알게 하는 것이다. 마치 연근(蓮根)이 아직 완전히 자라지 않
았을 경우에는 우선 긴 어둠 속에서 실뿌리로 기다리다가, 그 뿌리가
굳어진 이후에야 비로소 열매를 맺게 되는 정교함과 같다."[14] 이러한
요구를 만족시킬 수 있는 구체적 방법이 바로 '앞 뒤 구절을 살피고
복선을 까는 것(照映埋伏)'이었다. "매 절을 창작할 때마다 반드시 앞
의 몇 절을 살펴보고 뒤의 몇 절을 살펴야 한다. 앞의 몇 절을 살피는
것은 문맥을 잇기 위함이요, 뒤의 몇 절을 살피는 것은 복선을 깔기
위함이다. 문맥을 잇고 복선을 까는 것은 단지 어느 하나의 인물과 하
나의 사건을 위함이 아니다. 그 극본에 거론된 모든 인물과 모든 사건
및 앞뒤 부분에서 나온 모든 말들을 절마다 모두 고려해야 한다."[15]
이렇게 하면 작품이 혼연일체가 되어 생명력을 지닌 예술유기체가 될
수 있다.

　「구조제육(格局第六)」 안의 「가문(家門)」, 「충장(沖場)」, 「출각색(出
脚色)」 등에서는 주로 극본의 처음을 어떻게 써나갈 것인가를 다루

---

14) 『閑情偶寄.詞曲部上.重機趣』, 所謂無斷續痕者, 非止一出接一出, 一人頂一人,
務使承上接下, 血脈相連, 卽於情事截然絶不相關之處, 亦有連環細笋伏於其
中, 看到後來方知其妙, 如藕於未切之時先長暗絲以待, 絲於絡成之後才知作
茧之精.
15) 『閑情偶寄.詞曲部上.密針線』, 每編一折, 必須前顧數折, 後顧數折, 顧前者欲
其照映, 顧後者便於埋伏. 照映埋伏, 不止照映一人埋伏一事, 凡是此劇中有
名之人關涉之事, 與前此後此所說之話, 折折俱要想到.

고, 「소수살(小收煞)」과 「대수살(大收煞)」은 각각 전반부의 종결과 전체 극의 결말을 쓰는 방법에 대하여 다루었다. 「구조(格局)」 부분에서는 극본 구조 중 비교적 고정된 격식을 연구하였으나 리위는 결코 일반적 논술에 머무르지 않고 일부 핵심 문제들을 중점적으로 연구하였다. 그 목적은 극작의 배치가 일반적 구조법칙에 부합하도록 하기 위함이었다.

그의 이러한 관점은 '먹줄은 변동시킬 필요 없이 도끼를 자유자재로 휘두른다.'16)라는 명제에 집중的으로 표현되어 있다. 이는 희곡구조배치에 있어 반드시 지켜야할 총 원칙으로서 리위가 제시한 것이다. 그리고 이러한 총 원칙 아래 일부 구조배치에 있어 반드시 지켜야할 일반원칙을 제시하였다. 그는 '결구(즉 구성)'를 '구사(즉 구상)'에 들어가기 위한 첫 번째 작업으로 인식하였다. 이는 작품의 형식요소에 국한되지 않고 창작과정에서의 '구상(構思)'과 '배치(布局)'의 의미를 포함하였다. 그리고 그가 이해한 구조는 내용에 의해 결정되는 소극적 형식요소가 아니라 내용을 제약하고 조직하면서 작품 전체를 관장하는 유기적 생명체였다. 또한 리위가 말한 구조는 극본내용의 조직과 안배에 머물지 않고 무대시간상의 조직과 안배도 가리켰다. 이는 극의 구상을 어떻게 무대행동으로 적응시키는가하는 완정성의 문제였다. 리위는 이렇게 희곡구조의 중요성을 언급한 후 그 구체적 내용을 제시하였다. 그 내용은 크게 두 가지로 종합할 수 있다. 「립주뇌」와 「감두서」는 구조의 재단과 배치문제를 다룬 것이고, 「바느질을 촘촘히(密針線)」는 구조의 전후 맥락 문제를 다룬 것이다. 전자는 구분의 문제로서 인물 설계, 줄거리 안배, 환경 배치 등등을 가리켰다. 이는 작품의 각 부분에 대한 경중과 주차(主次)의 비례관계를 결정하였다. 후자는 통합의 문제로서 작품의 각 부분을 전체와 어떻게 연결시켜서 하나의 예술작품을 형성하는가를

---

16) 『閑情偶寄.詞曲部下.格局第六』, 繩墨不改, 斧斤自若.

지도해주는 것이었다. 이러한 논의는 왕지더(王驥德)의 영향을 많이 받았다. 왕지더는 이와 관련하여 다음과 같이 말하였다. "재단(裁斷)과 정련(精鍊)을 중시해야 한다. 그래서 작품 전체를 하나의 틀로 놓고 각 折을 그 부속으로 보아야 한다. …… 너무 늘어져서는 안 된다. 늘어지면 구조가 해이해져서 배우들이 많은 부분을 잘라 내버리기 쉽다. 너무 促迫해서도 안된다. 促迫하면 氣勢가 갑갑하여 리듬감이 살아나지 못한다. 한 사람이라도 귀결이 이루어지지 않으면 안 되고, 한 折이라도 조응이 안 되면 안 된다."17)

3) 인물의 형상 창조

인물의 형상 창조와 이야기줄거리의 정련은 리위 희곡창작론에서 두 번째로 중요한 내용이었다. 희곡 중의 인물과 사건은 어디에서 유래하는가의 문제는 모든 희곡작가가 반드시 대답해야 하는 과제였다. 리위는 왕지더가 말한 "사물의 상황을 묘사하고 인간의 이치를 구현한다."18)는 기초적 이론 위에 희곡의 인물과 사건이 반드시 '인간의 정서와 사물의 이치(人情物理)'에 부합하고 '황당함과 괴이함(荒唐怪異)'을 경계할 것을 주장하였다. "무릇 전기를 창작하려면 눈과 귀로 접할 수 있는 것에 근거해야 하며, 그 외에서 찾아서는 안 된다. 희곡 창작은 물론이거니와 고금의 문학이 모두 이러하다. 인간의 감정과 사물의 리치를 말한 작품은 대대로 전할 수 있으나, 황당하고 괴이한 것을 다루면 그날로 사라지게 된다."19) 이는 사회현실의 진실한 반영이 희곡 창작의 기

---

17) 王驥德의 『曲律.論劇戲第三十』(『中國古典戲曲論著集成』, 137쪽), 貴剪裁, 貴鍛鍊. 以全帙爲大間架, 以每折爲折落, ……勿太蔓, 蔓則局懈, 而優人多刪削; 勿太促, 促則氣迫, 而節奏不暢達. 毋令一人無著落, 毋令一折不照應.
18) 王驥德의 『曲律』(『中國古典戲曲論著集成』, 第4卷), 模寫物情, 體貼人理.
19) 『閑情偶寄.詞曲部上.戒荒唐』, 凡作傳奇, 只當求於耳目之前, 不當索諸聞見之

본법칙으로서 창작의 성공 여부를 결정짓는 주요 관건이 됨을 명확히 설명한 것이다. 그러나 리위는 인물의 허구성도 부인하지 않았다. 그래서 "전기는 사실적인 것은 없고 대부분 모두 어떤 일에 뜻을 기탁한 우언일 따름(傳奇無實, 大半皆寓言耳)"이어서 "확실한 근거가 없다면 사건을 허구로 꾸밀 수 있고 극중인물의 이름도 임의로 조작할 수 있다(非特事迹可以幻生, 幷其人之姓名亦可以賃空捏造)."고 하였다. 즉, 예술과 생활을 구별하여 희곡 창작에 있어 인물과 사건의 허구적 특징을 언급한 것이다. 예술은 생활의 직접적 반영이 아니라 작가의 의지와 심미관이 기탁되어 표현된다. 이것이 전기의 우언적 성질을 결정하는 것이다. 그래서 리위는 "세상에 영원히 전해질 작품을 쓰려는 자는 반드시 먼저 세상에 영원히 전해질 수 있는 마음을 가져야 한다(凡作傳世之文者, 必先有可以傳世之心)."라고 말하였다. 작가의 주관성이 창작에 결정적으로 작용함을 긍정한 것이다.

리위는 또 인물의 전형화 과정에서 개괄화와 개성화의 문제도 언급하였다. "사람들에게 효성을 권하고 싶다면 이름난 효자를 한 명 예로 든다. 그러나 효행에 관련된 가치 있는 사건 하나만 써내면 되지 그의 모든 행동을 일일이 나열할 필요는 없다. 그리고 부모에게 효도하는데 반드시 갖추어야할 일들을 취하여 각색하면 된다."20) 그러나 인물의 형상이 공통성과 보편성만 가지고 있어서는 안 되고 개성을 지니고 있어야 하기에 리위는 다시 "그 사람을 말하려면 그 사람다워야지 다른 사람과 혼동하여 일반화시켜서는 안 된다."21)고 하고, "장삼(張三)을 말하려면 장삼을 닮아야지 이사(李四)와 혼용되어서는 안 된다."22)라고

外, 無論詞曲, 古今文字皆然. 凡說人情物理者, 千古相傳; 凡涉荒唐怪異者, 當日卽朽.

20) 『閑情偶寄. 詞曲部. 審虛實』, 欲勸人爲孝, 則擧一孝子出名, 但有一行可紀, 則不必盡有其事; 凡屬孝親所應有者, 採取而加之.

21) 『閑情偶寄. 詞曲部下. 語求肖似』, 說一人, 肖一人, 勿使雷同, 弗使浮泛.

22) 『閑情偶寄. 詞曲部上. 戒浮泛』, 說張三要象張三, 難通融於李四.

하였다. 중국 고전희곡의 '고정배역(行當)'과 정식화된 연기는 인물의 개성화를 매우 힘들게 하였다. 그런데 리위는 이런 난점을 극복하고 인물의 개성화를 요구하였으니 큰 의의를 지닌다 하겠다. 이러한 인물의 개성화를 추구하기 위하여 리위는 두 가지 구체적 방법을 제시하였다. 첫째는 "어느 한 인물의 말을 대신하고자 한다면 먼저 그의 마음을 대신하는"[23] 방법이다. 즉, 인물의 정신적 측면을 묘사한다는 말이다. 인물의 외모만 묘사해서는 개성이 뚜렷한 인물을 창조하기 힘들다. 인물의 심리적 특징을 파악하고 그의 내면세계를 장악해야만 생생하고 선명한 인물을 그려낼 수 있다. 둘째는 '그 인물의 입장에 서는(設身處地)' 방법이다. "만일 정신이 자유롭게 움직이지 않으면 어떻게 입장을 바꾸어 생각할 수 있겠는가? 단정한 인물을 그리기로 결심한 작가는 입장을 바꾸어 단정한 생각을 떠올려야 함은 당연한 일이다. 설령 사악한 인물을 그리기로 결심하였다면 작가는 마땅히 공동으로 준수해야할 도덕규범을 떨쳐버리고 등장인물의 성격에서 출발하여 잠시 사악한 생각을 하도록 해야 한다. 그래서 인물의 마음속에 감추어진 미세한 감정을 마음대로 뱉어낼 수 있도록 힘써야 한다."[24] 이는 인물형상을 창조할 때에 그 인물이 긍정적 인물이든 부정적 인물이든 그들의 내심을 세밀히 관찰하고 그 인물 자체의 성격논리에 의해 생각하고 행동해야 한다는 의미였다.[25] 예술 창작에서 이런 감각체험과 상상활동은 근본적

---

23) 『閑情偶寄. 詞曲部下. 語求肖似』, 代此一人立言, 先宜代此一人立心.

24) 『閑情偶寄. 詞曲部. 語求肖似』, 若非夢往神游, 何謂設身處地? 無論立心端正者, 我當設身處地, 代生端正之想; 卽遇立心邪辟者, 我亦當舍經從權, 暫爲邪辟之思; 務使心曲隱微, 隨口唾出.

25) 이와 관련한 탄판(譚帆)의 견해(「類型化: 古典戱劇人物理論的論理趨向」(『復印報刊』, 1992.5))를 요약하면 다음과 같다. 중국의 고대희극은 희극인물이 극작가의 이상과 인격을 구현할 것을 요구하였다. 그래서 희극인물의 창조 과정에서 극작가가 극중인물이 됨과 동시에 희극인물도 극작가의 주관적 의도를 충분히 구현할 것을 요구하였다. 다음으로 고전희곡인물 이론은 인물형상의 창조방법을 제시하였고, 희극인물에 대한 구체적 品評 시에 종종 희극인물의 일부 특징을 부각시킬 것을 요구하였다. 예를 들어 윤리적인 면의 '충효절의(忠

인 법칙이자 특징이다.

4) 희곡언어

중국 고전희곡은 공연예술의 일종으로 노래를 중요한 표현수단으로 삼았다. 그래서 희곡언어라고 할 때에는 노랫말과 대사 및 시사 낭송 등을 포함한다. 고전희곡은 노래(唱)·동작(科)·대사(白)의 결합인데 이 3가지는 모두 시가와 연관되어 있다. 그래서 희곡언어는 음악미를 추구하는 언어라고 하겠다. 이러한 관점에서 리위는 희곡언어에 대해 다음과 같은 요구를 하였다.

우선, 평이한 글을 중시하였다. 리위는 희곡 감상의 대중화에 근거하여 희곡언어의 통속화를 주장하였다. "전기는 시문과 비교할 수 없다. 시문은 식자층을 위해 쓰이기 때문에 깊은 뜻을 담는 것이 당연하다. 그러나 희곡은 식자층과 비식자층 모두를 위해 쓰이고, 아울러 글을 모르는 부녀자와 아이들까지 함께 볼 수 있도록 해야 하기 때문에 쉬운 문장을 귀중히 여기고 심오한 문장은 중시하지 않는다."26) "시문의 어조는 전아함을 중시하고 조야함과 속됨을 경시하여 함축을 내세우고 확연함을 기피한다. 그러나 희곡은 이와 다르다. 말은 항간에 떠도는

孝節義)', 인물의 외모와 품격 면에서의 '지우현추(智愚賢丑)' 등이다. 이렇듯 극중인물을 단일 방향으로 처리하여 그 단일특성만을 강화하였다. 이렇게 창조된 인물형상은 당연하게도 단순하고 선명하지만 풍부하거나 복잡하지 못하였다. 세 번째로 창작법칙의 제시이다. 여기에는 진성탄(金聖嘆)이 부각시킨 '전탁법(拴托法)'이 있다. 네 번째로 고전희곡인물이론은 희극인물과 인물언어와의 관계에 대해 자주 언급하였는데 이 속에서 나타나는 두드러진 특징은 다음과 같다. 즉, 인물의 각도에서 희극언어를 품평할 때에 언제나 그 희극인물이 처한 특정한 사회계층 혹 집단을 그 평가기준으로 삼는다는 것이다. 아울러 이를 토대로 희극인물언어의 이성적 규범으로 삼는다는 점이다.

26) 『閑情偶寄. 詞曲部.忌塡塞』, 傳奇不比文章, 文章做與讀書人看, 故不怪其深, 戲文做與讀書人與不讀書人同看, 又與不讀書之婦人小兒同看, 故貴淺不貴深.

담화에 근본을 두고 사건은 직설적으로 말하는 방법을 취한다."[27] 이는 수용자(감상자)의 특징과 요구를 고려하여 제기한 미학적 원칙으로서 큰 의의를 지닌다. 명 중엽 이후 도시경제가 발전하고 시민계층이 형성되면서 심미취미 방면에서도 새로운 요구가 제기되었다. 희곡언어의 통속화라는 리위의 주장은 이러한 요구에 근거한 것이다. 그렇다고 해서 희곡언어가 조악하고 천박해야 한다는 의미는 아니다. 이런 면에서 리위는 원대 작가들을 존경하였다. 그들은 "심오한 뜻을 지니지 않은 것은 아니나 그들이 창작한 희곡은 모두가 비교적 지나치다 싶을 정도로 평이하다. 왜냐하면 원대 작가들이 심오한 뜻을 평이한 언어를 빌어 표현(非不深心, 而所塡之詞皆覺過於淺近, 以其深而出之以淺)"했기 때문이다. 그래서 "쉬운 문장을 통해 자신의 재능을 펼쳐 보일 수 있는 작가야말로 문학 창작의 고수(能於淺處見才, 方是文章高手)"라고 하였다. 이렇듯 '쉬운 문장을 통해 자신의 재능을 펼쳐 보이기 위해서'는 이미 언급하였듯이 일반인들이 상용하는 언어습관을 학습하는 한편 전대의 우수한 작품들의 장점을 흡수해야 한다. 그래서 "이러한 경지에 이르기 위해서는 말로 확실히 설명하기 어려우나 그저 원대의 희곡작품을 많이 구입하여 그와 더불어 먹고 자고 하면 자연스럽게 융화될 수 있을 것(多購元曲, 寢食其中, 自能爲其所化)"이라고 하였다.

리위의 이러한 견해는 동시대에 살던 황조우싱(黃周星)과 상호 영향을 주고받은 결과이다. 황조우싱은 "희곡의 체제는 다름이 아니라 다음의 8자로 충분히 개괄할 수 있다. 즉, '성현의 저작에서 인용하는 것을 적게 하고, 본연의 품성에서 많이 표현해야 한다. 희곡 창작의 비결은 다름이 아니라 다음의 4자로 개괄할 수 있다. 즉, '지식인과 무식자가 함께 감상할 수 있어야 한다(雅俗共賞)'는 것이다."[28]라고 말하였다.

---

27) 『閑情偶寄. 詞曲部. 貴顯淺』, 詩文之詞采貴典雅而賤粗俗, 宜蘊藉而忌分明. 詞曲不然, 話則本之街談巷議, 事則取其直說明言.

28) 黃周星의 『制曲枝語』(『中國古典戲曲論著集成』, 第7集, 120쪽), 曲之體無他,

이러한 원칙을 가지고 창작한 리위의 전기 작품들은 당연하게 통속적
이었다. 그래서 양언소우(楊恩壽)는 리위 작품의 성격을 다음과 같이
잘 개괄하였다. "「립옹십종곡(笠翁十種曲)」은 비루하여 무늬가 없고 수
준 이하의 작품처럼 느껴진다. 그러나 그의 의도가 통속적이었기에 그
의 의도에 따라 작품을 창작하여 평이함을 추구하였다. 그래서 극단 내
에 유행할 수 있었던 이유도 이 때문이고, 선비들의 비웃음을 산 이유
도 이 때문이다. 각색의 위치를 잘 설정하였고, 장면 배치에 뛰어났으
며, 동작과 대사 및 익살 운용의 자연스러움은 신의 경지에 닿아 있었
다. 그래서 당시의 유명작가들이 왈가왈부할 수 없는 지위에 있었을 뿐
만 아니라 원대와 명대를 통틀어 이를 따라갈 작가가 없었다. 그러므로
그 이름을 소중히 함이 마땅하다."[29]

　다음으로, 음악미를 제시하였다. 음악미는 희곡언어의 고유한 특징이
다. 리위는 『한정우기·사곡부·음률(音律)』편에서 희곡음악과 희곡문자
의 음운에 관한 각종 문제들을 다루었다. 그는 음률을 문장(詞采)의 뒤
에 놓았으나 결코 음률을 홀시하지 않았다. 오히려 그는 음률에 매우
정통하였다. 곡문(曲文)이 음률을 엄수해야함은 말할 것도 없고, 대사
(賓白)도 '소리가 음악성에 맞도록 힘써야 한다(聲務鏗鏘)'고 역설하였
다. 그는 음률 문제에 있어서 매우 보수적이었다. 그는 '각별히 음률을
준수하라(恪守詞韻)'고 하면서 그 기준으로 조우더칭(周德清)의 『중원
음운(中原音韻)』을 제시하였다. 비록 『중원음운』이 당시의 언어 상황과
적합하지는 않았으나 "곡보는 오래될수록 아름답다(曲譜則愈舊愈佳)."
고 하면서 "옛것을 꿰어 새것으로 만드는 것은 언제나 희곡의 마지막

　　不過八字盡之, 曰: '少引聖籍, 多發天然'而已. 制曲之訣無他, 不過四字盡之,
　　曰: '雅俗共賞'而已.
29) 楊恩壽, 『詞餘叢話』(『中國古典戲曲論著集成』, 第9集), 『笠翁十種曲』鄙俚無
　　文, 直拙可笑. 意在通俗, 故命意遣詞, 力求淺顯. 流布梨園者在此, 貽笑大雅
　　者亦在此. 究之位置脚色之工, 開合排場之妙, 科白打諢之宛轉入神, 不獨時賢
　　罕與頡頏, 卽元明人亦所不及, 宜其享重名也.

작업이다(串舊作新, 終是塡詞末着)."라고 하였다. 그러나 일부 유익한 견해를 제시하기도 하였다. 예를 들어 "위(魚)'음과 '모(模)'음은 구분해야 마땅하다(魚模當分)는 것이다." '語音의 변천에 따라 '위(魚)'음과 '모(模)'음이 차이가 있으니 2가지 운으로 나누어야 한다는 것으로 올바른 견해였다. 또한 롄(廉)'음과 '젠(監)'음은 서로 피하는 것이 마땅하다(廉監宜避).'는 점을 제시하였다.

그 다음으로, '정갈함(潔淨)'을 중시하였다. "정갈함이란 간략히 생략하는 것의 별칭이다(潔淨者, 簡省之別名也)." 이는 단순히 언어의 많고 적음을 말하는 것이 아니라 "(담긴) 뜻은 마땅히 많도록 하고 글자는 적어지도록 한다(意則期多, 字惟求少)."는 의미이다. 이를 바탕으로 다시 '기취(機趣)'와 '정경(情景)' 및 '자연(自然)' 등의 문제를 제시하였다. '기취'란 특색 있고 개성적인 언어를 사용하여 인물의 성격을 부각시킴으로써 희곡효과를 제고함을 의미하였다. "기취 두 자는 희곡작가들이 반드시 명심해야 한다. '기'는 전기의 정신이요 '취'는 전기의 멋이다. 이 두 가지가 부족하면 흙으로 빚은 사람과 말 인형처럼 형체는 있으나 생명이 없게 된다."[30] 리위는 또 희곡언어의 '정경교융(情景交融)'도 언급하였다. "희곡 창작에 능한 작가는 난이도가 깊은 작품을 창작해야지 난이도가 낮은 작품을 창작해서는 안된다. …… '영물(咏物)'에 뛰어나다는 것은 '경물(景物)'을 통해 '감정'을 일으키는 데에 있다."[31]

그리고 대사(賓白)의 혁신도 주장하였다. 리위의 대사 개혁 주장은 완전히 배우와 관중의 실제에서 출발한 것이다.[32] 신작은 구극(舊劇)과

---

30) 機趣二字, 塡詞家必不可少. 機者, 傳奇之精神, 趣者, 傳奇之風致. 少此二物, 則如泥人土馬, 有生形而無生氣.

31) 『閑情偶寄. 詞曲部上. 戒浮泛』, 善塡詞者當爲所難, 勿趨其易. ……善咏物者, 妙在卽景生情.

32) 왕지더(王驥德)는 희곡언어에 중점적으로 주의를 기울였다. 특히 곡문(曲文)의 통속성과 음악성에 치중하였다. 리위는 이를 계승하고 한 발 더 나아가, 극작가가 희곡을 창작할 때 극장과 관중을 중심에 두어야 함을 체계적으로 인식하기 시작하였다. 그래서 그의 희곡이론은 어느 방면에서나 이 같은 성격을 살

그 성격이 달랐다. 배우의 무대경험도 달랐다. 극본 상 가락(曲)과 대사(白)는 전체 극의 유기적 조성부분이었다. 그런데 가락과 대사 중 어느 것을 중시하느냐에 대한 의견은 시대에 따라 변화되었다. 초기에는 원 잡극의 영향으로 가락을 중시하였으나, 후기로 갈수록 대사의 역할을 강조하는 작가와 이론가들이 많아졌다. 리위가 그중 가장 대표적인 인물이었다.[33] 그는 자신의 이러한 주장을 작품에 실천하였다. 예를 들어 『비목어(比目魚)』의 「개생(改生)」 중 【생사자(生查子)】곡 이후 대사(說白)의 길이는 15,000자에 달하였다. 아울러 '글자는 남북의 글자를 구분하라(字分南北)'와 '방언을 적게 사용하라(少用方言)' 등의 항목을 통하여 대사(賓白)의 내용뿐만 아니라 그 성조까지 중시하였다.

2. 희곡연출론

　　중국 고전희곡사에서 '연출가'라는 직접적 명칭은 없었으나 그러한 역할을 담당하던 사람은 계속 있어 왔다. 일찍이 당대에 이미 연출가라

펴볼 수 있다.
33) 그는 『閑情偶寄·詞曲部下·賓白第四』에서 다음과 같이 말하였다. "曲文과 賓白이 있는 것은 문자로 예를 들면 經文과 傳注의 관계라고 할 수 있다. 그리고 사물의 이치로 예를 들면 마치 棟梁과 서까래의 관계이고, 사람의 몸으로 말하자면 마치 四肢와 血脈의 관계라고 할 수 있다. 서로 없어서는 안 될 뿐 아니라 그 관계가 조금이라도 어긋나면 그 어그러짐으로 말미암아 그 가치가 떨어지게 된다. 어느 하나로 다른 하나를 천시한다면 볼 필요도 없는 것이 되고 만다. 그래서 빈백을 곡문과 동등하게 다루어야 마땅하다는 것을 알 수 있다(嘗謂曲之有白, 就文字論之, 則猶經文之於傳注; 就物理論之, 則如棟梁之於椽桷; 就人身論之, 則如肢體之於血脈. 非但不可相無, 且覺稍有不稱, 卽因此賤彼, 竟作無用觀者. 故知賓白一道, 當與曲文等視)."

할 만한 사람이 있었다. 런빤탕(任半塘)의 『당희농(唐戱弄)』에 의하면
'영정지사(伶正之師)'가 바로 그런 사람이었다. 그리고 왕궈웨이(王國
維)의 조사에 의하면 송대에도 '인희색(引戱色)', '희두(戱頭)', '색장(色
長)' 등의 이름을 가진 연출가들이 있었다. 그리고 원대에는 일부 유명
배우나 극단의 '장반(掌班)' 혹은 '반주(班主)'가 연출가의 역할을 겸하
였다고 한다. 꽌한칭(關漢卿)처럼 유명한 극작가들이 연출을 병행했음
은 물론이다. 명대에 들어오면 가정극단의 운영이 보편화되면서 극작과
연출을 병행하는 경우가 더욱 많아졌다. 그렇지만 연출의 경험을 이론
으로 심화시킨 극작가는 매우 드물었다. 리위는 그런 면에서 중국 고전
희곡이론사의 새로운 장을 연 인물로 평가할 수 있다.

연출의 최우선 과제는 우수한 극본을 선택하는 일이고, 넓게 보면
극단을 위해 공연할 극본의 순서와 공연 계획 등을 안배하는 것이었다.
이는 무대연출의 기초가 극본이었기 때문이다. 극본이 없으면 아무리
뛰어난 연출가라도 연극을 공연할 수 없었다. 그래서 리위는 "내가 공
연의 정밀함을 논술함에 있어 가장 먼저 극본의 선택을 중시하는 이유
는, 극본이 나쁘면 그 연출자의 심혈과 배우의 정신이 모두 쓸모없는
곳에 허비될까 염려해서이다."[34]라고 말하였다.

리위는 『한정우기・선극제일(選劇第一)』 편에서 「별고금(別古今)」과
「제냉열(劑冷熱)」의 두 조항을 언급하였다. 전자는 극단을 위해 공연할
극본의 명단을 어떻게 작성할 것인가에 관한 문제이고, 후자는 극본의
선택기준에 관한 문제였다. 중국의 고전희곡 극단은 연극 공연과 배우
양성을 병행하였다. 그래서 리위는 "극본을 선택하고 어린 배우들을 교
육할 때에는 반드시 전통 극본으로부터 시작해야 한다. 전통 극본을 충
분히 익힌 후에 다시 신 극본을 추가해야 한다."[35]고 생각하였다. 여기

---

34) 『閑情偶寄.演習部.選劇第一』, 吾論演習之工而首重選劇者, 誠恐劇本不佳, 則
主人之心血.歌者之精神, 皆施於無用之地.
35) 『閑情偶寄.演習部.別古今』, 選劇授歌童, 當自古本始. 古本既熟, 然後間以新詞.

서 말하는 '전통 극본(古本)'은 일찍이 무대에서 유행했던 전통극본을 가리키며 '신 극본(新詞)'는 무대에 올린 지 얼마 되지 않은 신편극본을 가리켰다. 한 극단은 이처럼 전통극본과 신 극본을 모두 구비해야 하였다. 그러나 배우에 대한 교육과 학습에 있어서는 반드시 전통극본을 위주로 해야 한다고 주장하였다. 왜냐하면 "전통 극본은 오늘에 이르기까지 여러 유명한 선생님들의 손을 거쳐 대대로 전해 오면서 합당치 않았던 부분들이 모두 합당하게 고쳐졌다. 그래서 이미 그 자체만으로도 완정함과 아름다움을 갖추었는데 그 정도가 더욱 제고되었"36)기 때문이다. 전통극본은 다년간의 무대 실천과 배우들의 지속적인 노력의 결과물이기 때문에 배우들의 이상적인 교본이 될 수 있었다. 그런데 극장에서의 효과를 생각하면 신 극본도 병행해야 하는 것이다. "대개 전통 극본의 연기는 청곡(淸曲)을 노래하는 것과 같아서 몇몇 전문가의 귀를 즐겁게 해줄 수 있을 뿐 극장 내 모든 관중의 눈을 즐겁게 할 수는 없다. 고악(古樂)을 들으면 잠을 자고 싶고 신악(新樂)을 들으면 피곤함을 잊게 된다."37) 이처럼 전통극본과 신 극본을 잘 결합하여 공연해야 만이 관중의 주목을 받을 수 있었다. 또한 신구 극본을 막론하고 공연이 결정된 극본은 선생을 모셔 이를 토대로 배우들을 가르치게 되는데, 다음을 주의해야 하였다. "희곡 선생을 초빙할 때에도 반드시 어느 정도 문리에 능통한 사람을 선택하여 신 극본을 읽어보게 한 다음에야 그 호오 여부를 확정할 수 있다. 또한 극본 연구 과정에서 반드시 문인 묵객들의 의견을 수용하여 쌍방의 토론이 일치된 후에야 어린 배우들에게 가르침을 줄 수 있다."38)

---

36) 『閑情偶寄.演習部.別古今』, 古本相傳今至, 歷過幾許名師, 傳有衣鉢, 未當而必歸於當, 已精而益求其情.
37) 『閑情偶寄.演習部.別古今』, 演古戲如唱淸曲, 只可悅知音數人之耳, 不能娛滿座賓朋之目. 聽古樂而思臥, 聽新樂而忘卷.
38) 『閑情偶寄.演習部.別古今』, 故迎優師者, 必擇文理稍通之人, 使閱新詞, 方能定其美惡. 又必借文人墨客參酌其間, 兩議檢同方可授之使習.

그리고 「제냉열(劑冷熱)」이라는 것은 연출가가 극본을 선택할 때에 시류에 영합하지 말고 자신만의 고유한 선택 기준을 지녀야 함을 일컬었다. 예를 들면 이러하다. "현재 관중들이 좋아하는 희곡과 배우들이 늘 연기하는 희곡은 모두 '떠들썩하다(熱鬧)'라는 말 한 마디로 표현할 수 있다. 냉정한 곡사와 문아(文雅)한 곡조는 모두 그들이 극히 싫어하고 꺼려하는 바이다."[39] 리위는 이러한 시류를 부정적으로 평가하여 '냉정함과 떠들썩함(冷熱)'이 극본 선택의 기준이 될 수 없다고 생각하였다. 왜냐하면 다음과 같은 이유에서였다. "겉으로는 완전히 냉랭하면서도 속으로는 매우 열렬하고, 문장이 매우 문아(文雅)하면서도 이야기 줄거리는 풍속에 가까운 희곡이라면 약간의 윤색을 가하고 음악을 배합하여 상연하는 데 어려움이 없다. 만일 작품의 장단점을 불문하고 냉랭함을 이유로 일률적으로 꺼려한다면 희곡작가의 마음을 납득시키기 어려울 것"[40]이기 때문이다. 그래서 리위가 제시한 극본의 선택기준은 다음의 두 가지였다. 그 하나는 "전기는 냉랭함과 열렬함을 구분할 필요 없이 인정에 부합하는지만 신경 쓰는 것"[41]이었다. 이는 「사곡부(詞曲部)」에서 말한 "인간의 감정과 사물의 이치를 말한 작품은 대대로 전할 수 있으나, 황당하고 괴이한 것을 다루면 그날로 사라지게 된다(凡說人情物理者, 千古相傳, 凡涉荒唐怪異者, 當日即朽)."의 정신과 완전히 일치한다. 즉, 사회생활을 반영하고 인간의 사상감정을 표현한 극본, 진실함이 담겨있는 극본을 선택해야 한다는 것이다. 그 두 번째는 다음과 같다. "예를 들어 기쁨과 슬픔, 만남과 헤어짐은 모두 인간의 감정이 반드시 이르게 되는 결과로서 능히 관중들을 웃고 울고 화내고 놀라도록 할 수 있다. 설사 북소리가 울리지 않고 무대 위가 조

---

39) 『閑情偶寄.演習部.劑冷熱』, 令人之所尙, 時憂之所習, 皆在熱鬧二字. 冷靜之詞, 文雅之曲, 皆其深惡而痛絶者也.

40) 『閑情偶寄.演習部.劑冷熱』, 有外貌似冷而中藏極熱, 文章極雅而情事近俗者, 何難稍加潤色, 播入管絃? 乃不問短長, 一槪以冷落棄之, 則難服才人之心矣.

41) 『閑情偶寄.演習部.劑冷熱』, 予謂傳奇無冷熱, 只怕不合人情.

용할 때라도 관중의 환성 소리가 오히려 천지를 뒤흔들게 할 수 있다
."42)와 같은 경우이다. 이는 무대연출의 효과 측면에서 극본의 선택 문
제를 강조한 것이다. 연출가는 극본을 선택할 때 반드시 관중의 반응이
어떠할지를 예측할 수 있어야 한다. 관중의 관심을 끌지 못하고 흥미를
이끌어내지 못하는 극본은 좋은 극본이라 할 수 없다. 리위는 다년간의
창작경험과 연출경험을 통하여 희곡을 심리학적 측면에서 인식할 수
있었다. 그래서 관중들로부터 희로애락의 감정을 자연스럽게 이끌어낼
수 있는 극본이야말로 연출의 성공을 보장한다고 주장하였다.

　이렇듯 좋은 극본의 선택은 연출의 기초가 되었다. 이를 토대로 편
극 단계로 들어가면 그때부터 연출가의 재창조가 시작된다. 리위는 「변
조제이(變調第二)」의 '축장위단(縮長爲短)'과 '변구위신(變舊爲新)' 조
항에서 편극의 원칙과 방법에 대해 집중적으로 논술하였다. 그는 예술
의 발전법칙과 관중의 심리에 근거하여 편극의 필요성을 지적하였다.
"변조(變調)란 옛 가락을 새로운 가락으로 바꾼다는 말이다. ……문인들
이 지은 시부고문(詩賦古文)과 여자들이 만든 꽃 모양의 비단 수공품
은 모두 시대의 변화에 따라 변하지 않는 것이 없다. 변하면 새로워지
고 변하지 않으면 진부해진다. 변하면 생기가 있어지고 변하지 않으면
굳어진다. 전기라는 이 분야는 더더욱 관중의 이목을 새롭게 해야 하는
일로서 꽃과 달을 감상하는 것과 같은 이치이다. 만일 오늘 이 꽃을
보았는데 내일 다시 이 꽃을 본다면, 또 어젯밤에 이 달을 대했는데
오늘 밤에 다시 이 달을 대한다면, 감상자가 진부함을 꺼려하는 마음이
생기게 될 것이고 감상되는 꽃과 달도 자신들의 진부함에 부끄러움을
느낄 것이다."43) 희곡예술은 시대의 진보적 측면과 관중의 요구를 충분

---

42) 『閑情偶寄.演習部.劑冷熱』, 如其離合悲歡, 皆爲人情所必至, 能使人哭.能使
　　人笑.所能使人怒發沖冠, 能使人驚魂欲絶, 卽使鼓板不動, 場上寂然, 而觀衆
　　叫絶之聲, 反能震天動地.
43) 『閑情偶寄.演習部.變調第二』, 變調者, 變古調爲新調也. ……才人所撰詩賦古
　　文, 與佳人所制錦繡花樣, 無不隨時更變. 變則新, 不變則腐, 變則活, 不變

히 반영할 때에만 존재가치를 지니게 된다. "만일 모방을 통해 대충 만들려 한다면, 이는 종이로서 종이를 인쇄할 때 조금의 차이도 없다고 말할 수는 있어도 천연의 생동하는 정취를 가질 수 없는 것과 같다."[44]

'긴 것을 압축하여 짧게 만든다(縮長爲短)'함은 편극에 있어 관중의 특징과 요구에 근거해야 함을 주장하는 조항이다. "공연을 길게 하여 끝을 맺지 못하느니 차라리 공연을 짧게 하여 끝을 맺는 것이 낫다. 그래서 전기 극본을 배우에게 전할 때에는 반드시 그에게 늘이고 줄일 수 있는 방법을 가르쳐 주어야 한다. 그래서 그 중에서 줄거리를 생략해도 되는 몇 개의 절을 취하여 별도의 암호로 기록해 놓고 할 일 없이 한가한 관중을 만나면 오히려 늘려서 극 전체를 공연하고, 그렇지 않으면 그 부분을 빼서 생략한다."[45]

이처럼 리위가 생각했던 편극의 원칙은 "그 체질 자체는 바꾸지 않고 그 태도와 차림을 바꾸는 것"[46]이었다. 즉, 원작의 기본정신과 주요 내용을 존중한다는 전제 하에서 원작의 일부를 조정하고 개조한다는 것이다. 이에 리위는 생생한 비유를 들었다. "미인이 복장과 장식을 조금만 바꾸어도 다른 이들이 새롭게 보는 것과 같은 이치이다. 형체와 용모가 바뀌기를 기다려 전혀 다른 자태를 보이려고 노력할 필요가 없다."[47] 이렇게 해야 "비록 전통 극본을 본다고 해도 신 극본을 보는 것 같은(雖觀舊劇, 如閱新篇)" 무대효과를 얻을 수 있다. 편극은 연출

板. 至於傳奇一道, 尤是新人耳目之事, 與玩花賞月, 同一致也. 使今日看此花, 明日復看此花, 昨夜對此月, 今夜復對此月則不特我厭其舊, 而花與月自愧其不新矣.

44) 『閑情偶寄.演習部.變調第二』, 若止爲依樣葫蘆, 則是以紙印紙, 雖云一線不差, 少天然生動之趣矣.

45) 『閑情偶寄.演習部.縮長爲短』, 與其長而不終. 無寧短而有尾, 故作傳奇付優人, 必先示以可長可短之法, 取其情節可省之數節, 另作暗號記之, 遇淸閑無事之人, 則增入全演, 否則拔而去之.

46) 『閑情偶寄.演習部.變舊成新』, 仍其體質, 變其風姿.

47) 『閑情偶寄. 演習部. 變舊成新』, 如同一美人而稍更衣飾, 便足令人改觀, 不俟變形易貌而使之別一神情也.

가의 임의대로 할 수 있는 것이 아니다. "반드시 쇠붙이 조각들을 모아 황금을 만들어 내야지 호랑이를 그리려다 개꼴을 만들어서는 안 된다. 그리고 반드시 그 중에서 덧붙여도 될 부분을 골라 덧붙여야 하고 변화시켜야 할 부분만 변화를 주어야 한다. 고의적으로 음을 아는 척하거나 억지로 전문가임을 자처하여 극장에 모인 관중에게 실소를 금치 못하게 하고 밥알이 튀어나오게 해서는 절대로 안 된다."48) 이는 전적으로 연출가의 예술 수양 정도에 달려 있다.

극본을 확정한 후 연출가의 주요임무는 배우의 선발과 배역의 배정 및 연기 교육 등이었다. 리위는 「성용부(聲容部)」 중의 '취재(取材)' 조항에서 배우의 선발에 대해 구체적으로 언급하였다. "재질을 취한다는 말이 무슨 뜻인가? 이는 배우들이 말하는 이른바 '배역을 안배한다.'는 것이다. 목소리가 청아하고 깔끔하면서도 숨이 길은 사람은 주연남우(正生)와 조연남우(小生)의 배역을 맡을 수 있는 재목감이다. 목소리가 온유하고 부드러우며 숨이 그런대로 충분한 사람은 주연여우(正旦)와 조연여우(貼旦)의 배역을 맡을 수 있는 재목감이다. 여기서 약간 떨어지는 사람은 노인여성(老旦)의 배역을 맡을 수 있다. 목소리가 청량하면서도 약간 질박한 사람은 조연(外와 末)의 배역을 맡을 재목이고, 목소리가 비장하면서도 째지는 사람은 액션배우(大淨)의 역을 맡을 재목감이다. 희곡배우(丑과 副淨) 역은 목소리에 상관없이 성격이 활발하고 입놀림이 재빠른 사람이면 된다."49) 배우의 음악적 소질과 성격 특징 등에 근거하여 그들에게 어떤 배역을 맡길 것인가 결정하는 일은 중국 고전희곡의 특징 중의 하나였다. 희곡은 노래(唱)를 위주로 하여 대사

---

48) 『閑情偶寄. 演習部. 變舊成新』, 點鐵成金, 勿令畫虎類狗, 又須擇其可增者增, 當改者改. 萬勿故作知音, 强爲解事, 令觀者當場噴飯.

49) 『閑情偶寄. 聲容部.習技第四. 歌舞』, 取材維何? 優人所謂配角色是已. 喉音淸越而氣長者, 正生小生之料也. 喉音嬌婉而氣足者, 正旦貼旦之料也, 稍次則充老旦. 喉音淸亮而稍帶質朴者, 外末之料也. 喉音悲壯而略近噍殺者, 大淨之料也. 至於丑與副淨, 則不論喉音, 止取性情之活潑, 口齒之便捷而已.

와 동작 및 춤이 결합되기 때문이다. 그래서 배우의 음악적 소질과 성격 특징은 배역의 결정에 있어서 매우 중요하였다.

3. 희곡공연론

극본의 창작은 희곡예술의 기초이다. 그런데 극본을 시청각 위주의 무대형상으로 바꾸려면 배우의 공연을 필요로 하였다. 중국의 공연 역사는 선진(先秦)의 악무와 한·위(漢·魏)의 백희(百戱)에서 시작하여 육조(六朝)와 수·당의 답요낭(踏搖娘), 참군희(參軍戱)를 거쳐 송·원·명·청의 희문(戱文)과 잡극 및 전기로 이어졌다. 이러한 과정을 거치면서 공연예술이 발전되고 성숙되었으며, 공연예술이론도 차츰 정립되었다. 원대 옌난즈안(燕南芝庵)의 『창론(唱論)』은 중국 최초의 공연전문 서적이었다. 그리고 명대 웨이량푸(魏良輔)의 『곡률(曲律)』은 곤곡(昆曲) 공연을 총결한 이론서로서 큰 영향을 끼쳤다. 왕지더의 『곡률』은 희곡의 소리체계(聲腔)와 연기방법에 대해서도 연구하였다. 그러나 이런 저작들은 총체적인 공연체계를 세울 수 없었다. 리위는 과거의 저작들과 자신의 실천경험을 토대로 체계적 공연이론을 세울 수 있었다.

극본에 대한 충실한 이해는 배우가 무대공연에 앞서 반드시 갖추어야 할 기본이었다. 그래서 리위는 『연습부(演習部)·해명곡의(解明曲意)』에서 이 문제를 언급하였다. 그래서 배우의 노래에는 '곡정(曲情)'이 있어야 한다고 하였다. '곡정'은 노래의 줄거리를 일컫는다. 그는 당시 극단의 상황을 이렇게 지적하였다. "요즈음 곡을 배우는 사람들을 보면 처음에는 통독을 하고 이어서 노래를 부르는 데 노래가 끝나면 그것으

로 모든 것이 완성되었다고 생각한다. '읽고 이해한다(講解)'라는 말은
아예 폐기하여 사용치 않을뿐더러 지금까지 그런 선례를 남긴 사람도
없었다. 그래서 종일 노래 부르고, 일 년 내내 노래 부르며, 심지어는
평생 동안 노래를 부르면서도, 그 곡조가 말하는 바가 무엇이고 누구를
가리키는지 알지 못한다. 입으로는 노래하면서 마음속으로는 노래하지
않고, 입으로는 노래가 흐르고 있으나 얼굴과 몸에는 표정이 없다. 바
로 이것을 감정이 없는 노래라 일컫는다. 이제 막 글을 배우는 아이가
책을 외우는 것처럼 강제적이고 자연스럽지 못하다. 이렇게 되면 음과
박자가 정확하고 입놀림이 청아하더라도 결국은 2류나 3류의 노래에
그치고 최고의 기예에 오르지 못한다."50) 봉건사회 내에서는 배우들의
문화수준이 비교적 낮아서 주로 연기선생의 구술에 의존하기 때문에
이런 상황이 발생하였다. 그래서 이는 연기를 위한 연기일 뿐 진정한
연기가 될 수 없었다.

　이어는 이렇게 '노래의 의미를 확실히 파악(解明曲意)'하고 '마음으
로 노래 부를 수 있는(口唱心也唱)' 방법에 대하여 다음과 같이 말하
였다. "노래를 잘하려면 반드시 우선적으로 고명한 선생님을 모시고 노
래의 의미를 명확히 배워야 한다. 그 선생님에게서도 명확히 배우지 못
했다면 문인들의 가르침을 청해도 무방하다. 가사의 의미를 명확히 한
후에 다시 노래를 할 때에도 정신을 집중하여 그 의미와 같아지도록
노력해야 한다."51) 이는 당시에 교육수준이 낮았던 배우들에게는 매우
중요한 지적이었다. 극중에 반영된 사회생활과 인물들의 사상을 확실히

---

50) 『閑情偶寄. 演習部.授曲第三. 解明曲意』, 吾觀今世學曲者, 始則誦讀, 繼則
　　歌咏, 歌咏旣成而事畢矣. 至於‘講解’二字, 非特廢而不行, 亦且從無此例. 有
　　從日唱此曲.終年唱此曲, 甚至一生唱此曲, 而不知此曲所言何事.所指何人, 口
　　唱而心不唱, 口中有曲, 而面上身上無曲, 此所謂無情之曲, 與蒙童背書, 同一
　　勉强而非自然者也. 雖腔板極正, 喉舌齒牙極清, 終是第二第三等詞曲, 非登峰
　　造極之技也.
51) 『閑情偶寄. 演習部.授曲第三. 解明曲意』, 欲唱好曲者, 必先求明師講明曲義.
　　師或不解, 不妨轉詢文人. 得其義而後唱, 唱時以精神貫串其中, 務求酷肖.

파악해야지만 '거의 같은(酷肖)' 무대형상을 창조해낼 수 있다.

'노래의 의미를 확실히 파악(解明曲意)'하라는 리위의 말은 극본의 사상은 물론이고 더 나아가 배우들 자신이 연기하는 인물의 성격 또한 정확히 파악할 것을 요구한 것이다. 이 점에 대해 리위는 세 가지를 제시하였다. 첫째는 "이 노래가 어떤 사건을 말하고 있으며 어떤 인물을 가리키고 있는지를 파악하는 것(此曲所言何事, 所指何人)."이다. 이는 곧 극본이라는 특정한 시공간 내에서 어떤 인물이 어떤 일을 하는가에 대해 파악하라는 요구이다. 이는 인물을 정확히 파악할 수 있는 기초가 된다. 둘째로 인물의 감정을 잘 파악하여 비극적인 부분과 희극적인 부분을 혼동하지 말라는 요구이다. 배우가 어떤 인물을 연기할 때 그 인물의 정서와 감정을 정확히 체험하고 파악하는 것이 매우 중요하였다. 셋째로 "노래 소리와 입 모양 간에 각종 내용을 모두 분별해 내는 것(聲音齒額之間, 各種俱有分別)."이다. 인물의 개성을 정확히 파악하려면 배우는 자신의 연기에서 인물의 개성을 구현해내야 한다. 이렇게 세 가지를 해낼 수 있다면, 배우는 입과 마음으로 노래 부를 수 있고 자신이 연기하는 인물의 정신까지 '거의 같은 모습(酷肖)'으로 표현할 수 있게 된다.

노래와 춤은 중국 희곡예술의 특징이었다. 그렇기 때문에 배우는 위의 조건을 해결한 후에도 노래와 무용, 동작, 표정 등의 수단을 이용하여 무대형상을 창조해야 하였다. 그래서 리위는 "그 춤추는 모습과 노래하는 태도는 當日의 정신을 무대 위에 표현할 수 있게 한다(其舞態歌容, 能使當日神情, 活現氍毹之上)."라고 말하였다. 그러면서 「성용부(聲容部)」의 '가무' 항목에서 배우의 기초훈련 문제를 언급하였다.

리위는 이렇게 말하였다. "옛날 사람들이 여자들에게 노래와 춤을 가르친 이유는 정작 노래와 춤 그 자체를 가르치기 위함보다 그녀들의 목소리와 용모를 가다듬기 위함이었다. 여자의 목소리를 아름답게 가꾸고자 한다면 반드시 그녀에게 노래를 가르쳐야 한다. 노래를 다 배우고 나면 목을 통해 나오는 소리가 항상 앵무새와 제비가 지저귀듯 청아하게 된다. 그래서 굳이 노래를 부르지 않아도 노랫가락이 그 안에 이미 내재되어 있게 된다. 그녀의 자태를 부드럽고 매혹적으로 만들고자 한다면 반드시 그녀에게 춤을 배우도록 해야 한다. 춤을 다 배우고 나면 몸놀림과 발걸음이 순간마다 버들잎이 휘날리고 꽃무리가 활짝 핀 듯한 자태를 보이게 된다. 그러면 굳이 춤추지 않아도 춤추는 듯한 모습이 그 안에 이미 내재되어 있게 된다."52) 배우들이 평소에 가무를 훈련하는 목적은 발성능력과 신체의 표현능력을 향상시키기 위함이다. 이같은 리위의 언급은 예술창작활동의 기본특징을 간파한 설명이었다. 예술창작은 일종의 합목적적 활동인 동시에 법칙에 얽매이지 않는 자유활동이기도 하다. 즉 엄정한 규범 속에서 자유를 얻어내는 것으로서 고대인들이 말한 '물아(勿我)의 경지(化境)'를 의미하였다. 이른바 "춤이 굳이 필요 없이 춤추는 듯한 모습이 그 안에 내재되어 있다(不必舞而舞在其中)."란 뜻은 엄격한 무용규칙 속에서도 장기간의 예술훈련을 거치면 그 구속을 벗어나 자유로운 경지를 얻을 수 있음을 말한다.

리위는 또 '습태(習態)' 항목에서 이렇게 말하였다. "태도는 선천적으로 타고 나는 것으로서 학습과 관련이 없다. 앞에서 목소리와 용모(聲容)를 거론할 때에 이미 상세히 다룬 바 있다. 그렇다면 여기서 다시 '용모를 익힌다(習態)'고 말하는 것은 자기모순이 아닌가? 대답은 '그렇지 않다.'이다. 지난번에 말한 것은 규방에서의 부분이었고, 여기서 말하는 것은 무대 위에서의 부분을 가리킨다. 규방에서의 용모는 전부 자연에서 유래한다. 그러나 무대에서의 용모는 학습에 의존하지 않을 수 없다. 그러나 자연에 가깝도록 노력해야 한다. 이것이 연습을 게을리 하지 말아야 하는 이유이다."53) 여기서 '태(態)'라는 것은 배우가

52) 昔人敎女子以歌舞, 非敎歌舞, 習聲容也. 欲其聲音宛轉, 則必使之學歌, 學歌旣成, 則隨口發音, 皆有燕語鶯啼之致, 不必歌而歌在其中矣. 欲其體態輕盈, 則必使之學舞, 學舞旣熟, 則回身擧步, 悉帶柳翻花笑之容, 不必舞而舞在其中矣.

당연히 갖추어야 할 외모와 정신을 일컫는다. 리위는 '태'를 '규방에서의 태도(閨中之態)'와 '무대에서의 태도(場上之態)'로 나누어 논술하였다. 전자는 인간의 자연기질에 의해 결정되는 것이고, 후자는 배우의 기초훈련, 즉 '연습지공(演習之功)'을 통해서 얻을 수 있는 것이다. 이 '무대에서의 태도(場上之態)'는 '노력(勉强)'과 '자연(自然)'의 결합이자 규칙과 자유의 통일이라고 할 수 있다.

여기서 중국희곡의 공연특징인 정식화의 문제를 언급하고자 한다. 중국희곡은 장기간의 실천을 바탕으로 공연에 있어 정식화(定式化)된 규범이 형성되었다.[54] 그래서 리위는 "주연남우(生)에게는 주연남우에 부합하는 태도가 있고, 주연여우(旦)에게는 주연여우에 부합하는 태도가 있으며, 조연(外와 末)에게는 조연에게 맞는 태도가 있고, 액션배우(淨)

---

53) 『閑情偶寄. 聲容部.習技第四. 歌舞』, 態自天生, 非關學力, 前論聲容已備悉其事矣, 而此復言習態, 抑何自相矛盾乎? 曰, 不然. 彼說閨中, 此言場上. 閨中之態, 全出自然, 場上之態, 不得自勉强, 却又類乎自然, 此演習之功之不可少也.

54) 탄판(譚帆)은 「類型化: 古典戲劇人物理論的論理趨向」(『復印報刊』, 1992.5)에서 이러한 정식화를 다음과 같이 정리하였다.
첫째, 고전희곡인물이론은 극중인물에게 극작가의 농후한 주체감정을 융합시킬 것을 요구하였다. 그리고 희극인물이 극작가의 리상과 인격을 구현할 것을 강조하였다. 그래서 희극인물의 창조과정에서 극작가에게 극중인물화할 것을 요구하는 한편, 희극인물도 극작가의 주관적 의도를 충분히 구현하여 극작가의 감정의 대언자 역할을 할 것을 요구하였다.
둘째, 고전희곡인물이론은 인물형상의 창조방법을 제시하면서 희극인물을 구체적으로 품평할 때에 종종 희극인물의 일부 특징을 두드러지게 표현할 것을 요구하였다. 그래서 인물형상이 자신의 선명성과 독특성을 드러낼 수 있게 말이다.
셋째, 고전희곡인물이론 중에서 '법'은 인물형상의 창조 기교라는 의미가 가장 크나 그것이 내포하는 의미는 풍부하다. 그 중에서도 인물형상 간을 강조하는 '전탁법(拴託法)'이 가장 두드러진 창작법칙이다.
넷째, 고전희곡인물이론은 희극인물과 인물언어의 관계에 대해서도 적잖게 평론하였다. 이러한 평론이 보여주는 주요특징은 고대 극론가가 인물의 각도에서 희극언어를 평론할 때에 종종 희극인물이 처한 특정한 '유형(類)', 혹은 사회계층을 가지고 평론의 규칙을 삼았다는 점이다. 아울러 이로 인해 희극인물 언어에 대해 이성적 규범을 가했다는 것이다.

와 희극배우(丑)에게는 각각에 부합하는 태도가 있다(生有生態, 旦有旦態, 外末有外末之態, 淨丑有淨丑之態)"라고 말하였다. 이러한 배우의 고정 격식은 장기간의 정련을 거쳐 이루어진 것으로서 일정한 미적 법칙을 보유하고 있었다. 그러므로 모든 배우는 반드시 이러한 정식(定式)을 준수하여 훈련해야 하였다. 이것이 바로 리위가 말한 "학습에 의존하지 않을 수 없는(不得不由勉强)" 부분이었다. 그러나 배우들이 맹목적이고 피동적으로 이러한 정식을 대해서는 안 되었다. 그렇게 되면 이 정식(定式)은 배우들의 연기를 구속하는 악습이 될 것이었다. 그래서 성공한 배우는 정식을 준수하여 그에 따라 기초훈련을 쌓는 한편, 또 실제생활에 기초하여 배역의 내면세계를 깊이 탐구하였다. 그 결과 정식을 잘 활용할 뿐만 아니라 정식 속에서도 자유를 얻어내었다.

공연문제에 대한 이상의 구체적 논술을 통해 리위는 실질적으로 희극 공연예술체계 문제를 언급하였다. 세계의 여러 공연예술이론이 있으나 배우와 배역에 관한 이론은 일반적으로 크게 두 가지로 구분된다. 하나는 스타니슬라브스키의 체험예술체계[55]이고, 또 하나는 브레히트의 표현예술체계[56]이다. 그런데 중국의 공연체계는 이러한 구분에서 벗어

---

55) 전통이나 관중의 기대에 상관없이, 외부적인 연극 효과에 의존하는 전통적인 연기 형태(Style) 대신에 진실한 내적 연기를 요구하였다. 이 목적을 달성하기 위해 작품 제작시 정확한 무대장치와 의상에 중점을 두었고, 배우가 묘사하려는 극중 인물의 본질에 도달하기 위해서 역사적 배경에 대한 정보로부터 시작하여 즉흥적이며 집중적인 훈련을 필요로 하는 일련의 연기술을 발전시켰다. 이것이 바로 '스타니슬라브스키 시스템'이다. 다시 말하면 이는 스타니슬라브스키의 배우연기술을 체계화한 것으로 기교적인 감정 표현을 거부하고, 등장인물의 심리적 신체적 행동의 구성을 내적으로 파악하는 것을 연기의 출발점으로 삼았다.

56) 브레히트의 '비(非)아리스토텔레스극', 즉 '서사극'이론의 기본적 의미는 이러하다. 종래의 아리스토텔레스극이 관객의 환상을 기반으로 감정이입을 추구한 것에 반하여 사건의 줄거리와 각 서술 부분들이 전후 상관관계를 떠나서도 그 자체의 가치와 의미를 지니도록 표현하는 것이다. 이러한 분리를 가능케 하는 극적 수단이 '소외효과(또는 소격효과)'이다. 소외효과는 관습이나 인습에 의해 자연스럽게 여겨졌던 사회적 현상을 생소하게 함으로써 관객의 잠재의식을 깨우려는 장치이다. 그래서 인간관계와 사회역사를 대상화하고 객관화하였다.

나 또 하나의 독립체계를 구성하고 있다. 리위의 희곡이론이 여기에 큰
몫을 담당하였다.

리위는 「성용부(聲容部)」의 '습기제사(習技第四)' 항목에서 처음으로
중국희곡의 공연특징, 즉 "용으로 분장하였으면 용을 닮아야 하고, 호
랑이로 분장하였으면 호랑이를 닮아야 한다(粧龍象龍, 粧虎象虎)."고
언급하였다. 이는 배우와 배역의 관계를 '장(粧)'과 '상(象)'의 관계로
본 것이다. 중국희곡은 정식화된 규범과 허구적 표현방법을 지니고 있
다. 그래서 배우의 연기는 반드시 '장(粧)'하여 배역과 일정한 거리를
유지함으로써 소격효과를 드러내야 하였다. 이는 배우가 배역과 완전히
일치될 것을 요구하는 체험파 연기방법과는 달랐다. 그러나 중국희곡에
서도 극본의 의미를 완전히 파악하고 생활의 체험을 통해 배역과 융화
되는 것을 중시하였다. 그래서 배우의 연기는 '상(象)'해야 한다고 하였
다. 이는 배우와 배역을 완전히 분리하여 무대에서의 '이중인격'적 연
기를 요구하는 표현파 연기방법과는 달랐다. 이처럼 중국희곡의 연기체
계는 '체험'과 '표현'의 어느 일면으로 편향됨이 없이 변증법적 통일을
이루었다.

이외에도 음악 반주와 무대미술 및 조명과 무대효과 등의 무대수단
에 대해서 언급하였다. 리위는 연출이 모든 무대연출형상을 책임져야
한다는 견해에서 출발하여 배우의 연기를 제외한 기타 무대 표현 수단
에 대해서도 많은 의견을 제시하였다. 그래서 '라고기잡(鑼鼓忌雜)'과
'취합의저(吹合宜低)' 및 '의관악습(衣冠惡習)' 등의 항목에서 반주음
악과 무대의상 등의 문제에 관해 탁월한 견해를 많이 제시하였다. 그밖
에도 음향효과, 음악반주, 복장 및 무대도구, 무대설계 등에 대한 의견
들을 제시하였다.

4. 희곡교육론

리위는 "지망생들을 가르치고 인도하는 데에는 방법이 있으니, 그 재질에 기초하여 시행하는 것이다. 그들의 천부的 성품을 가려서는 안 된다(敎之有方, 導之有術, 因材而施, 無拂其天然之性)"는 원칙을 제시하였다. 이른바 '천연지성(天然之性)'이란 배우의 소질과 품성 및 이로부터 형성된 '창작개성'을 일컬었다. 이는 배우의 감정과 의지, 지혜 및 민감성, 지각능력, 표현능력, 무대매력 등을 전부 포괄하는 유기체로서의 의미였다. 스타니슬라브스키는 배우의 '천성'에 최고의 가치를 부여하고 모든 의식적 창작은 여기서 비롯된다고 하였다. 그러나 앞에서 언급하였듯이 중국희곡의 공연체계는 체험파와 구별되었다. 그럼에도 리위 역시 각종 연출방법과 기교를 장악하고 배우를 구체적으로 파악한 후 그들의 특성에 따라 장점을 계발시킬 것을 주장하였다. 그래서 대상을 구분하지 않고 일률적으로 배우들을 훈련시켜 그들 각자의 천성과 재질을 말살시키는 것에 반대하였다. 이는 중국희곡의 교육이론사상 매우 중대한 의미를 지닌다.

리위는 배우의 배양에 대해 포괄적 이론과 구체적 교육방법을 제시하였다. 그는 먼저 개인의 재질을 살펴 선발할 것을 주장하였다. 그리고 배우의 외모가 중요한 것이 아니라 기질, 즉 '태(態)'를 중시하였다. 배우를 선정한 후에는 소질에 맞게 배역을 맡겨야 하였다. "목소리가 청아하고 숨이 긴 사람은 주연남우(正生과 小生)의 배역을 맡을 재목감(喉音淸越而氣長者, 正生小生之料)."이고, "목소리가 부드럽고 숨이 그런대로 충분한 사람은 주연여우(正旦과 貼旦)의 배역을 맡을 재목감(喉音嬌婉而氣足者, 正旦貼旦之料)."이다. 배역을 정한 후 기초교육으로 들어가는데 리위는 이를 '습기(習技)'라고 하였다. 기초교육으로는 먼저 문화지식의 습득을 선행해야 한다고 주장하였다. "모든 배우수업을 위해서는 반드시 학문을 우선해야 한다(學技必先學文)." 그 이유는 연극의 리치를 터득하기 위함이다. "천하의 기예는 무궁무진하나, 그 원류는 하나의 이치에서 비롯된다. …… 그러니 독서를 하지 않으면 어떻게 그 理致를 터득할 수 있겠는가? 그러므로 배우수업을 위해서는 반드시 학문을 우선해야 한다(天下技藝無窮, 其源頭止出一理, ……然不讀書, 何由明理? 故學技必先學文)." 이는 매우 가치 있는 언급이었다. 이와 동시에 배우 지망생들은 악기 연주와 춤, 노래 등도 익혀야 하였다. 리위는 비파(琵琶)를 비롯한 현악기를 학습하는 과정에서 학생들의 품성이 변화되고 음악에 대한 리치에 밝아져 예술적 소양을 쌓을 수 있다고 생각하였다. 이러한 기초과정은 춤과 노래에 대한 학습 자체에 목적이 있는 것이 아니라 그를 통한 배우의 예술적 소양의 확보에 있다고 하겠다. 이러한 기초훈련이 끝나면 전문 과정으로 들어간다. 우선은 '음정교정(正音)'과 '동작 익히기(習態)' 훈련이다. 음정교정에서는 방언의 사용을 금하는 것이고, 동작 익히기에서는 무대 위에서 배역의 형상을 표현하는 훈련이었다. 예를 들어 남자배우가 주연여우(女旦) 역을 맡았을 경우 "자세가 완전히 갖추어진 후에 여자의 모습을 모방해야지, 자세가 불충분한 상태에서 여자의 모습을 모방해서는 안 되었다(勢必加以扭捏, 不扭捏不足以肖婦人)."

이러한 능력을 완전히 구비하면 비로소 실제 연기수업으로 들어갔다. 첫째로는 '노래 교육(授曲)'의 과정을 거쳤다. 이를 위해서는 먼저 '노래의 의미를 확실히 파악(解明曲意)'하여 해당 희곡에 담긴 사상 감정과 인물의 성격적 특징을 장악하는 과정이 선행되어야 했다. 동시에 가사의 발음을 완전히 익혀서 정확히 발음함으로써 희곡의 내용을 정확히 전달하는 것도 필요하였다. 그래서 리위는 연기와 노래(演唱) 시에 음성 표출(吐字)과 발음을 매우 중시하였다. 그는 먼저 분명한 발음과 정확한 입놀림을 요구하였고, 더 나아가서 운치와 아름다움을 요구하였

다. 「수곡제삼(授曲第三)·자기모호(字忌模糊)」와 「수곡제삼·조숙자음
(調熟字音)」 항목의 언급들이 이에 해당하였다. 예를 들어 '조숙자음
(調熟字音)' 항목에서는 한 글자의 독음을 '머리(頭)·중간(腹)·꼬리
(尾)' 3부분으로 나누었다. 리위는 그의 '분자법(分字法)'을 사용하여
희곡을 개량하였고, 자신의 재능을 발휘하였다. 연창 중에 일부 자음은
반드시 길게 늘여 한 박자(一板)인 자를 여러 박자(板)로 늘여 불러야
할 경우가 있었다. 리위는 이를 '완만하고 긴 곡조의 글자(緩音長曲之
字)'라고 하였다.

둘째로는 '대사 교육(敎白)'이다. 노래가 없는 대사를 훈련하는 과정
으로서 '고저억양(高低抑揚)'과 '완급둔좌(緩急頓挫)'를 요구하였다. 아
울러 대사(白)의 곤란함과 배우기 어려움을 언급하였다. 당시 노래(唱
講)의 높낮이와 빠르기(高低緩急)는 곡보 상에 잘 나타나 있고 일반적
으로 교사들도 노래(唱)를 중시하기에 그 요구가 엄격하였다. 그러나
대사는 참고할 만한 문헌도 없고 교사들이 일반적으로 대사(說白)를
중시하지 않았기 때문에 스스로 궁구하더라도 마땅한 답을 찾을 수 없
었다. 그 와중에서 대사(賓白) 중의 높낮이와 억양(高低抑揚), 그리고
빠르기(緩急)를 장악하기 위하여 리위는 '주객(主客)'을 분별하는 방법'
을 창조하였다. 아울러 '권점교학법(圈點敎學法)'도 창조하였다.

셋째는 '구습 탈피(脫套)'로서 배우의 타성을 없애고 끊임없는 혁신
을 이루어내는 과정이었다.

위의 내용들을 다시 한 번 정리하면 다음과 같다. 교재 면에서는 고
본(古本)에 근거한다. 고본은 많은 사람들이 잘 알기 때문에 조금이라
도 틀리면 쉽게 교정할 수 있었기 때문이다. 그리고 고본은 오랫동안
전해지면서 훌륭한 사부들의 가공을 거쳤기 때문에 배움의 연원을 좇
을 수 있다. 이른바 '고본'이란 고전희극만을 일컬음이 아니라 전대 예
술인들의 가공을 통해 완정해진 '정본(規範本)'을 일컬었다. 교학의 내
용 면에서 배우의 문화수준을 높이고 극본에 대한 이해능력을 높이기

위해 두 가지의 방법이 있다. 첫째로는 일정한 문화수준을 갖춘 교사를 초빙하는 것이다. 둘째로 문인묵객의 지도와 해설을 요청하는 것이다. 교학태도 면에서는 이러하였다. 당시 희극무대에서는 반주의 음량이 배우의 가창소리를 가리는 폐단을 가지고 있었다. 이를 없애기 위해 리위는 평소에 학생들에게 노래(唱)를 가르칠 때 너무 많은 악기반주는 피해야 함을 주장하였다. 이렇게 하면 교사가 그때그때 잘못된 부분을 발견하여 고쳐주기에 편하기 때문이었다. 그리고 학생들의 맹목적인 의존성을 없애고 독립적인 공연 습관을 길러줄 수 있었다. 가장 좋기로는 먼저 교사가 입으로 몇 번 시범을 보이고 학생들의 입놀림이 비교적 정확해지기를 기다려 가락의 기본을 숙지한 이후에 다시 악기 반주와 함께 연습하는 것이었다.

이처럼 리위는 각 방면에 대하여 총체적이면서도 구체적인 언급을 하였다. 그럼으로써 당시까지의 중국희곡이론을 총결하고 후대 희곡작가들을 선도하여 희곡 발전에 커다란 영향을 끼쳤다.

중국고전극교육방법에 대한 모색

김영미

1. 중국고전극 교육의 현황

중국고전문학 장르 가운데 '중국고전극(Chinese Traditional Theatre)'을 교육하는 방향은 그렇게 다양하다고 할 수는 없다. 그것은 중어중문학과가 설치된 학과 내에서도 입학에서 졸업까지 4년 동안 고작해야 한 학기정도(수업가능 학기수의 1 / 8에 해당) 수강할 수 있을 정도로 매우 짧은 시간 안에 중국고전극 이라는 장르를 소화해야 하기 때문이다. 그나마 이 과목을 설치한 대학에 입학한 학생들의 경우에는 그 방향성이야 어떻든 간에 수학할 기회라도 있어서 다행인 것이다. 어떤 경우는 이 과목에 대해서 생각해볼 겨를도 없이 바로 현대 중국문화와 같은 잡다한 성격의 과목아래서 '이미지 감상'으로 끝나기도 한다.[1] 정

---

1) 각 대학 중국 연극 관련 개설 과목 현황표는 차미경, 「중국 연극 교육의 현황과 개선방안」(『중어중문학』제 37집, 2005, 441-442쪽)에 나타나 있으며, 여기서

녕 그것은 화려한 의상이 담긴 사진 혹은 얼굴 가득 분장한 모습을 통해서 그것의 기이한 이미지만을 대하니 중국 고전극이라는 '장르'에 대한 사고라기보다는 중국의 고전의 어느 한부분에 해당하는 '이미지'맛보기라고 할 수 밖에 없는 것이다.

그러나 정작 짧은 기회나마 주어졌을 때에 중국고전극을 교육한다는 것 역시 어려운 일이 아닐 수 없다. 왜냐하면 그것은 그 시기적 특성을 지닌 '고전'이라는 것과 장르적 특성을 지닌 '극'이라는 두 가지 면을 모두 고려해야 하기 때문이다. 어찌 보면 이러한 복잡한 문제를 해결하지 못하기 때문에 위에서 지적한 이미지 학습으로 마감하고 마는 것인지도 모른다. 하지만 그렇다고 해서 정확한 분류작업이나 그것의 교육방법을 포기해야하는 것은 아니다. 오히려 그렇기 때문에 중국고전극 교육을 위한 정확한 방향 제시는 이 시점에서 필요한 것이다.

우선, 시기적 접근법으로서 중국고전교육에 대한 특수성을 언급하지 않을 수 없다. 여기서 고전이라는 '시대'의 문제는 근대냐 현대냐(Modernity) 혹은 당대(當代:contemporary)냐 하는 다분히 정치적이고도 민족적인 관점에서 언급하지 않는다 하더라도 오로지 중국 '고전(Classic)'이라고 불리는 한 시기만의 특수성을 제기하지 않을 수 없다. 왜냐하면 중국에서 그러한 시간 언급은 단지 시기적으로 앞선 '古(an ancient)'만을 의미하는 것은 아니기 때문이다. 그것은 서구열강에 의해 급작스럽게 닫혀 지고 부정되어진, 고전이라고 하는 시기에 갇혀 버린 중국의 '전통(tradition)'을 의미하고 있는 것이다. 물론 이러한 '서양-동양', '현대-고전'이라는 이분법적인 시각이 상대주의적 결점을 드러내는 것도 사실이다. 그럼에도 불구하고 중국 고전 시기라고 하는 특수시간대에 위치한 '극'이라는 장르를 교육한다는 것은 여전히 중국이라는 지역

차미경은 43개 대학 가운데 절반이상이 이러한 과목 자체가 개설되지 않았으며, 그중 가톨릭대와 고려대의 경우 고전극 교육이 없이 바로 현대 희곡과목만 개설되어 있다는 점을 거론하고 있다.

의 시간적 특수성을 고려한 교육이 행해져야함을 의미하는 것이다. 왜
냐하면 중국자체적으로 이러한 시기의 문제는 여전히 '서양-동양'의
이분법에서 출발하고 있는 '중국적인 것=전통'이라는 도식을 지닌 채
지역적 분리를 넘어서지 못하고 있기 때문이다2). 따라서 중국고전을
교육한다는 측면에서 중국고전극의 위치는 여전히 현대에 남아있는 '고
전(Tradition)'을 찾아가는 작업이라고 할 수 있는 것이다.

　둘째, 일반 문학 장르 가운데 '극'이라고 하는 장르의 문제로서 교육
방향을 모색해봐야 한다. '극(Drama)'이라고 하는 장르는 대본을 가진
다는 점에서는 문학적 각도가 그리고 실제 공연을 행한다는 점에서는
예술적 각도가 조명되기 때문에, 이 두 가지 가운데 어떠한 측면으로
교육할 것인가 하는 문제는 늘 있어왔던 것이다. 그리고 한국과 중국은
그러한 두 가지 각도 가운데 한 가지에 치우쳐 있다. 가령 한국 중어
중문학과에서는 고전극을 문학의 한 가지로 간주하여 시, 소설과 같은
문학관점에서 학습하기 때문에 작품 강독을 통한 작품 감상이 중국고
전극을 다루는 방법으로 간주된다. 하지만 중국 내에서는 중국고전극이
'노래와 대사 그리고 행동과 무술(唱念做打)'로 이루어진 종합예술이라
는 측면에 기대어 문학이 아닌 '예술'의 분과로서 교육되는 방향으로

---

2) 박상환은 중국의 근대화를 논함에 있어서 '근대'라는 것은 인간이 계몽적 정신
　을 역사적으로 체험하는 과정이라고 정의 내리면서(박상환, 「전통사회에서 근
　대사회로의 이행」, 『대동문화연구』제 31집, 1996, 346쪽) 전통적인 것이라고
　규정되는 집단적 가치가 중요하였던 사상이 개인적이고 합리적으로 되는 지점
　은 유럽이나 서구적인 것이 아니라 전근대성과의 투쟁과의 산물이 있다고 봄
　으로써 기존의 유럽 중심적 시각을 거부하고 있다.(위의 책, 357쪽) 반면, 중국
　자체 내에서는 그 근대화의 지점을 아편전쟁을 기점으로 삼음으로써 근대가
　제국주의의 중국'침략'으로 이루어졌다는 것으로 일단락 짓고 있음을 볼 수 있
　다.(김태승, 「현대중국의 역사서술에 나타난 근대주의와 근대성」, 『중국학보』제
　46집, 2002, 342쪽) 즉 중국인들이 규정하는 '근대화'는 바로 중국역사의 연장
　선상의 자발적인 '체험'으로 상정되지 않고, 서구열강의 침략에 '의해' 이루어
　졌다는 시각을 가지고 있음을 알 수 있다. 따라서 중국의 고전은 근대, 현대와
　의 연장선보다는 오히려 어떠한 차이를 구분 짓는 구분지점으로서 분석하는
　것이 옳을 것이다.

가고 있다.[3] 중국에서의 중국고전극은 한국에서와 달리 문학적 특성이 아닌 공연적 특성에 방점을 두고 있는 것이다. 따라서 한국에서는 중국 고전텍스트에 대한 감상이 이루어지게 되고, 중국에서는 현재 상연되고 있는 고전의 소재로 고전형식을 갖춘 극에 대한 실제적인 연구가 이루 어지게 된다. 한국에서의 중국 고전극은 텍스트적 의미가 있게 되고 중 국에서의 고전극은 무대 현장에서의 공연론적 의미가 있다고 말할 수 있겠다.

그렇다면 한국 내에서는 왜 텍스트 문헌적인 문학으로의 귀속만을 고 집하게 되었는가. 상연자체를 볼 수 없는 외국이라는 점도 작용하였지 만, 이것은 주로 시대의 연구경향과 직접 관련된다고 할 수 있다. 가령, 1990년 초반 김학주는 「동양연극 연구를 통해 밝혀야 할 전통문화상의 두 가지 큰 문제」에서 중국 고전극의 종합 예술적 성격을 논함에 있어 서 그것이 '시의 성격을 지니고 있다'고 지적함[4]으로써, 중국고전극 교 육이 시가의 연장선상에서 이해되어야 함을 지적하였다. 그리고 이 단 계의 한국에서의 중국고전극 역시 여전히 이러한 문학선상에서 교육하 려는 경향이 뚜렷하였다. 하지만 1990년 중반에 오면 오수경은 이러한 '詩-詞-曲'문학적 구도를 깨고 '곡'이전의 중국의 민간제의 형태나 탈 문화와 같은 민간극을 중국고전극에 포함시켜야 하며, 중국고전극 교육 은 이로부터 출발해야 함을 지적하게 되었다.[5] 이러한 것은 1950~60년

---

3) 陳多는 "희곡은 결국 공연예술중 하나이지 결코 시나 산문, 소설 등과 나란히 문학의 한 분류가 될 수 없다(戱曲終究是表演藝術的一個品種, 而并不是和詩, 散文,小說等幷列的文學的一支)"라고 밝히고 있으며, (「古代戱曲硏究的檢討與 展望」, 『雲南藝術學院學報』, 2001, 03期, p.24) 張同信의 경우도, "희곡예술 은 다원화된 것으로, 연기와 노래를 하나로 합쳐서 노래, 대사, 행동, 무술 등 의 종합적 성질을 띤 공연을 기초로 하는 예술분과이다(戱曲藝術是多元化的, 是融表演,演唱爲一體, 以唱念做打的綜合性表演爲基礎的藝術門類)."(「淺談戱 曲敎育」, 『靑年文學家』, 2006, 05期, p.56)라고 하여 중국고전극이 예술에 속 함을 천명하고 있다.

4) 김학주, 「동양연극 연구를 통해 밝혀야 할 전통문화상의 두 가지 큰 문제」, 『중 국희곡』제 5집, 1997, p.9

대 이후 중국에서 일어난 董每勘, 周貽白 위주의 희극사가들의 주장과
맞닿아 있다. 중국 내에서 이들은 궁극적으로 왕국유의 '진정한 희곡이
라고 할 수 있는 것은 원 잡극에서부터 라고 하지 않을 수 없다(論眞正
之戲曲, 不能不從元雜劇始).'6)라는 사상의 연장선상에 선 기존의 연구
경향을 거부하면서 이러한 제의를 시작하였다. 그래서 이러한 논의는
현 중국 내에서 중국고전극을 예술에 귀속시키는 그 근본적 이유와 맥
을 같이 하는 시각의 근본이 되었던 것이다. 확실히 오수경의 주장은
중국고전극을 문학의 연장선상이 아닌 극의 본질인 공연 예술로 시각을
전환하기를 제시한 중요한 발언이었고, 이후 중국의 고전극의 방향은
이러한 시각을 충분히 검토하여 적극 수용해야 함을 선고하게 되었다.
이후 2002년에 오게 되면 김영미는 그의 논문 「경극음악의 서사적 기
능」에서 중국고전극에서 음악이 서사와 관련되어 있음을 논함으로써,
전혀 새로운 패턴의 중국고전의 장르로의 접근을 제시하였다. 그것은
새로운 연행양식으로서 중국의 고전극에 접근해야 함을 말하는 것이었
다. 말하자면 기존의 고전 운문 문학의 패턴인 '시-사-곡'이라는 구도
는 작가의 감정토로 부분과 관련되어 있을 뿐이었고 서사와는 관련이
없었다고 판단되었다. 하지만 이 논문에서는 그러한 운문으로 이루어진
음악적 구성만으로 충분히 서사를 표현해내고 있는 중국 고유의 공연방
식이 있음을 지적하면서7), 중국의 고전극이 음악으로 서사를 표현해내
고 있는 기타 연행양식들과 함께 다루어져야 함을 지적하였다. 이렇게
되면 기존의 문학적 각도와 공연적 각도의 양분적인 시각과는 또 다른
새로운 형식으로서 중국의 다양한 연행양식8)을 극 장르에 모두 포함해

---

5) 오수경은 이미 1999년에 「20세기 중국 연극사 연구의 성과와 한계」(『중국희곡』
    제 7집, 1999년, 6쪽)에서 중국고전극이 여전히 '원 잡극-명·청 전기'의 패턴
    을 답습하고 있다고 지적한바 있다.
6) 王國維 著, 『宋元戲曲史』, 臺灣商務印書館 印行, 民國 69年, 78쪽
7) 김영미, 「경극음악의 서사적 기능」, 『중국어문학지』제 11집, 2002
8) 여기에는 현존하지 않는 연행형태인 諸宮調로부터 현존하는 연행형태인 道正,

야 하는 사태에 이르게 되는 것이다. 즉 그것은 단순히 하나의 극 형태만을 고집하지 않게 되며 중국의 고전극이 수많은 연행형태의 일부로 간주되어 상연문화와 맥을 같이 하게 되는 것이다.

하지만 이러한 문학적 각도에서 출발하여 공연적 성격으로 확대된 후 음악서사문학까지 그 특징이 간파된 연구들이 한국 내 중국고전극 교육에 모두 반영된 것은 아니다. 교육현실에서는 이러한 연구 성과들을 적극적으로 받아들이지 않았기 때문에 여전히 산발적이고 고전적인 학습상태에 머물고 있다. 따라서 본문에서는 이러한 방향성 없는 중국 고전극 교육의 실태와 방향개선점을 찾음으로써 학생들에게 올바른 교육방향을 제시해주기 위한 전략을 세우는 것을 목표로 한다.

2. 중국 고전극 교육의 내용

1) 기존의 방법들과 그 성과

현재 한국에서 나온 중국고전극 관련 책들을 보면 연구의 경향과 아울러 대학교육 내에서 그것이 어떻게 수용되고 있는가, 하는 것을 가늠할 수 있다. 그러한 근거는 대학교육에서 이러한 서적을 교재로 삼는다는 전제하에서 이루어지며, 분류를 해 본 결과 3가지 교육법이 가능하다는 것을 알게 되었다. 하나는 중국 고전극을 문학작품으로서 접근하는 교육법으로 작품 강독과 선독들에 관한 교재들이 그러한 교육법의 직접적 도구로 이용된다는 것이다. 또 두 번째는 첫 번째 방법에 반하

鼓詞, 彈詞와 같은 음악서사문학이 포함될 수 있을 것이다.

여 공연측면을 강조하는 교육법으로 중국 고전극의 공연기법이나 무대
예술 일반을 소개하는 교재들이다. 나머지 세 번째는 '문화'라는 분과
아래서 다른 현대의 사회, 경제까지 아우르는 그야말로 중국인의 모든
삶을 다루어 소개하는 문화 수업 안에서 다루어지는 교육법으로 여기
에 속하는 교재들로는 다양한 문화개설서류가 속한다고 할 수 있다. 여
기에 앞서 두 가지 방법인 문학작품과 공연예술로서 접근하는 것을 교
재로 사용하는 경우는 비록 그 접근법은 다르다 하더라도 모두 중어중
문학과의 비중 있는 전공과목에서 다룰 수 있는 성질의 것이라고 할
수 있다. 하지만 마지막 문화류에 속하는 교재의 경우는 상식적인 수준
에서 소개하는 수준에 그치는 것으로, 그 비중도가 달라지며 아울러 전
공과목이 아닌 교양과목의 성질을 띤다고 할 수 있다.[9]

우선, 일반 중국문학 장르와 같이 중국고전극을 '문학작품'으로서 접
근하는 교육법이 있다. 서울대 중문과의 경우, '중국사곡강독(Readings in
Chinese Ci Poetry)'과목과 '중국희곡강독(Reading in Traditional Chinese
Drama)'과목을 각각 나누어서 전자의 경우는 詩歌문학의 선상에서 詞
와 散曲의 텍스트를 충실히 읽도록 하는 것이, 또 후자의 경우는 宋
이후 특히 元代에 들어서 중심적 문학양식으로서의 특징을 이해하도록
하는 것이 그 교육의 목표임을 설정하고 있다.[10] 또한 이화여자대학교
중어중문학과의 경우 역시 '중국희곡'과목을 설치, 宋代 歌舞劇 이래
元 雜劇, 明·淸 傳奇에 이르는 작품 강독을 그 목표로 정하고 있다.[11]
따라서 이러한 학습법에서 사용되어질 작품의 텍스트로 다음의 교재들
이 그 도구들로 제공되었다고 상정할 수 있다.

『원잡극선』, 김학주, 명문당, 2001년

---

9) 차미경은 이러한 현상이 전공 통합과정에서 연극이 홀시되는 경우와 학부제
    실시가 그 원인으로 작용되었다고 보고 있다.(위의 책, 439-440쪽)
10) 서울대중어중문학과 홈페이지 교과과정개요 참고(http://plaza1.snu.ac.kr/)
11) 이화여자대학교중어중문학과 홈페이지 참고(http://home.ewha.ac.kr/~chinit)

『원잡극선주』, 강계철 김영미, 현학사, 2006년
『중국고전희곡10선』, 박성훈, 고려원, 1995년
『중국고전희곡선』, 허세욱, 신아사, 1983년
『중국고전희곡선집』, 지영재, 신아사, 1986년
『중국희곡선집』, 한국중국희곡연구회, 서울학고방, 1995년(가나다 순)

여기에서 보면 작품 강독을 위한 교재가 두 가지로 대별됨을 알 수 있다. 한 가지는 元代라는 특정시기의 극작품을 다룬 경우와 다른 시기의 작품을 '골라서(選)'한 곳에 모아 발행한 경우이다.

문제점은 드러난다. 우선, 작품 강독이 元代에 집중되어 있다는 사실이다. 온전히 문학적 접근만을 한다는 전제하에서도 이것은 시대적 차별이 적용되는 것이다. 따라서 원대 이외의 명대와 청대의 전기와 기타 고전극 장르를 소홀히 함으로써 중국고전극의 개모나 혹은 특징을 알기에는 부족하다는 것을 알 수 있다. 두 번째, 작품 모두를 읽지 않고 몇 단락을 잘라서 시기별로 종합해 놓은 텍스트의 경우, 다양한 시기의 작품을 감상한다는 점에서는 매우 유리한 면이 있으나 온전한 서사구조를 이해할 수 없다는 단점을 지니게 되므로 이 역시 완전히 중국고전극의 시대적 특징을 학습하기에는 적합하지 않다.

그나마 한 시대라도 알 수 있는 원대 잡극을 한 학기에 수학한다는 것은 조금 나은 상황이라고는 할 수 있으나 여기에도 시간적 한계는 뚜렷하였다. 가령 본인이 한국외국어대학교 중국어과에서 실시한 '중국희곡'과목에서(2005년 3-6월까지)는 원 잡극 가운데 4대 전기인 '竇娥冤, 倩女離魂, 梧桐雨, 漢宮秋'에 대한 작품 강독을 실시한 결과, 모든 작품을 학생들과 함께 읽는다는 것은 주어진 시간 안에서 불가능하다는 결과에 도달하였다. 다음은 수업조직의 실례이다.

	교육범위	교육목표
1주차	원 잡극의 형성배경과 형식적 특징 원 잡극의 작가 소개	원대 대표 문학양식인 '잡극'의 위치와 그 특징에 대해서 설명함으로써 한 학기 동안 공부하게 될 원대 잡극 작품에 대한 방향성을 제시해 준다.
2주차	關漢卿의 竇娥寃 楔子	1. 관한경의 현실주의적 작품에 대해서 설명함으로써 원대 잡극의 두 가지 경향인 현실주의와 낭만주의에 대해서 언급하고 원대잡극의 문학성을 논한다. 2. 두아원의 이야기 원류와 이후 작품공연형태들도 아울러 설명함으로써 중국 고전극의 상호 텍스트적 성격을 이해시킨다. 3. 원대 잡극의 '설자'의 특이성을 설명함으로써 기타 연행형식과의 연관성을 제시한다.
3주차	두아원 1절, 2절	1. 곡패에 대한 설명을 진행함으로써 대사와 노래, 지문의 분리를 이해하도록 한다. 2. 1절 가운데 蔡노파와 張驢兒 부자가 만나게 된 부분 해석 3. 2절 가운데 장려아가 잘못하여 양 내장탕을 아버지에게 먹이고 두아에게 뒤집어씌우는 부분 해석
4주차	두아원 3절, 4절	1. 3막 가운데 두아의 세 가지 소원 부분 해석 2. 4막 가운데 아버지 竇天章과 귀신이 된 두아의 만남 부분 해석
5주차	白朴의 梧桐雨 설자	1. 오동우의 이야기의 배경이 되는 양귀비와 당 현종의 사랑이 서사화되었던 작품들을 소개한다. 2. 백박의 낭만주의적 성격을 드러내는 각 곡패에 들어 있는 반복된 어휘와 시(詩)적인 표현에 주의할 것을 설명해 준다(두아원에서 보이는 실생활 대화체와 다른 점 부각).
6주차	오동우 1절, 2절	1. 1절 가운데 양귀비와 현종의 만남 부분 해석 2. 2절 가운데 현종과 귀비의 연회에 불어 닥친 안록산의 침입 소식 부분 해석
7주차	오동우 3절, 4절	1. 3절 가운데 대신들의 탄원과 양귀비의 죽음 부분 2. 4절 가운데 현종이 귀비를 못내 그리워하는 부분

8주차	중간고사	1. 원대 잡극 전기 작가들의 현실주의와 낭만주의를 이해하였는가를 질문하게 된다. 2. 시(詩)적인 표현을 제대로 해석해 낼 수 있는가에 초점을 맞춘다.
9주차	鄭光祖의 倩女離魂 설자	1. 천녀리혼의 이야기 원류인 '남자 / 사람 對 여자 / 귀신'구도에 대한 문화적 배경을 설명하고 이와 유사한 패턴의 唐 傳奇의 여러 이야기들을 소개한다.
10주차	천녀리혼 1절, 2절	1. 1절 가운데 천녀와 왕문거의 억지이별 장면 2. 2절 가운데 왕문거를 쫓아가는 천녀혼의 추적 부분
11주차	천녀리혼 3절, 4절	1. 3절 가운데 집에 누워 있는 천녀의 상심부분 2. 4절 가운데 천녀와 천녀혼 그리고 왕문거 삼자대면 부분
12주차	馬致元의 漢宮秋 설자	1. 마치원의 집안내력을 소개하면서 마치원과 관련 있는 당시의 지식인들의 행보를 같이 소개한다. 2. 한충추에 얽힌 한 명비의 사연과 비슷한 이야기패턴을 두 가지 소개한다. 하나는 여성을 사물화하여 국외로 보냈던 당시의 교류사이고, 또 하나는 아름다운 여성에 대한 남성들의 거부 형태와 제거형식이다. 3. 아울러 비극적 운명을 살았던 漢代의 궁중여인들도 조명한다.
13주차	한궁추 1절, 2절	1. 1막 가운데 漢 元帝와 王昭君의 만남부분 2. 2막 가운데 대신들의 탄원 부분
14주차	한궁추 3절, 4절	1. 3막 가운데 원제와 왕소군의 이별부분 2. 4막 가운데 원제가 왕소군을 보내고 잠 못 드는 마지막 부분
15주차	원대 잡극 4대 작가에 대한 총정리	위에서 살펴본 작품 이외의 4대 작가라고 꼽히는 王實甫나 喬吉과 같은 작가의 작품을 소개한다.
16주차	기말고사	원대 잡극 4대 작가의 작품을 온전히 이해하였는지를 실행한다.

위에서 보는 바와 같이 한 학기에 온전히 한 시대의 작품을 선독한

다 하여도 그 모두를 읽는다는 것은 매우 불가능하며, 그 나마도 또
절록하여 읽어야 한다는 것을 알았다. 물론 이러한 폐해를 보완하기 위
하여 작품별로 팀을 나누어 주석 작업을 실행하기는 하였지만 역시 한
학기에 한 시대 작품을 알아낸다는 것은 거의 불가능하다고 볼 수 있
다. 중요한 것은 시간적 제한이라는 점이다.

   하지만 이러한 시간적 제한에도 불구하고 텍스트위주의 교육이 주는
교육효과는 뚜렷했다. 우선, 원 잡극의 형식적 특징에 대한 이해가 진
행되었다. 그것은 시와 같은 운문형태의 문학이 어떻게 유기적으로 조
직되어 서사적 진행 형태를 가지게 되었는지 알게 되었으며 나아가 어
떠한 방식으로 장면이 구성되는가 하는 것에 대한 것을 알게 되었다.
따라서 이러한 교육법은 공연위주의 교육법보다 훨씬 더 현행 연행양
식에 대한 형식적 이해를 도울 수 있다는 점을 알 수 있다. 둘째, 원대
잡극에서만 쓰이던 고전적 특수 어휘들을 알게 되었다. 특히, 원 잡극
에서만 쓰이는 각색명이라든가 구문법등에 대해서 알게 되었다. 이러한
점 역시 텍스트 위주의 교육법이 비단 강독에만 치우치는 것이 아니라
오히려 상연위주의 교육법에서 놓치기 쉬운 문헌적 형식 특징 간파에
도움을 줄 수 있는 교육법이라는 점을 알게 해주었다.

   하지만 위의 문학적 접근 방법으로서 텍스트 위주의 교육법은 연구
자들이나 이후 계속 이러한 분야에서 공부할 학생에게는 좋은 기회를
제공하나 역시 상연측면을 소홀히 하는 한계를 지니고 있기 때문에 완
전한 것은 아니라고 할 수 있는 것이다. 따라서 이후 한국의 중국고전
극 연구 분야에는 당연하게 다른 형태의 중국극 범위에 대해 문제제기
가 일어났다. 양회석은 중국고전극이 지니는 문학적 성격이 아닌 연극
적인 다양함의 선행을 지적하였고12), 오수경은 「20세기 중국 전통극
연구의 흐름」에서 宋·元이후 문학적 텍스트가 있는 연극양식만이 가치

---

12) 양회석, 「한국에서의 중국 희곡 연구의 현황과 과제」, 『중국학보』제 38집, 1998,
   104-106쪽

부여의 대상으로 다루어진 결과 중국고전극에서 언급된 무격(巫覡)의 역할과 제사 연극의 부분이 연계성을 가지지 못하였다고 지적함으로써 중국의 고전극이 보다 연극의 본질에 다가가야 함을 지적하였다.13) 이러한 주장들은 텍스트 위주의 교육에 공연위주의 교육의 필요성을 제기하는 것들이었다. 물론 이러한 것은 중국고전극의 연속이라는 측면에서 보면 마땅히 다루어져야 할 부분인 것도 사실인 것이다. 이리하여 한국의 중국 고전극 교육에도 王國維가 중국고전극에 대한 범위를 宋元이후로 확정한 것에서 그 이전으로 소급하여 민간에 보이는 祭儀 형태의 연극(가령, '儺戲'와 탈문화)을 중국 고전극 강의에 포함하는 경향이 보이게 되었다. 그리고 다음의 저자가 속한 학교와 학회에 그 파급효과를 미치게 되었다. 다음은 그러한 영향을 주었던 시기의 관련 저작물이다.

　『중국고대의 가무희』김학주, 민음사, 1994
　『한·중 두 나라의 가무와 잡희』, 김학주, 서울대학교 출판부, 1994
　『한국과 중국의 연극과 연희』, 김학주, 서울대학교 출판부, 1994
　『중국의 탈과 탈놀이』, 한국중국희곡학회, 신아사, 1999
　『중국의 희곡과 민간연예』, 김학주, 명문당, 2002(시간 순)

　여기서 주요어휘가 되었던 것들은 '탈', '연희'와 같은 것들이었으며, 이것은 서양의 극이 아닌 동양자체적인 성격의 극으로 자리매김 하기 위한 움직임으로 해석될 수 있었다. 따라서 이러한 영향으로 중국고전극은 텍스트를 벗어나 공연문화 일반과 연관성을 맺으면서 시청각적인 움직임으로 나아가고 그에 대한 개설서14)들이 줄이어 나타나면서 대학

---

13) 오수경, 「20세기 중국 전통극 연구의 흐름」, 『한국연극학』제 22호, 2004, p.307
14) 여기에 해당하는 것으로 다음과 같은 것이 있다.
　『중국 고대 음악사』, 양 인리우 지음 이창숙 역, 솔, 1999
　『동아시아의 공연예술』, 서연호, 살림, 2004

의 중국고전극교육에 새로운 모습들을 보여주게 되었다. 가령 한양대학교 중어중문학과의 경우, 중국희곡을 공연문화와 함께 묶음으로써, 중국의 무대예술을 영상자료를 통해서 이해하도록 배려되었다.15) 따라서 이러한 교육법아래 현지에 방문하여 찍은 비디오라든가 슬라이드 필름 제작들을 통한 영상물들이 직·간접적으로 학생들에게 선보이게 되었다. 이것은 확실히 공연을 기록한 의미로서의 영상물, 즉 새로운 영상텍스트로서 기능하는 결과를 가져왔다. 새로운 텍스트의 탄생인 셈이다.

하지만 여전히 이러한 영상텍스트에도 문제점은 있었다. 가령 지역방언으로 구성되어 있는 이러한 제의 형태의 극들은 그 극형식을 이해하기도 어렵거니와 아울러 그 안에 진행되는 방언들은 들어서 이해가 가능한 것이 전혀 아니었다. 아울러 그것은 문헌적으로 정리되지 않은 형태의 것이므로 매우 가변적인 성질을 띠었다. 따라서 이러한 일회적인 상연을 기록한 것을 재생하는 것만으로 중국고전극을 교육하는 것은 매우 불안정해보였던 것이다. 또한 이러한 방법 역시 큰 테두리 안에서는 전형적인 텍스트 위주의 교육방법에 속하였기 때문에, 학생위주의 수업이 되기에는 역부족이었다.

마지막으로 문화과목 가운데 중국의 고전극이 소개되어지는 경우는 최근에 보이는 현상이다. 여기에서는 현재 공연되고 있는 경극을 위시한 지방극 그리고 상연형태로 보여 지는 모든 공연형태를 '문화'라는 이름의 한 부분으로 하위분류하여 수업을 진행한다. 이러한 수업 형태에서 문제점은 문화라는 포괄적 의미망에서 중국 고전극이라는 특수장르가 오롯이 자리매김할 수 있는가하는 것이다.

우선, '문화교육'이라고 불리는 것의 포괄성에 대해서 지적해 볼 수 있다. 여기서 문화에 대한 그 많은 정의를 나열하는 것은 의미가 없다. 단지 두 가지 방향에서 중국고전극 교육과 관련하여 살펴볼 필요는 있

『요점 중국공연예술』, 예하미디어 편집부, 예하미디어, 2006
15) 한양대학교 중어중문학과 홈페이지 참고, http://chinese.hanyang.ac.kr/

다. 우선, 여타 외국어 교육에서 포함하는 문화교육과의 평행비교이고, 또 한 가지는 중어중문학과 내에서 다루고 있는 문화교육의 내용에 대한 탐토이다.

먼저, 여타 외국 문학과에서 다루고 있는 문화교육과의 병행비교를 행한다면, 기본적으로 외국어 교육과 관련하여 외국의 생활과 습성을 이해하고 그들의 일상생활을 이해하기 위하여 문화교육을 실시하려는 움직임이 있음을 알 수 있다.16) 가령 스페인어교육과 관련하여 임상래, 김우성, 유왕무는 스페인어로 성공적인 의사소통을 이루기 위해서 문화교육이 절대적임을 역설하였다.17) 영어권에서도 김군부와 안종기는 단순히 영어만을 구사할 줄 안다고 해서 서로의 말하고자 하는 바를 정확히 표현하거나 이해할 수 없음을 지적하면서 상호 문화 간 의사소통(cross-cultural communication)을 위해서 문화교육이 이루어져야 한다고 보고 있다. 그들은 기본적으로 언어는 곧 문화라는 기본선에서 언어교육에 앞서 '소통을 위한'문화교육이 이루어져야 함을 역설하였던 것이다.18)

한편 중국어권에서는 두 가지 상반된 움직임이 보인다. 우선은 연구 측면에서는 위의 여타 외국문학에서 문화를 다루는 것과 마찬가지로 언어 소통적 의미에서 문화에 접근함을 볼 수 있다. 가령, 「중국어 어휘를 통한 중국문화 교육」(백은희, 한국중국학회, 『중국학보』, 2000)이라든가, 「한자와 중국문화 교육」(박흥수, 한국외국어대학교 외국학종합

---

16) 우리나라에서 외국어 교육에서 문화교육이 함께 어울리게 된 것은 1986년 대통령 요청에 따라 경제 기획원 주최로 한국교육개발원에서 개최된 '한국인의 외국어 능력 향상을 위한 방안'을 논의하기 위한 7개 기관 대표자회의에서 거론되기 시작하였으며 여기서 외국어 교육을 위한 각 언어권의 문화교육의 필요성이 대두되었다고 한다.(이덕봉, 「일본어 교육을 위한 문화 이해 교육의 범주」, 『일본학보』제 52집, 2002, p.93)

17) 임상래·김우성·유왕무, 「스페인어교육과 문화, 그 범주와 방법론 모색」, 『스페인어문학』제 33호, 2004, p.136

18) 김군부·안종기, 「영어교육에서의 문화교육」, 『Studies in English Education』 Vol.9. 2004, p.70

연구센터,『중국연구』, 1999)과 같은 경우, 또『중국문화에 담긴 중국어 이야기』(로보원 저, 박영종, 엄귀덕 공역, 다락원, 2002)와 같은 번역서는 중국문화가 언어와의 관련성 속에서 연구되고 있음을 증명하는 경우라 하겠다. 따라서 이러한 수업들은 중국어회화를 위해 존재하는 선행학습으로서의 문화학습의 의미로 작용하기 때문에 본격적인 문화 수업으로서의 성격보다는 어학수업으로 간주되어야 할 것이다.19) 따라서 정작 교육현실에서는 문화라는 의미는 '중국문화의 이해' 라는 과목을 통해 교양 과목화한 경우가 대부분인 것이다. 이들은 대부분이 중국의 정치와 경제, 종교 그리고 예술 등을 다루고 있는데, 여기서 문제가 되는 것은 이러한 항들과 나란히 중국의 고전극이 들어가 있다는 사실이다. 가령,『중국문화산책』(이규갑, 학고방, 2006)과 같은 교재의 경우는 중국의 고전극 가운데 경극이 따로 항목을 설정하여 현대의 정치, 경제와 나란히 있는데 비단 이 책 뿐 아니라 이런 식으로 분류자체가 정치, 경제와 같은 커다란 항목과 나란히 경극이 자리하고 있는 예는 매우 많다. 이렇게 되면 중국의 고전극은 문학적인 측면도 또한 공연적인 측면도 아닌 또 다른 삶의 형태로서 문화라는 한 항에 귀속되게 되는 것이다. 중국의 고전극이 문화가 아니라는 것은 아니다. 다만 여기서 문제가 되는 것은 정치, 경제와 함께 나란히 현대의 중국을 이해하기 위한 모습으로 '고전극'이 조명된다는 사실이다. 즉 중국 고전극이 중국을 이해하기 위한 한 방편으로서 선정되고 있는 것이다. 곧 고전극이 중국인의 삶을 이루는 어떠한 항목으로 설정되는 것이다. 이러한 현대

---

19) 특히 중국어를 배우는 시간에 아예 콘텐츠 자체를 문화로 상정하여 저술한『중국문화로 배우는 중국어 회화』(양서, 이천 편저, 임대근 편역, 다락원, 2000)의 경우는 문화보다는 어학에 방점이 가는 경우라고 하겠다. 아쉬운 점은『방언과 중국문화』(주진학 유여걸 공저, 전광진 이연주 공역, 영남대학교 출판부, 2005년 05월)와 같은 책들이 존재하여 중국고전극에 대하여 직접적으로 언어학적이면서 문화적인 접근이 가능한 책들이 있으나 이것을 교재삼아서 할 수업은 현 상태 없기 때문에 문화와 언어가 동시에 고려된 중국고전극학습법은 마련되어 있지 않다는 것이다.

를 이해하기 위한 아시아의 고전의 모습은 정녕 '이미지'학습에 지나지
않게 될 것은 자명한 사실인 것이다.

사실 중국의 문화라는 것에서 다루고 있는 이미지들은 중국고전극
뿐 아니라 대부분이 중국의 고전시기의 모든 것을 다루고 있다. 가령,
『중국상식: 문화』(중국국문원 최진아 역, 다락원, 2003)라든가 『중국문
화개관』(유하연 편저, 에이원플러스 출판, 2005)과 같은 책의 경우, 고
전건축과 미술 그리고 음악과 고전극 등이 현대의 정치 역사, 심지어
현대의 영화와 나란히 놓여서 문화의 모습을 차지하고 있다. 그것은 현
대의 중국인의 삶의 모습 속에서 억지로 끌어 들여온 고전이라고 불리
는 이미지 학습이 아닐 수 없는 것이다. 심각한 폐해는 그러한 이미지
학습을 통해서 그러한 중국 고전의 '이미지'가 곧 '문화'의 대변이 되
어 버려 실체에 대한 왜곡을 하게 되는 것이다. 『중국문화의 이해』(김
원중, 을유문화사, 1998)와 『만화로 보는 중국문화』(신보라 편, 정은문
화사, 2000)의 경우는 아예 중국 고전극에서 쓰이는 '臉譜'가 겉표지에
장식되어 있어 중국문화가 의미하는 것이 곧 이러한 고전의 이미지임
을 확인해 주고 있는 것이다. 이렇게 되면 앞서 다른 언어권 안에서
문화가 다루어졌듯이 언어소통을 위한 문화지식 습득과 상관없게 된다.
그것은 외국의 흥밋거리 소재로서 소개의 기능을 하고 있는 것이다. 왜
냐하면 그것이 평행비교 가능한 시간대 구성을 이루고 있지 않기 때문
이다. 중국 문화권 안에 고전의 한 '모습(aspect)'이 조명되기 때문이다.
물론 이들의 문화 개념 안에는 분명히 '예술'을 포함한 인간의 모든 생
활양식에 대한 총체적 접근으로의 문화를 정의하는 것에 기반한 것이
사실일 것이다. 하지만 그러한 예술에 중국의 문화의 경우, 고전극을
따로 한 장을 할애하여 넣는다는 것은 바로 에드워드 사이드(Edward
W. side)가 지적하였듯이, 동양을 '이미지'로 접근하여 그 실체를 파악
하지 못하게 하였던 바로 그 'Orientalism' [20]극복을 못하고 여전히 서
구인이 중국문화를 바라보았던 그 한계점을 낳게 되는 것이다. 그것은

화석화한 문화로서의 중국고전극에 대한 접근법이 되며 확실히 '호기심'과 '이미지'로서 남게 되는 방법이 되는 것이므로 문화연구에 있어서 극히 피해야할 방법인 것이다. 같은 아시아권에 있는 한국어 교육의 경우, 홍혜준은 문화교육의 구체적인 사례로서 고전문학을 교육시킬 것을 제안하고 있다.21) 이러한 연구들은 특별히 아시아언어권 문화교육에 있어서 특히 조심해야 할 사항이다. 왜냐하면 아시아의 고전 그 자체가 여전히 '과거'의 시간과 연관성을 갖고 있기 때문이다. 말하자면 현대의 시각에서 아시아의 현대인의 사고와 삶을 조명함에 있어서 그것은 과거의 낙후된 모습을 지금 현재에도 지니고 있는 듯한 인상을 주기 충분하다는 것이다. 따라서 고전문학을 문화교육에서 채택할 경우 그 목표하는 바, 언어학습을 위한 활용의 모범적 사례로 작용할 경우는 매우 바람직하다고 할 수 있겠으나 현재와의 관련성을 가지지 않은 채 무분별하게 문화라는 이름 아래 섞여 들어가는 것은 극히 피해야 하는 것이다. 그리고 특별히 중국 고전극의 경우는 그들의 시각적 이미지와 단지 고전을 현대에도 상연하고 '있음(exist)'에 중점을 두어 현재의 그들의 낙후함이 바로 민족성이라는 정신적 문제와 관련시킨다면, 이처럼 큰 오독은 없기 때문이다.

---

20) 사이드는 노먼 다니엘(Norman Daniel)이 중세 기독교들에게 있어서 '이슬람은 곧 하나의 이미지'로 작용했다고 언급한 것을 들어서 그 말이 오리엔탈리즘의 전체 성격을 너무도 잘 드러낸 것이라고 표현하고 있다. 즉 그는 동양이 신기하고 기이한 이미지로 작동함에 주목하였던 것이다. (Edward W. side 지음 박홍규 옮김, 『오리엔탈리즘』, 교보문고, 1999, p.118)

21) 홍혜준은 특히 한국어교육을 함에 있어서 고전작품이 한국인의 역사와 삶을 이해할 수 있는 가장 모범적인 틀이며 지향하는 가치를 잘 표현하고 있으며 아울러 언어의 모범사례를 보여주기 때문에 좋은 언어자료가 될 것을 말하고 있다.(「고전 작품을 통한 한국어 문화 교육 연구」, 『국어교육학연구』제 21집, 2004, p.534)

2) 새로 제기된 문제점들과 개선방향

따라서 위의 기존의 교육법에서 대두되는 문제점들은 다음과 같음을 지적할 수 있다.

우선 중국의 고전극이 문학적인 접근뿐 아니라 예술적 접근에서 이루어져야 한다는 것이다. 물론 미국에서는 문학과에서 연극학과(Performing Arts Studies)가 분리되어, 텍스트 위주의 학사와 공연학 학사가 분리되어 있다. 이러한 분리의 근저에는 서양 연극이 그 시초부터 문학적인 텍스트로부터 출발한다(Text-oriented theatre)는 가정 아래서 문학이 먼저이고 그 다음에 공연이 별도로 존재하는 것과 충분한 상관성을 가지고 있는 것이다.22) 하지만 중국의 고전극의 경우는, 이 문제에 대한 경계선이 확실하지 않다. 확실한 것은 현존하는 완벽한 텍스트가 드물게 존재한다는 사실이다. 그것은 중국의 고전극을 연구함에 있어서 문학적 접근이 용이하지 않게 만든다. 또 한 가지 더 확실한 것은 서양연극의 텍스트와 공연의 매개는 연출가라는 사람에 의해 이루어지지만, 그리하여 문학파트의 작가와 공연파트의 연출가가 따로 존재하여 두 가지가 분리되어 교육할 수 있는 근거를 마련하게 되지만 동양연극에는 연출가의 존재가 없다는 점을 지적할 수 있다. 이러한 점은 연기자 개인이 혼자서 문학적 부분과 공연 예술적 부분을 모두 담당함으로써 그 경계가 분명하지 않게 만들었다. 게다가 문학적 가치를 인정받고 있는 元代의 작품조차도 대부분은 그것이 작가의 완전한 창작이 아니라 이야기의 원류나 형식이 그 앞 시대의 金代 院本에서 왔으며 더러 그 일부는 소설이나 기타 연행형태로 동시에 존재하고 있었다는 점이다. 말하자면 중국고전극에서 문학과 공연이 따로 분리되어 선후를 이루고 있는 것이 아니라 그것이 혼재되었을 가능성이 크다는 것이다. 때로는

---

22) 명인서, 「서양에서의 동양연극 연구」, 『한국연극학』제 4호, 1992, p.99

공연이 앞서고 그것을 기록하는 형태가 있을 수 있고, 또 때로는 이야기를 구성하는 대강의 줄거리가 산문형태로 선재한 다음 그것을 바탕으로 연기자들에 의한 즉석 공연이 이루어지기도 한다는 것이다. 이렇게 되면 어떠한 한 중국고전작품을 문학적으로만 혹은 공연학적인면으로만 그 가치를 측정한다는 것은 거의 의미가 없어 보이며, 심지어 극이 아닌 다른 연행 형태와의 상호텍스트성까지 고려해야 하는 광범위한 작업을 의미할 수도 있음을 지적해야 하는 것이다.

앞에서도 밝혔듯이 중국 내에서는 이미 그것을 예술적 교육으로서 실시하고 있다. 그렇다고 해서 한국에서 중국 고전극을 교육함에 있어서 중국의 노선대로 예술적 교육을 실시하고 문학적 성질을 포기해야 한다는 것을 의미하는 것은 아니다. 물론 이러한 작품 텍스트에 대한 선독은 여전히 실행되어야 할 것이다. 따라서 중국 고전문학을 교육하는 데에는 문학적 요구와 예술 공연적 요구를 모두 아우르는 적어도 두 학기 이상의 학습에 대한 요구가 요청되는 것이다. 그리고 이러한 문학적 접근법과 예술적 접근법 자체 내에도 보충되어야 할 사항은 존재하므로 여기서 그 미비점과 보완점을 살펴본다.

우선 문학적 접근법에 대해서는 다음과 같은 점이 보충되어야 할 것이다.

첫째, 원대 이후의 명대와 청대의 전기와 기타 지방극 대본들에 대한 선주 작업이 이루어진 교재를 발행한 후 이에 대한 교육을 실시하여 시대적 추이에 따른 문학적 접근이 용이하도록 해야 할 것이다. 물론 이러한 학습 역시 한 학기 내에 이 모든 시기를 아우를 수는 없으며 문학적 접근을 하는 학기 자체가 원대 학습시가와 명·청 학습시기 동안 나뉘어 격년제로 운용하여야 할 것이다.

둘째, 중국고전극 작품을 선독하기에 앞서 올바른 중국 희극사에 대한 개념을 미리 학습시킬 필요가 있다고 할 수 있다. 이것은 결국 중국 고전극을 문학적 각도에서 바라볼 것인지 혹은 공연예술에 대한 각도에서 바라볼 것인지에 대한 것을 먼저 제시하고 부분적으로 문학적 접근이 이루어졌을 때에는 어떠한 면이 부각될 것인지를 학생 스스로 판단할 수 있는 기회를 제공하는 것이 될 것이다. 하지만 따로 학점을 마련해서 '중국고전극사'를 진행하기보다는 문학사 수업 안에서 이것을 포함하는 것이 적당하다고 본다. 그렇게 되면 중국고전극 수업에 앞서 중국문학사 시간에 문학사적인 측면에서의 중국고전극에 대한 이해를 선결한 후 이러한 것을 진행하여야 한다는 결론에 도달한다. 다만 이러한 사적인 측면에서의 고전극사는 전문연구자들에 의해서 연구되어야 하므로 대학원 과정에서는 중국 고전극사 과목을 따로 배치해야 한다. 물론 이러한 작업은 위에서 제시한 일 년 동안 고전극 교육이 이루어질 경우, 문학적 접근 다음 학기인 공연 예술적 측면에서의 접근 시에도 유용한 잣대로 작용할 것이다.

두 번째, 예술적 접근법에서도 여전히 문헌학적 텍스트가 보조가 되어야만 기존의 교수법의 취약점을 보완할 수 있을 것이다. 가령 각 지방의 『戱曲志』라든지 문물학적 자료 등이 보조로 동반되어야 한다. 따라서 이러한 자료들을 통해서 문학형식으로 정착하지 못한 공연예술들의 형식을 그 지방의 고유한 문화의식등과 아울러 같이 이해함으로써 접근 가능하도록 해야 하며, 아울러 위에서 지적하였듯이 방언연구도 참고하여 학습자들에게 이해하기 쉬운 상연 대본 정도가 제공되어야 할 것이다. 또한 이러한 학습법에 보다 심층적으로 접근하기 위해서는 교육자에게는 다음과 같은 하위분류 상연예술들에 대한 고려가 필요하다고 할 수 있을 것이다. 우선, 종교제례의식의 이해를 위해서는 儺戱와 木蓮戱에 대한 소개가 이루어져야 할 것이다. 또, 무대 공연 일반에 대한 이해를 위해서는 희곡문물학과 배우학, 극장사, 음악사 등이 보조학습으로 이루어져야 할 것이다. 민간의 놀이문화와 관련해서는 탈문화와 인형놀이, 그림자극 등에 대한 이해가 이루어져야 할 것이다. 따라서 이러한 분류작업과 해당 지역연구와의 연계성은 연구자 과정인 대학원의 수업에 포함시키고 학부과정에서는 심도 있는 극의 형태나 방언연구 보다는 이해 가능한 수준의 문물과 문헌이 보여 지는 영상텍스트 정도를 제공하는 데 그쳐야 한다. 또한 학습자의 입장에서 보면 이러한 영상 텍스트 학습이 충분히 교육콘텐츠로 활용될 수 있는 점도 고려되어야 한다.23) 물론 이 경우는 인터넷상에서 피교육자가 여러 가지 콘텐츠를 접함으로써 훨씬 용이한 학습능력을 배양시키는데 일조를 할 수 있기 때문에 새로운 디지털 시대에도 맞는 학습법으로 충분히 기능할 수 있다.

이상과 같이 중국 고전극 하나만을 교육하기 위한 접근법이 매우 다양함을 알 수 있다. 하지만 이것 또한 완벽하게 학습자에게 중국고전극을 이해하는 방법으로 충분히 기능하지는 않는다. 이것을 완벽하게 하기 위해서 혹은 좀 더 구체적인 방향으로 나가기 위해서는 중국고전극 교육시간의 상위의 대학원 콘텐츠에서 다음의 작업들이 이루어져야 할 것이다.

우선, 중국고전극의 특징을 제시해주기 위한 중국 고전극 자체적인 이론의 틀을 발견해야 한다. 이것을 위해서는 학부과정에서는 작품 강독이 선결되고 연구자과정인 대학원에서는 희곡이론 부분에 대한 고찰이 이루어져야 할 것이다. 그것은 중국고전극의 형식을 이해할 수 있는 직접적인 도구로서 기능하므로 중국고전극교육에 있어서 서양의 틀이 아닌 동양자체적인 틀을 찾는데 주력하게 된다. 현재 국내에는『중국희곡이론사』(전효항 이용진 역, 중문출판사, 1999)한 권이 나와 있는 상태이지만, 이것은 개론서적인 역할만 할 뿐이며, 각 시대의 중국고전극의 틀을 완전히 이해하는 데에는 부족한 면이 있다. 따라서 각 시기별 극 이론가들의 이론에 대한 원문 탐독과 개념정리는 필수라 할 것이다.

둘째, 중국의 고전극을 시대적인 분류와 지역적 분류를 따로 진행하여 고전연구와 지역연구로 나누고 해당수업을 중국고전극 시간과 지역

---

23) 지명혁, 「변화되는 교육환경에서의 영상콘텐츠의 활용방법론」,『영화교육연구』
  제6집, 2004, 201쪽

연구를 위한 문화 시간으로 나누어 진행하도록 한다. 다른 언어권에서
이 문제를 다루고 있는 사례를 보게 되면 이러한 분류작업은 더욱 확
실해 진다. 가령, 프랑스어권에서 문화를 다룰 때 프랑스의 현대문화와
일상문화, 그리고 역사문화, 지역문화, 예술 등이 다루어지고 있다.[24]
　즉 프랑스어권에서는 시기적인 것은 역사의 문제로, 또 지역적인 것
은 지역문화로 다루고 있는 것이다. 여기서 또한 눈여겨 볼 것은 폐지
과목에 희곡의 경우 '불고전 희곡'과 '고전주의 불희곡' '현대 불희곡'
등의 이름으로 문학의 자세한 하위분류들이 들어 있다는 점이다. 문학
이 문화 안으로 모두 나뉘어져 녹아가는 현상이 보이는 것이다. 또한
독일문화 교육에서도 김면은 새로운 독어독문학과의 연구와 교육의 틀
이 새로운 전환의 시기를 맞이한 이때에 '독일민속학'이라는 과목에 대
한 제안을 하면서, 튀빙엔 대학(Uni. Tübingen)과 본 대학(Uni. Bonn)
의 경우 이 학문 아래에 대중문화연구와 민속예술을 넣고 있는 실례를
들고 있다.[25] 이 역시 지역과 민속예술, 즉 민족성을 함께 문화 하위분
류로 넣어 교육하는 방법에 대해서 소개한 것이다. 따라서 지금의 중국
어권 교육법에서 문화의 하위분류로 넣어서 중국고전극을 넣는 것 자
체는 분류상 매우 혼선된 감이 있으므로, 지역연구로서 수업을 진행하
면서 지역의 현행 공연예술에 대한 수업으로서 장이 마련되어야 하겠
다. 여기에 나희, 탈놀이문화, 강창문학의 각 상연형태, 그림자극 놀이,
목련희이하 종교성 제의극 등에 대한 공연예술적 측면에서 이루어질
작업들이 모두 대학원 과정에서 지역연구와 연계하여 분류 작업되어야
하고, 그것에 해당하는 자료는 따로 석·박사 논문으로 연계되도록 유도
하여야 할 것이다.

---

24) 윤애선, 김용숙, 「프랑스 지역문화와 언어 교과목의 설계」, 『프랑스문화연구』제
　　6집, 2001, p.6 이 논문에서는 국내 67개 프랑스 관련학과의 실태를 조사하여
　　기존교과목 폐지와 아울러 새로이 설치한 문화관련 과목에 대해서 논하고 있다.
25) 김면, 「문화교육과 독일민속학 수업」, 『독어교육』제 27집, 2003, p.44-45

이상을 정리하면 다음과 같은 표가 마련될 수 있을 것이다.

교육실시기관	기존교육형태		개선방향형태
학 부	문학적 접근위주 (1학기 수업)	문학적 접근(1학기)	각 시대별 작품강독 (격년제로 원대와 명청대를 분리)
		공연예술적 접근 (1학기) **이해 용이한 것** ↗	비텍스트화된 공연 가운데 고전형태를 제시(이해 가능한 문물학적인 것과 사료적 측면, 다양한 영상텍스트 제시)
	문화교양수업속의 하위 분류항목	고전 상연물 삭제	
대학원	문학적 접근위주	고전극문학사연구	극 사가들의 다양한 관점 비교연구
		문학이론틀	각 시대의 문학이론가들의 고전극 이론연구
		문학적 접근	작가 개별적 연구를 진행하면서 해당 각 작가의 모든 작품 탐독
		공연 예술적 접근← **심도 있는 분류작업**	지역연구로서 접근 (희곡지와 문물지를 중심으로 방언연구자와 지역연구 연계 연구)

3. 결론 – 중국고전극 교육이 나아갈 길

중국고전극을 교육하고 또 교육받는 것은 결국 '중국'이라는 지역적 특성에 '고전극'이라는 성질을 확보하기 위함이다. 이 과정에서 텍스트 (문헌적인 것에서 영상적인 것까지)연구와 문화연구의 하위현상으로서의 지역연구가 진행될 수 있음을 보았다. 문헌적인 텍스트 작업을 통해서는 시간의 제한이 있다는 점을 미리 상정하고 각 한 학기씩 일 년 과정의 학습기간을 요구한다. 그 중 한 학기는 문학적 접근으로서 元代 이하 明, 淸 시기의 유명한 작품을 강독하도록 하며, 나머지 학기는 '元, 明, 淸' 세 시기라는 한정된 시간을 넘어서 있는 漢代로부터 이후 혹은 그 이전의 제의행사에서부터 淸까지의 공연예술측면에서의 접근을 하도록 한다. 또한 후자의 경우 그것의 하위분류라든가 현재성을 띤 공연이라는 측면을 연결시키게 되면 그 성격이 지역연구와 관련성을 띠므로 학부에서는 공연물이 이해 가능한 수준에서 영상텍스트로만 그치도록 하며, 연구자 과정에서 심화, 학습하도록 유도해야 한다. 따라서 기존의 문화과목 아래서 이루어진 중국고전극은 폐기되어야 마땅하며 학부에서의 공연 예술적 접근 혹은 대학원에서의 지역연구로서의 접근으로 각기 그 수준에 따라 나누어 이동되어야 한다.

중국고전극을 교육한다는 것은 단순히 고전과 극의 연결만을 의미하지는 않는다. 그것은 고전이라고 보이는 중국적인 모든 상연형태를 아우르게 되는 것이다. 현재에도 상연되는 고전물에 대한 탐독까지를 포함한다는 것이다. 그리고 극의 재현성질과 비슷한 종류의 모든 상연형태를 포함하는 것이다. 즉 중국고전극에서 '고전'은 곧 시기적 의미망을 구축하는 것이 아니라 중국이라는 지역망을 구축하며, '극'이라는 것은 장르적 특성만을 내세우는 것이 아니라 중국에서 비문헌적 텍스트로 상연되어져서 중국인들의 오락물(Entertainment)로서 기능하는 정신적 '활동'에 대한 일체의 이름이 되는 것이다.

따라서 고전극에 대한 교육이 '현대와의 단절'이라는 것만을 의미하는 것이 아니며, 지금까지도 지속되어오고 있는 공연현상 속에 남아있는 '중국적 본질'에 대한 미학탐구와 그 추동요인에 대한 지속적인 연구자의 작업만이 교과과정에 대한 새로운 부응이 될 것임은 두말할 필요도 없는 것이다. 그것은 고전이면 고전, 혹은 극이면 극이라는 단순한 이분법적인 시각을 벗어나 그것 안에서 면면히 지속되어온 '고전(Classic)' 혹은 '전통(Tradition)'이라는 이름 속으로 귀납되어질 수 있는 것에 대한 중국적 정신에 대한 본질 탐구가 될 것이다.

【참고문헌】

김군부·안종기, 「영어교육에서의 문화교육」, 글로벌 영어교육학회, 『Studies in English Education』Vol.9. 2004

김 면, 「문화교육과 독일민속학 수업」, 한국독어독문학교육학회, 『독어교육』제27집, 2003

김영미, 「경극음악의 서사적 기능」, 중국어문학회, 『중국어문학지』제 11집, 2002

김태승, 「현대중국의 역사서술에 나타난 근대주의와 근대성」, 한국중국학회, 『중국학보』제 46집, 2002

김학주, 「동양연극 연구를 통해 밝혀야 할 전통문화상의 두 가지 큰 문제」, 한국중국희곡학회, 『중국희곡』제 5집, 1997

명인서, 「서양에서의 동양연극 연구」, 한국연극학회, 『한국연극학』제 4호, 1992

박상환, 「전통사회에서 근대사회로의 이행」, 『대동문화연구』제 31집, 성균관대학교대동문화연구소, 1996

양회석, 「한국에서의 중국 희곡 연구의 현황과 과제」, 한국중국학회, 『중국학보』제 38집, 1998

오수경, 「20세기 중국연극사 연구의 성과와 한계」, 한국중국학회, 『중국희곡』제 7집, 1999

오수경, 「20세기 중국 전통극 연구의 흐름」, 한국연극학회, 『한국연극학』제 22호, 2004

王國維 著, 『宋元戲曲史』, 臺灣商務印書館 印行, 民國 69年

윤애선, 김용숙, 「프랑스 지역문화와 언어 교과목의 설계」, 한국프랑스문화학
　　회, 『프랑스문화연구』제 6집, 2001

이덕봉, 「일본어 교육을 위한 문화 이해 교육의 범주」, 한국일본학회, 『일본학
　　보』제 52집, 2002

임상래·김우성·유왕무, 「스페인어교육과 문화, 그 범주와 방법론 모색」, 한국
　　스페인어 문학회, 『스페인어문학』제 33호, 2004

張同信, 「淺談戲曲敎育」, 『靑年文學家』, 2006, 05期

지명혁, 「변화되는 교육환경에서의 영상콘텐츠의 활용방법론」, 한국영화교육학
　　회, 『영화교육연구』제 6집, 2004

陳多, 「古代戲曲硏究的檢討與展望」, 『雲南藝術學院學報』, 2001, 03期

차미경, 「중국 연극 교육의 현황과 개선방안」, 한국중어중문학회, 『중어중문학』
　　제 37집, 2005

홍혜준, 「고전 작품을 통한 한국어 문화 교육 연구」, 국어교육학회, 『국어교육
　　학연구』제 21집, 2004

Edward W. side 지음 박홍규 옮김, 『오리엔탈리즘』, 교보문고, 1999

중국연극교육에 대한 단상

이정인

　‘중국연극교육’, 이는 매우 복잡하고 어려운 의미를 내포하고 있다. 연극과 교육이 합쳐지고 거기에 ‘중국’이란 수식어가 들어가게 되니 더욱 복잡해 질 수밖에 없다. 먼저 ‘연극’이란 단어를 두고 생각해 보자. 대학생들 중에서 고등학교 또는 대학교까지 희곡 한번, 공연 한번 보지 않은 학생들도 많다. 그들은 그저 연극의 4대 요소가 무엇인지를 질문하면 자동반사적으로 대답을 할 정도의 지식만을 지닐 뿐이다. 그런 그들에게 연극은 낯설고 생소하다.

　그런 연극에 다시 ‘중국’이란 단어가 덧붙여졌다. 그나마 연극을 낯설게 여기지 않는 학생들이 있다 하더라도 수식어인 ‘중국’이 붙게 되면 ‘아, 그 하얗게 분칠하고 이상한 소리 내는 거’하는 정도의 단편적인 반응이 최선이다. 직접 관람한 경우는 거의 없다.

　그런데 여기에 또 다시 ‘교육’이란 단어가 붙었다. 교육은 너무나 커다란 카테고리로 이에 대한 논의는 셀 수 없이 많기 때문에 도대체 중국＋연극＋교육＝어떤 방법과 결론을 내려야 할지에 대해 필자는 머릿

속이 까마득하다.

그래서 여기에서는 어떠한 결론을 내리려 하지 않을 것이다. 솔직히 어떤 결론을 내릴 수가 없다. 그저 필자가 의문 났던 점들과 단상들, 길을 찾아 헤맸던 경험들을 풀어내려 한다. 필자는 이 이야기(이 책에서 논의되는 이야기를 포함해서)들이 끝나지 않는 이야기(never ending story)가 되었으면 한다. 극장에서 'The End'란 자막이 올라와야 안심하고 일어서는 우리들에게 이야기의 결말이 아닌 그저 질문으로 이 이야기는 끝맺을 듯 하다.

	월	화	수	목	금	토
1	생 물	화 학	윤 리	영 어	물 리	HR
2	영 어	국 사	국 어	사 회	기 가	HR
3	수 학	윤 리	회 화	체 육	음 악	CA
4	국 어	수 학	영 어	수 학	수 학	CA
5	미 술	국 어	수 학	지 학	불 어	
6	사 회	세계사	국 사	기 가	한 문	
7	지 리	영 어	불 어	문 학	국 어	

「그림1: 학급시간표」

우리의 시간표는? 오랜만에 학급시간표를 보게 되었다. 환경미화 기간이 되면 가장 먼저 칠판 옆에 붙게 될 시간표를 오리고 붙이며 예쁘게 꾸몄던 기억, 그러한 기억은 누구나 가지고 있을 것이다. 아무 의식 없이 주어진 시간표대로 12년의 시간을 학교에서 보냈으며 더군다나 고등학교에서는 시간표상에만 존재할 뿐 실체는 존재하지 않는 수업도 생겨났다. 그리고 우리는 이를 일러 '교육 받았다'고 한다. 그런데 이 예쁘게 꾸민 시간표 안의 과목들에 대한 의문들…… 이 많은 과목들이 왜, 어떻게 해서 빈 공간의 시간표를 메우게 되었을까? 그리고 소외된 과목이자 주변화된 과목인 예체능 과목들은 그리 중시되지도 않고 경우에 따라서는 유명무실한 수업인데도 왜 모든 학교들은 시간표에 이 소외되고 주변화 된 과목들을 명시해 두고 있는 것일까?

그런데 고등학교 때까지 유명무실했던 이러한 예체능의 과목들이 대학교에 오면 교양과목이란 이름 하에 다양하게 개설되고 있다. 이렇게 대학에서 다양한 과목들이 개설되고 시간표 내에 명시되었다는 말은 교육의 제도권 내로 들어왔다는 의미이기도 한데 과연 이러한 교양과목의 의미는 무엇인가? 안치운은 자신의 저서 『연극제도와 연극읽기』에서 유제니오 바르바의 말을 빌어 '관객의 제도(諸島)'란 말을 쓰고 있다. "이는 『연극의 제도 혹은 군도』(Eugenio Barba, Ferninando Taviani, L'archipel du theatre, Carcassone, Contrastes, 1982)에서 빌려온 것으로 고정된 연극의 제도(制度)를 넘어서 새로운 연극, 연극의 전통을 새롭게 배우는 방법, 연극의 새로운 기술을 만들어내고, 연극과 관객 그리고 연극인들 사이의 새로운 관계를 모색하는 것으로 이른바 연극의 제도(制度)의 제도(諸島) 속에서, 그러니까 제도(制度)의 제도(諸島)들을 만들어 놓고 연극을 달리, 새롭게 존재하게 하는 것이란 의미라고 한다. 유제니오 바르바가 이 글에서 언급하는 연극과 관객의 생존은 하나의 제도에 묶이지 않으며 그 제도에 얽매어 자기의 현실을 잃어버리지 않는 관객과 연극의 제도(制度)의 제도(諸島)를 찾는 일일 것이다."1)라고 설명하고 있다.

이는 비단 연극뿐만이 아닐 듯 하다. 이를 더욱 확대 해석해보면 제도(制度)의 제도(諸島)를 만들어 내는 것은 "동질의 관객은 더 이상 존재하지 않고 대신 다수의 관객만이 있을 뿐이다."라는2) 말처럼 다양한 사유와 폭을 지닌 사람들, 인간다움을 만들어 내려는 노력들일 것이며 그래서 지금은 시간표에서 소외되어 유명무실할지라도 우리의 시간표 안에 담겨 있는 것은 아닐까?

---

1) 안치운, 『연극제도와 연극읽기』, 문학과 지성사, 15쪽
2) 위의 책, 15-16쪽 참조

연극이란 무엇일까? 공부를 시작한 이후로 끊임없이 되새기는 질문이기도 하면서 아마도 끝까지 그 해답을 찾으려 노력할 질문이 될 것이다. 그렇지만 지금까지 필자가 기본적으로 생각하는 것은 연극이 지닌 놀이성과 상상력이다. 연극이 지닌 무수한 특징 중에 '연극은 놀이다'란 명제는 오래전부터 연극 속에 내재되어 있었지만 어느 순간 더 이상 놀이의 기능을 하지 못하는 연극으로 변해 버렸다. 놀이가 지닌 '자유'와 일상으로부터의 '일탈' 그리고 '놀이의 가벼움으로부터 진지함'3)이 이미 연극 속에 내재되어 있다.4)

놀이와 상상, 이는 현실이 아니라고 사람들은 생각한다. 현실과 떨어진 것이라고 그래서 허구라고 여긴다. 하지만 놀이와 상상이 현실과 동일시된 적이 있었다. 어릴 적, 놀이터와 집은 우리에게 현실이자 허구로 놀이터와 집이 구별되지 않았다. 그렇다면 우리의 어릴 적 삶은 허구인가? 물론 우리의 어릴 적 삶은 가짜도 아니며 거짓도 아니다.

옷자락 걷어 올리고

당신이 날 사랑하신다면,
옷 걷어 부치고 진수를 건너겠지만,
날 사랑하지 않는다면,
어찌 딴 사람에게 가지 않으리,
에이, 나쁜 사람아!5)

---

3) 놀이가 '단지 하는 척하는' 것임을 의식한다고 해서 결코 몰두하고 헌신하여 아주 진지하게 놀이를 진행하지 못하게 되는 것은 아니며 그러한 몰두와 헌신과 진지함은 곧 황홀경으로 변하면서 적어도 일시적으로나마 그 고통스러운 '단지'라는 느낌을 완전히 깨뜨려 버린다. 놀이의 열등성은 그것에 대응되는 놀이의 진지함에 의하여 점차로 상쇄된다. 놀이는 진지함이 되고 또 진지함이 놀이가 된다. J. 호이징하, 김윤수 옮김, 『호모루덴스』, 까치, 1993, pp.13-23 참조
4) 이정인, 「1980년대 중국 실험극 연구」, 박사논문 pp.2-3 참조
5) 『시경 詩經』의 「裳裳」 중 일부

이 시는 『시경』에 기록되어 있는데 누군가를 사랑하는 여인의 마음과 그 원망이 지금 읽어도 잘 묻어난다. 옷을 걷어 부치고 진수를 건너겠다는 말도, 딴 사람에게 가겠다는 말도 아닌 이 여인의 마음은 이시를 쓴 이의 현실적인 경험에서 우러나왔든 아니면 상상으로 그 마음을 헤아렸든 상관없이 진실하다. 다큐멘터리는 사실이고 드라마는 허구이다, 하고 구분지어 말하지만 사람들에게 이 두 가지는 모두 진실 될수도, 거짓될 수도 있다.

은유와 과장으로 표현된 진실성과 함께 연극은 놀이가 지닌 상상력이 풍부하다. 여기에는 일명 '놀이터의 법칙'이 있다. 피터 브룩(Peter Brook)의 "일상 속에서 '만약'은 허구이지만 극장 안에서 '만약'은 실험이다."란 말처럼, 놀이터만의 법칙이 적용된다. 놀이터에서만큼은 해적이 될 수도 있고 말이 될 수도 있으며 공주도 된다. 이것은 분명 현실에서는 '허구'이다. 하지만 이는 진실한 해적이자 공주이다. 적어도 놀이터에서만큼은……

리차드 코트니(Richard courtney)는 "허구는 인지적인 목적이 있다. 주변을 바라보는 한 방법으로 이는 실제적인 세상을 보완해 주며 이렇게 함으로써 우리들에게 새로운 시각을 제공한다. 만약 우리가 이 두 가지, 실제적인 것과 허구적인 것을 함께 놓는다면, 이 세상에 대한 우리의 이해가 바뀔 것이다."[6]라고 설명하고 있다.

현실적이지 못하고 논리적이지 못하다 하여 현실의 저 너머로 던져버린 허구와 상상, 은유들은 어쩌면 우리의 삶 가운데 자리 잡고 있어야 할지도 모르겠다.

연극은 교과서인가? 연극이 교육 제도 내로 들어오면서 연극은 문화인가 아니면 교과서인가? 이미 고등학교 때까지의 교과서는 입시제도

---

6) Richard courtney, *Drama & Intelligence-A cognitive theory,* McGill-Queen's University Press, p.11

로 인하여 닫힌 교과서가 되어 교과서 내에 수록된 시와 소설, 수필, 노래, 희곡 등은 문화가 아닌 교과서로 의미영역이 이미 완결된 형태가 되어 버렸다.

시간표에서 소외된 과목들도 지식이란 이름으로(그렇다고 지식의 중요성을 부정하는 것은 아니다) 작가, 장르, 연대를 암기해야 하는 암기 과목으로 변하였고 이는 삶과 동떨어진 닫힌 교과서로 교실에 묻혀 버리게 하였다. 연극≦예술≦문화≦삶에 속한다. 결국 연극과 예술은 삶이다. 그런데 연극이 삶에서 많이 유리되어 있다.

여러 섬들(諸島)이 바다에 둥둥 떠 있을 수 있다는 것은 무엇일까? 이는 프랑스의 철학자 미셸 세르(Michel Serres)가 말하듯이 타자의 발견이지 않을까? 배움이란 낯설게 느껴지던 것이 자아의 일부가 되는 모험이며 따라서 타자성의 경험이 없는 배움이란 없다.[7]고 하였다. 하나의 뿌리에서 여러 줄기가 아닌, 여러 뿌리가 존재하고 여러 뿌리에서 여러 줄기가 자라나는 것, 이렇게 새로운 접속점을 찾아내는 것[8], 이러한 가능성을 연극이 닫힌 교실로 들어가 열린 교과서가 되어 찾아낼 수 있을까?

연극은 다양한 접근점을 지니고 있다. 이는 '연극'이란 단어와 유사하게 쓰이는 여러 단어들을 살펴보아도 알 수 있다. '희곡', '희극', '공연', '연극', '퍼포먼스' 등등, 예를 들어 영어영문과나 중어중문과의 희

---

7) 박동천, 「프랑스 문화교육정책의 이념적 배경과 그 실천과제-대학예술교육의 현황과 개선방안에 관한 연구(1)」, 『예술문화연구』p.485 참조
8) 이진경은 '리좀'이란 새로운 접속 가능성이라고 설명한다. 진정한 다양성이란 종류가 늘거나 추가되지만 전체에는 아무런 변화가 없는 그런 종류의 다양성이 아니라고 말한다. '리좀적 다양성'은 어떤 하나의 척도, 하나의 원리로 환원되지 않는 이질적인 것의 집합이고 따라서 하나가 추가되는 것이 전체의 의미를 크게 다르게 만드는 그런 다양성이다. 비중심화된 체계, 상위의 이웃을 통하지 않고 직접 이웃과 만나고 접속하는 체계, 그 자체로 유의미한 다양한 집결지를 가질 수 있는 체계며 그런 만큼 여러 방향으로 열린 체계고 접속되는 항들이 늘거나 줄어듦에 따라 성질이 달라지는 가변적 체계라고 할 수 있다. 이진경, 『노마디즘』, rh humanist, 2002, pp.97-120 참조

곡 과목은 주로 문학작품인 언어텍스트를 중심으로 이루어진다. 그러나 희곡은 단순히 대사와 지문으로 이루어지며 대사는 일차적인 것이고 지문은 이차적인 것이 아니다. 한 작품이 무대 위에 올려진다면 올리는 연출자에 따라, 배우에 따라 무한히 바뀔 수 있는 가능성을 지닌, 상상력의 텍스트이며 이것이 연극이다.

글로 쓰인 희곡의 지문은 무심코 지나가게 되지만 무대 위에서의 지문은 그 연극에서 중요한 상징이 될 수도 있고 이미지를 만들기도 하며 때로는 연출자에 의해 생략되기도 한다. 또한 언어가 아닌 몸짓, 소리 등으로 표현될 수 있다. 따라서 이를 어떻게 볼 것인가? 아니면 어떻게 볼 수 있을 것인가에 대한 대답은 사람마다 달라질 수 있다. 이것이 제도(諸島)를 만들 수 있는 첫 번째 발판일 수 있을 것이다.

시간표상에 홀대받는 과목들은 인간의 두뇌뿐만 아니라 신체도 많이 사용한다. 그렇다면 예술은 훈련이 필요한가? 아니면 그저 본능적으로 알 수 있는 것인가? 대답은 '훈련이 필요하다'이다. 리차드 코트니(Richard courtney)는 "우리는 지적인 생각과 행동을 위한 능력이 본능적인 것과 훈련되는 것의 혼합체임을 받아들여야 한다. 우리가 태어날 때 가지고 있으며 또한 우리가 배우는 것이다."라고 하였다.9)

우리는 모두 피카소와 그의 그림을 알지만 그의 그림을 보며 가슴으로 느끼는 사람은 드물다. 우리는 '가슴으로 느낀다.'와 '그림을 본다.'라는 말이 서로 다르다고 생각할 수도 있지만 '그림을 본다.'와 '연극을 본다.'란 말은 단순히 보는 행위가 아니다. 몸으로 체험하는 것이다. 그런데 이 말에서 또 오해가 발생한다. '몸으로 체험한다.'는 말은 본능적, 동물적, 즉흥적인 것이라고 말이다. 그러나 '몸으로 체험한다.'는 말은 머리뿐만 아니라 몸으로 하는 사유이다.

그런데 시간표상에서는 희곡을 문학적 텍스트, 언어 텍스트로만 바라

---

9) Richard courtney, *Drama & Intelligence-A cognitive theory,* McGill-Queen's University Press, p.6

보는 경향이 강하다. 연극, 그 자체가 텍스트가 될 수 있다. 희곡 안에
서 또는 희곡 밖에서 존재하는 연극성을 어떻게 읽어내야 하는가? 몸
으로 하는 사유, 이를 어떻게 교실에서 가지고 놀 수 있을까?

중국연극, 어디에 서 있나? 연극은 크게 예술장르로서의 연극, 즉 전
문연극을 위한 교육 아니면 교육 수단이나 매체로서의 연극을 활용하
는 것인 '교육연극'으로 나눌 수 있다.[10] 여기에서는 전문 연극을 위한
교육이 아닌 일반 고등교육을 받는 학생을 대상으로 하는 연극으로 한
정하고자 한다.

과연 중국연극은 예술장르로 전문연극을 위한 교육이 이루어지는가?
또는 교육 수단이나 매체로서 중국연극이 활용되는가? 첫 번째 질문은
여기서 논의할 대상이 아니므로 두 번째 질문으로 넘어가서 대학교 현
장에서의 교육 수단이나 매체로서의 중국연극의 활용도를 살펴보면 원
어연극반의 공연을 위한 경우나 중국어 향상을 위한 대본 활용 정도를
예로 들 수 있을 것이다. 여기서 또 다시 드는 의문 하나, 중국연극,
그 자체만을 위한 수업이 이루어지는가? 중국 연극이 예술 장르로 분
리되어 수업이 진행되는가, 아니면 문학으로 분리되어 진행되는가? 필
자는 앞에서 논의했던 연극의 특성을 바탕으로 중국연극을 논하고자
한다.

중국연극을 흔히들 중국고전극과 중국현대극으로 나누고 중국고전극

---

10) 소위 '교육연극'이란 예술연극과 대비되는 개념으로 소정의 교육적 효과를 달성
하기 위해 도입되는 극매체 활용방식을 지칭한다. 김효, 「교육연극의 본질―드
라마와 놀이」, 『연극교육연구』, p.147
　　교육연극은 연극에서 활용되는 여러 가지 기법이나 연극적 상상력을 학교 수
업에 활용하여 수업의 효과를 높이는 방법, 몸과 마음을 자유롭게 만들어 주는
연극놀이, 교육적인 방법 또는 내용으로 공연물을 만들고 관람하는 것, 관객의
적극적인 참여를 통해 교육적 효과를 얻고자 하는 공연, 치료를 목적으로 하는
극, 독립된 교과목 등으로 활용되고 있다. 안치운, 「교육연극의 제도화를 위한
연구」, 『한국연극학』제23호, p.298

의 경우, 중국희곡(戲曲)이라 하여 그 음악성을 중시하며 중국현대극은 화극(話劇), 서양에서 들어온 대사 위주의 극을 일컫는다.)이라 하여 그 대사, 언어를 중시하는 용어로 쓰이고 있다. 그러나 요즘은 연극성을 중시하여 희극(戲劇)이란 용어로도 종종 쓰인다.

그런데 지금까지 대부분의 학과에서는 한 학기 동안[11] 중국 고전극과 현대극을 모두 아우르기 힘들기 때문에 '중국희곡'이란 명칭이 붙은 과목들은 대부분 중국 고전극, 즉 희곡을 문학 텍스트로서 언어 중심의, 대사 중심의 것으로 가르쳐 왔다. 그나마도 다른 어떤 문학 장르보다도 중국연극은 주변화된 분야이다.[12] 가르치는 방법론은 여러 가지가 있을 수 있다. 예를 들어 중국연극을 문학사처럼 희곡사(戲曲史)를 살피고 유명한 작가와 작품을 소개하고 끝내는 경우도 있고 중국의 전통극과 관련된 영상물들을 학생들과 함께 보는 방법도 있다.

중국연극이 교실에서 살아 있는 텍스트가 되기 힘든 것은 그저 암기하는 지식으로 끝나기가 쉽고 작품을 읽으려 해도 번역본도 별로 없으며 중국고전극(戲曲)을 직접 독해하기가 어렵다는 점 등의 환경들을 들수 있다. 이렇게 연극성을 지닌 중국연극이 지식이 되어 버리는 순간, 학생들에게 더 이상 열린 텍스트로, 학생들이 스스로 상상력과 놀이성을 발휘하기는 어렵게 된다. 그러나 이러한 환경 속에서도 교육연극의 여러 방법들과 이론들을 적용해 볼 수 있을 것이며 이는 교실을 다양한 모습으로 변화시킬 수 있을 것이다. 이렇게 이성과 현실, 지식으로 가득 차 있는 교실에 상상과 허구가 비집고 들어갈 수 있는 기회가 될 수도 있지 않을까?

중국연극과 관련된 과목의 성격은 비주류 과목으로 전공에도 교양에

---

11) 일년 과정으로 중국연극을 가르칠 수 있도록 개설된 학교는 거의 없다. 차미경, 「중국연극 교육의 현황과 개선방안」, 『中語中文學』제37집, 2005에서 참조

12) 차미경, 「중국연극 교육의 현황과 개선방안」, 『中語中文學』제37집, 2005. 이 논문에서는 중국연극과 관련된 과목의 통계를 정리해두고 있다.

도 속하지 못한 애매한 과목이 되어 있다. 마치 희곡이 연극과 문학 사이에 걸쳐서 생각되듯이…… 대학의 교실에서 중국문학(중국연극을 포함하여)은 중국어의 실용성에 밀려 주변부가 된 지 오래이다. 더군다나 중국연극은 거의 불모지나 다름없다. 고등학교 시간표상의 예체능의 과목들처럼 중국연극은 시간표의 한 시간만을 차지하고만 있는 과목이 되어 버렸다.

더구나 중어중문학과를 제외하고 중국연극에 대한 과목을 만나기란 더욱 어렵다. 연극학과에서 이루어지는 교육도 아주 일부이며 그나마 중국연극이 소개될 수 있는 과목들은, 예를 들면 '연극의 이해', '동양의 문화', '동양의 이해' 등이 있을 뿐이다. 중국연극은 연극이 지닌 연극성도, 희곡이 지닌 문학성도 땅에 묻힌 채, 그대로 남겨져 있다.

중국연극, 교실에서 꿈을 꾸다 중국연극은 명목상으로 시간표를 차지하며 문학적 텍스트, 말과 글에 국한되어 있는 경우가 대부분이다. 중국연극이 닫힌 교과서에서 벗어날 수 있을까? 안치운은 "교육을 위한 연극은 '교육'이 아니라 '반교육' '새교육' '대체교육'과 한 쌍을 이룬다. 반교육, 새교육, 대체교육 등은 교육이 아닌 것이 아니라 교육이 다루지 않는 개념이며 교육의 한계를 조건 없이 넘나들고 와해시키면서 교육에 대한 서술을 이중화한다."[13]고 언급한다.

필자는 중국연극이 이렇게 교과서를 뛰어 넘는, 교과서의 벽을 와해시킬 수 있지 않을까, 하는 꿈을 꾼다. 이는 비단 중국연극 뿐만은 아닐 것이다. 시간표를 꽉 메우고 있는 다른 과목들이 각기 제도(制度) 속에서 그들의 제도(諸島)를 만들어 낸다면 아름답지 않을까?

상황이 허락하면 학생들에게 텍스트를 읽고 난 후 자신의 느낀 점을 표현해보라고 한다. 표현방법은 학생들이 원하는 대로 시를 써도 좋고,

---

13) 안치운, 「교육과 연극: 유명과 무명 사이에서」, 『문학교육학』p.104

그림을 그려도 좋다고…… 많은 학생들의 경우, 익숙한 리포트 형식의 글들을 써 오지만 일부는 자신이 좋아하는 방법으로 자신이 느낀 점을 표현해오기도 한다. 그리고 때로는 텍스트를 몸으로 표현해보라고 요구하기도 한다. 물론 여러 명의 학생들이 한 조를 이루기 때문에 스텝 역할을 자처하는(때론 타의로) 친구들이 있긴 하지만 말이다.

  '표현하기', 무엇으로 어떻게 표현할 것인가? 이는 필자가 관심을 갖는 부분 중의 하나이다. 왜 동양극과 서양극의 표현법이 달랐을까? 시간이 흐르면서 이들의 표현법들이 서로 어떤 영향을 주며 발전해왔는가? 그리고 여기서 더 확대하여 작가나 배우, 연출자, 또는 가수 등이 한 표현들과 달리 우리 자신들의 표현법은 어떤 것이 있을까? 이러한 질문에서 수업은 시작된다.

  우리에게 아주 익숙한 표현법은 말과 글이다(그러나 학생들의 경우, 말과 글의 두 가지 방법을 알고 있을 뿐, 표현할 줄 아는 학생들도 드물다). 그나마 이 두 가지 방법을 많이 접하기 때문이다. 이렇게 일상적이고 익숙한 것에서부터 낯선 것들로 확대를 하곤 한다. 낯선 것들을 던져주고 이를 어떻게 표현할 수 있을지에 대해 질문을 던진다. 그리고 이에 대해 학생들은 각자의 답을 찾아 간다. 결국 표현이란 사유를 드러내는 것이고 표현법이 다르다는 것은 사유가 다름을 보여주며 그렇게 하나의 주제로 서로 다른 사유들을 바라보는 것, 서로 서로 작가-독자, 배우-관객의 역할이 되어 보는 것, 이것이 이 수업의 진행방향이다. 이를 위한 수단으로 글과 말 뿐만 아니라 신체와 소리, 그 외의 다른 것들을 사용할 수 있다.

  예를 들어 중국 연극의 기원을 살펴 볼 때, 『초사(楚辭)』의 「구가(九歌)」는 좋은 텍스트가 된다. 「구가」는 제의식을 묘사해 놓은 것으로 총 10장으로 구성되어 있다. 하늘신인 동황태일(東皇太一), 구름신인 운중군(雲中君), 태양신인 동군(東君), 황하의 신인 하백(河伯)등의 여러 신들이 등장한다.

신들의 등장은 다양한 텍스트를 수업 시간에 만들어낼 수 있는 좋은 소재이기도 하다. 첫 번째는 문학 텍스트이다. 일반적으로『초사』는 중국 문학(사) 시간에 많이 배운다. 그 중에서도 특히 「이소(離騷)」를 많이 읽긴 하지만 말이다. 수업시간에 「구가」를 읽고 이것이 무엇을 말하는지를 먼저 이야기한다. 이렇게 이야기함으로써 글로 쓰인 「구가」를 문학 작품으로 읽어낼 수 있고 또한 연극의 기원에 대해서도 이야기할 수 있다. 두 번째는 문자로 된 텍스트를 넘어서는 방법으로 그 방법은 여러 가지가 있을 수 있다. 예를 들면 「구가」에 등장하는 신들에 그 초점을 맞추어 볼 수 있다. 「구가」에 등장하고 있는 신들의 모습, 성격들을 이야기 해보는 것이다. 이는 작품 속에 내재해 있는 듯 하지만 그렇지 않을 수도 있다. 그리고 신들 간의 관계(하늘에서의 지위, 사는 곳 등)까지 상상해봄으로써 「구가」란 텍스트를 완전히 다르게 구성해 볼 수 있다. 세 번째는 이를 문자가 아닌 소리와 몸짓 등의 외적인 방법(신체를 이용)으로 표현해보는 것이다. 예를 들어 두 번째에서 신들의 성격과 모습 그리고 관계를 이야기 하였다면 이제는 이를 표현해보는 것이다. 한 상황을 주어주고 이를 각각의 신들이 어떻게 반응할지를 표현해보는 것 등의 방법이 있는데 이는 결국 배역을 맡은 또는 배역을 맡은 그룹의 생각들이 튀어 나오게 되어 있다. 또한 신들의 관계에 따라 그 관계를 표현해보도록 하는 것도 재미있는 방법 중의 하나이다. 어찌 되었든 완전한 연극적 형식을 갖출 필요는 없다. 때론 즉흥적으로, 때론 준비시간을 주기도 하지만 어떤 경우든 상관없다. 네 번째는 '각색하기'라고 이름 붙일 수 있을 것 같다. 「구가」를 재해석해 보는 것으로 텍스트를 자신의 입장에서 각색을 해보는 것이다. 각색의 작업을 통해서 현재 우리의 삶 속에서 「구가」를 재해석해 올려놓는 것이다. 이 역시 노래, 춤, 몸짓, 연기 등으로 표현 가능하다.

이러한 방법들은 연극이 지닌 표현법의 다양성, 말뿐만 아니라 소리, 몸짓으로도 표현이 가능하다는 것을, 그리고 그러한 표현 중에도 다양한 표현법들(현실주의적 또는 상징주의적 표현법 등)이 있을 수 있음을 소개해주는 정도로 진행이 가능하다. 이처럼 『초사』의 「구가」는 노래, 시(詩)로 알려진 작품이지만 이를 어떻게 구성하느냐에 따라 문자 속에 있는 다른 것들을 끄집어내어 이를 교실에서 재현해볼 수 있다. 이는 문자 그대로의 모습은 아닐지라도 연극이 지닌 허구와 상상력, 놀이성으로 교과서를 다시 재현하는 것14)이 아닐까?

필자는 연극이 지닌 자유로움, 다양한 접근점, 상상력을 좋아한다. 그리고 필자가 꿈꾸는 교실은 연극이 지닌 이러한 특징으로 학생들이 관객이 됐든, 배우가 됐든, 또는 연출가가 됐든 교실을 무대 삼아 한바탕 놀 수 있었으면 한다. 교실에서 필자(즉 가르치는 사람)는 제3의 인물이 되고 싶다.

그러나 언제나 이상과 현실은 괴리가 있다. 그렇다고 이상과 현실이 같아 질 수 있을까? 또 같아지면 행복할까? 그러면서도 끊임없이 꿈을 꾼다.

끝없는 이야기 이 글은 전문연극을 위한 것, 또는 전문 이론이나 실제에 대한 이야기가 아니다. 사실 잡문이라고 할 수 있다. 아니면 필자의 일상적인 생각이 담겨있는 수필이라고 해야 할 듯싶다.

현재 대학교의 시간표는 어떻게 짜여질까? 전공과 비전공으로 나누어 전공은 중요하고 비전공(일명 교양과목들)은 중요하지 않다? 대학은 전문성을 키우는 곳이다? 대학의 시간표들은 이전에 비해 많이 바뀌었다. 시간표가 바뀌고 학과의 이름들도 많이 생겨났지만 필자는 우리의 대학교육의 지향점이 어디에 있는지 궁금하다. 그리고 개인적으로 수업을 어떤 지향점으로 이끌어 가야 할지에 대해서도 고민이다.

---

14) 공연이 희곡 텍스트 안에 씌어져 있거나 말해지는 단어에 담긴 것보다 더 많은 의미를 전달하는 것처럼 교육연극은 교과서를 재현한다. 안치운, 「교육연극의 제도화를 위한 연구」, 『한국연극학』제23호, p.309

연극, 그 중에서도 중국연극, 이는 아주 작은 부분이다. 제도(制度)의 제도(諸島) 중에서도 하나이다. 사실 연극이든 문학이든, 또는 중국연극이든 일본연극이든 상관없이 공통점과 차이점이 존재한다. 그래서 이들의 근원과 철학에 대한 관심으로 우리가 지닌 고정된 연극에 대한 생각, 또는 고정된 문학에 대한 생각 더 나아가서는 고정된 사유들을 넘어서는 것, 이것이 교실 안에서 이루어져야 하지 않을까?

대학 강단에 서게 되면서 머리 속에서 계속 질문을 하게 된다. '내가 어떻게 가르쳐야 하는가?' '이렇게 하는 것이 올바른 것인가?'라는 등이다. '어떻게 가르쳐야 하는가?'에 대한 질문은 당장 현장에 서야만 하는 입장에서 방법론적이고 도구적인 고민을 먼저 하게 되어 목적과 방법의 앞뒤가 뒤바뀌기 일쑤이다. 그리고 매번 학생들은 마루타가 되어 나의 실험 대상이 되곤 한다. 그렇지만 위에서 했던 질문에 대한 해답은 아직도 찾지 못하고 있다.

그리고 이러한 고민들과 생각들은 결코 끝이 없을 것이다. 이러한 질문과 의문들이 끝나지 않는 이야기로 남는 것, 마침표를 찍지 않고 물음표와 쉼표가 될 때, 그것이야 말로 이상적이지 않을까?

【참고문헌】

김 효, 「교육연극의 본질-드라마와 놀이」, 『연극교육연구』제2집, 1998

박동천, 「프랑스 문화교육정책의 이념적 배경과 그 실천과제-대학예술교육의 현황과 개선방안에 관한 연구(1)」, 『예술문화연구』제10집, 2000

안치운, 『연극제도와 연극읽기』, 문학과 지성사, 1996

안치운, 「교육과 연극: 유명과 무명 사이에서」, 『문학교육학』,

안치운, 「한국연극, 연극교육-에 관한 물음」, 『연극교육연구』제4집, 1999

안치운, 「교육연극의 제도화를 위한 연구」, 『한국연극학제』제23호

이정인, 「1980년대 중국 실험극 연구」, 한국외국어대학교, 박사논문, 2004

이진경, 『노마디즘』, rh humanist, 2002,

조병진, 「학교교육과정에서의 연극」, 『연극교육연구』제2집, 1998

차미경, 「중국연극 교육의 현황과 개선방안」, 『中語中文學』제37집, 2005

토니잭슨/장혜전 옮김, 『연극으로 배우기』, 소명출판, 2004

J. 호이징하, 김윤수 옮김, 『호모루덴스』, 까치, 1993,

Richard courtney, *Drama & Intelligence-A cognitive theory*, McGill-Queen's University Press, 1990

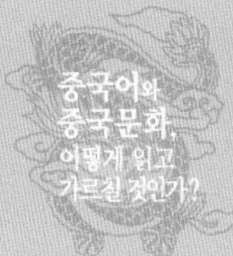

중국어와
중국문화,
어떻게 읽고
가르칠 것인가?

중국영화교육 추의(芻議)

임대근

1. 논의의 전제들

중국영화교육은, 단도직입적으로 말하면, 중국영화를 교육의 내용으로 삼는다. 따라서 그 문제를 논의함에 있어 '무엇'에 대한 범주는 이미 결론이 나 있다고 해도 과언이 아니다. 그것은 일반적인 의미의 영화교육이 "통상 교육도구(교재)로 영화를 이용하는 교육을 뜻하지만, 극장용 영화 등의 감상을 통한 영화 그 자체에 대한 교육도 포함된다."[1]고 정의되어 영화를 도구화하는 교육을 우선순위에 배치하고 영화 자체에 대한 교육을 허용의 영역에 두는 바와는 달리 '중국'이라는 수식어에 의한 관형구조를 이룸에 따라 중국영화 그 자체에 대한 교육이 우선시될 수 있는 근거를 확보하기 때문이다. '무엇'의 문제가 해결되었다면, 자연스럽게

---

1) 『두산세계대백과사전』(http://www.encyber.com) 중 해당항목 참고

'왜', '어떻게', '누가 / 누구에게', '언제', '어디서' 등의 문제만을 순차적으로 논의의 대상으로 삼으면 될 것이다. 그러나 현실은 그렇게 간단하지만은 않다. 현실적인 문제는 '무엇'의 둘레를 확장하여 해석하려는 경향이 분명히 존재하고 있기에 발생한다. 그리고 해석의 확장 과정은 '왜', '어떻게' 등과 같은 나머지 오하(五何)의 문제를 직·간접적으로 끌어들이며 다양한 끈들로 연관짓는다. 그러한 연관은, 다시 말하면, 중국영화교육이라는 복합 개념이 끌어들일 수 있는 혹은 재창출해낼 수 있는 모종의 방만한 둘레들에 관한 언급이라 할 수 있다. 중국영화교육이라는 복합 개념의 핵심에서 '무엇'에 대한 둘레는 누가 뭐라 해도 중국영화를 교육의 내용으로 삼는 것 그 이상도 그 이하도 아니지만, 그 둘레는 새롭게 몇몇 다른 둘레들과 교호하고 있음으로 인하여, 분계(分界)의 난점을 유발하고야 마는 것이다. 즉, 중국영화교육이라는 복합개념을 마주 대하면서 우리는, 최소한 좀 더 분명한 서너 가지 이상의 둘레를 상정하게 된다. 예컨대 중국영화교육이라고 했을 때 그것은 '중국에서 이루어지고 있는 영화교육'이라는 둘레와는 아무런 관계를 맺지 못하고 결별할 수 있는 것인가? 이 질문에 대한 답변을 과감한 부인으로 일관할 수 없다면 그것은 당연히 중국영화교육의 문제를 논의함에 있어 '어디서'의 문제와 관계 맺고 있다고 할 것이다. 그렇다면 다시 우리의 논의는 '한국에서의' 등과 같은 수식어로 한정되지 않고서는, 그 자체로 또 다시 많은 결함을 내재한 채 출발하는 셈이 되고 말 것이다. 물론 이와 같은 발언은 두 가지 측면을 경계하면서 이루어진다. 하나는 혹여 한국에서의 중국영화교육이란 다시 한국 이외의 지역 혹은 국가에 대한 상대 개념이므로 그 지역 혹은 국가에서의 중국영화교육이 한국에서의 중국영화교육과 어떠한 관계를 맺을 수 있을 것인가 하고 회의를 품을지도 모르리라는 점인데, 그 점을 본격적인 문제로 제기한 데 대해서는 어느 정도 노파심이 작동한 바 없지 않은데다 논의의 둘레가 애초부터 지나치게 확장되어버린 느낌을 피할 수 없으므로 잠정적으로 논의를 유보할 수

있을 것이다. 다른 하나는 '어디서'의 문제가 단순히 국적의 개념만을
의미하는가 하는 점과 연관되어 있다. 이 문제는 사실 좀 더 중요하다
아니할 수 없는 바, 예컨대 '어디서'라는 둘레가 초·중·고등교육기관 등
과 같이 교육기관의 위계에 관한 문제인지,2) 대학 혹은 사회에서의 성
인보수(평생) 교육 차원 등과 같이 교육의 공·사적 속성에 관한 문제인
지, 그렇지 않고 고등교육기관 내부로 둘레를 한정하더라도 영화학과 혹
은 중국 관련 학과 혹은 교양학부 등과 같이 특정 학과에 관한 문제인
지 등에 관해서 논의가 필요하기 때문이다. 따라서 이 지점에서 '어디
서'의 문제는 다시 '누구에게', 즉 교육의 대상이라는 문제와 만나게 된
다. 그러나 이 문제에 관한 큰 가지들은 적어도 이 글에서만큼은 쉽게
쳐낼 수 있을 텐데, 그것은 오늘 우리의 논의가 '중어중문학'을 기반으
로 하는 대학 교육에 관한 것임을 전제로 하기 때문이다(그럼에도 불구
하고 장황하다시피 이러한 논의를 이끌어가고 있는 까닭은 중국영화교
육에 관한 관습적 사고의 경화「硬化」를 미연에 방지하고 스스로 각성하
기 위함이다). 그러나 '중어중문학'을 기반으로 하는 대학 교육에 관한
전제를 충분히 긍정한다 하더라도 짚고 넘어가야 할 문제는 두어 가지
남아 있다. 하나는 중어중문학을 기반으로 한다는 말이 곧 이 논의가
'중어중문학' 부류 일련의 학과들(중어중문학과, 중국어과, 중국학과, 중
국어중국학과 및 관련 학부와 전공들을 통괄하는) 내부의 전공과목 교
육에 관한 것만을 의미하는 것인지, 그렇지 않으면 그 방계로서의 교양
과목 교육도 다루어야 하는 것인지에 관해서는 또 다른 논의를 필요로
한다는 점이다. 즉 전공과목으로서의 중어중문학 부류 전공 내부에서 이
루어지는 중국영화교육의 함의와 교양과목으로서 이루어지는 중국영화

---

2) 예컨대 우리나라 고등학교에서는 이미 2004년도에 제7차 교육과정의 적용과 더
불어 선택교과목으로 영화가 포함되어 영화교육이 실시되고 있으며 교재로『영
화 '읽기'』가 편찬되기도 하였다. 「2004년도 영화교육 실시 및 영화전문강사
인력풀 운영 계획」, 문화관광부(영상진흥과)·한국영화학회(영화교육위원회); 영화
진흥위원회교재편찬위원회, 『영화 '읽기'』, 서울: 커뮤니케이션북스, 2004 참조

교육의 함의는 분명히 다를 수밖에 없다는 사실을 지적하고자 함이다. 다만 이 글은 이에 대해서 이와 같이 간단히 지적해두는 것으로 만족하고, 더 자세한 논의는 뒤로 미루면서, 전공과목으로서의 논의에 초점을 맞추되 교양과목으로서의 중국영화교육에 관하여는 필요한 대목에서 잠깐 언급하고자 한다. 다른 하나는 사실 매우 본질적인 문제와 맞닿아 있는데 중어중문학 부류 일련의 학과들에서 과연 중국영화교육을 할 수 있는가, 다시 말하면 중어중문학 부류 일련의 학과들은 중국영화교육의 주체가 될 수 있는가('누가'의 문제)하는 점이다. 이 점은 한쪽 입장에서 보면 전혀 문제시 되지 않을 수도 있으나 다른 쪽 입장에서 보면 그 자체로 격론을 일으킬 수도 있다. 전혀 문제시 되지 않을 수 있다 함은 학과의 명칭에 있어 중국어과, 중국학과 등과 같이 중국학(sinology) 혹은 중국연구(Chinese studies)를 기반으로 하는 경우를 일컫는다. 이들 학과(혹은 전공)는 학과의 수립 자체가 중국 연구라는 학제적 입장에 기반을 두고 있기에 그 내부에서 중국과 관련된 그 어떠한 교과목을 개설하더라도 자기 정당성을 확보할 수 있다. 그러나 반면, 격론을 일으킬 수도 있다 함은, 중어중문학과라는 전통적인 명칭을 보유하고 있는 대다수 국내 대학의 경우를 염두에 두고 한 말이다.3) 즉 중어중문학과에서 중국영화를 교육할 수 있는가에 관한 질문에 대하여 어떻게 답변할 수 있을 것인가? 그러한 물음은 모종의 관습에 대한 도전임과 동시에 그와 더불어 별다른 고민 없이 새로운 관습을 축적하고자 하는 시도에 대한 또 다른 도전이라는 이중의 문제점을 안고 있다. 문제의 기원은 우리말 사전에도 뒤늦게 올라왔을 뿐더러4) 근대적 학문 분류법이 우리에게 선물

---

3) 교육인적자원부와 한국교육개발원이 2005년 9월 8일 발표한 『2005년 교육통계 연보』에 근거한 글쓴이의 통계에 따르면 국내 4년제 대학의 중국 관련 학과 중 '중어중문'의 명칭을 사용하고 있는 경우는 59개소로 중국어(학), 중국학, 중어 중국학, 중국언어문화, 중국통상 등 기타 명칭과 대비 분석하였을 경우 그 비율이 약 35%에 달한다.

4) '중문'이라는 낱말은 한글학회, 『우리말 큰사전』, 서울: 어문각, 1992에는 실려

해 준 각 분과학문의 경계에 관한 분명한 인식을 고려해보았을 때에도 매우 모호한 경계를 보이고 있는 '중문'이라는 표현을 안고 있는 '중어중문학'이라는 학과의 명칭으로부터 유래한다. 애시 당초 영어영문학/불어불문학 등을 위시하는 외국어문학과에 대한 학과 명칭5)은 근대적 학문 분류법에서 보아도 특정 언어를 바탕으로 한 문학 연구에 비중을 둔 것일 뿐이었다. 중어중문학의 경우 전통 한학(漢學)에 대한 계승이라는 일면이 없었던 바 아니다. 그러나 문사철, 즉 인문학에 대한 통합적 이해의 전통의 계승으로도 이해될 수 있음에도 불구하고 중어중문학 역시 문학 연구에 자신의 영역을 편향시켜 놓고 출발했던 점만은 다르지 않았다. 새 천년을 맞이하여 인간과 세계에 관한 전방위적 물음을 제기한 바 있는 이브 미쇼(Yves Michud)가 일찍이 지적한 바와 같이 "이미 오래 전에 지식의 영역을 19세기 식으로 명쾌하게 분류하는 것이 허위일 뿐이라는 사실이 밝혀"6)졌음을 인정한다면(물론, 그 뒤에 바로 이어지는 "질서가 부여되지 않으면"이라는 단서 또한 충분히 인정한다) 고민은 새로운 측면에서 제기되어야 할 것이다. 1980년대 중반 이래 국내 근대적 중국 언어학의 성장과 더불어7) 중어중문학이라는 기표에서 '중어'는

있지 않다가 국립국어연구원, 『표준국어대사전』, 서울: 두산동아, 1999에 뒤늦게 "중국 글자로 쓴 글"이라는 풀이로 수록되었다. 이러한 상황으로 미루어 뒤늦게 한국어 어휘에 편입되었을 개연성이 있다.

5) 우리나라 근대적 의미의 '중어중문학'이라는 명칭은 주지하다시피 1926년 경성제국대학 법문학부의 '지나문학과'의 후신인 서울대학교 중어중문학과(1946년 설립)에서 유래한다.

6) Yves Michud외, 강주헌 옮김, 「네오아카데미아를 펴내며」, 『문화란 무엇인가?』, 서울: 시공사, 2003, 12쪽.

7) 서경호, 『국내중국어문학연구논저목록(1945-1990)』, 서울: 정일출판사, 1991중에서 교재류와 연도가 불분명한 경우를 제외하고 국내 중국 언어학 연구 성과 806건에 대한 글쓴이의 통계 분석의 결과에 따르면 1950년대 연평균 1.8건, 1960년대 연평균 7.4건, 1970년대 연평균 17.1건 등으로 부진했던 국내 중국 언어학연구는 1980년대 들어 연평균 54.3건으로 급증하는 추세를 보인다. 아울러 그 연구대상 또한 전통 언어학 분야인 문자학·성운학 등에서 현대 언어학 분야로 이동해왔다. 이러한 추세는 1987년 창설된 중국어학연구실을 전신으로 1991년 중국언어연구회가 창립(현재 한국중국언어학회)되고 그에 따른 학술지

단순히 '중국어를 바탕으로 하는'에서 벗어나 뒤에 자리 잡은 '중문학'과 대등한 무게로서 '중어학'으로 자기 존재를 확보하게 되었다. 요컨대 오늘에 이르러 중어중문학이라는 개념은 실제로 '중어학'+'중문학'의 합성으로 이해되고 있음을 부인키 어렵다는 사실이다. 중국영화교육과 관련하여 이 점을 눈여겨보지 않을 수 없는 까닭은, 중어중문학이라는 명명 자체가 애초에 안고 있었던 문제점을 차치하고라도, 그 개념 자체가 고정 불변한 특정의 그 무엇이 아니라, 환경의 변화에 따라 유동해왔다는 점 때문이다. 일찍이 이와 유사한 문제를 지적한 바 있으므로[8] 여기서 다시 그에 대한 상론을 전개할 필요가 없겠거니와 결론적으로 말하면, '중문학'에서 '중문'의 개념을, 통합적 인문학에 관한 중국학의 전통을 계승함과 동시에 환경의 변화에도 적응하여 '중국문학'이라는 둘레로 한정하지 말고 '중국문예' 또는 '중국문화'의 개념으로 유동시켜 보자는 것이다. 그렇게 될 때에만 중어중문학과 내에서 이뤄지는 중국영화교육에 관한 자기 정당성이 확보될 수 있을 것이다.

다시 앞서 제기했던 중국영화교육 논의의 몇 가지 범주로 돌아가면, 예컨대 '언제'의 문제 또한 한번쯤은 고민해봐야 할 영역이다. 그것은 국내 중국영화교육의 시기에 관한 문제와 직결되는 바, 지금 중국영화교육에 관한 논의를 진행함에 있어 지금까지 이루어져 왔던 교육의 성과를 총괄하고 그 바탕 위에서 새로운 전망을 모색하기 위해 필요불가결한 고민의 영역으로 자리 잡는다. 국내 중국영화교육은 언제부터 시작되었는 지, 좀 더 자세히 말하면, 영화 관련 학과에서 이루어졌으리라 추정되는 단일 혹은 혼합 교육과정에서부터[9] 중국 관련 학과가 영

『중국언어연구』의 발간이 추동되는 등의 사실에 비추어보아도 1980년대 이후 국내 중국 언어학 연구의 일정한 흐름이었다고 할 것이다.

8) 임대근, 「중국문예사에서 영화의 지위」, 『인문학연구』 제34집, 서울: 숭실대 인문과학연구소, 2004.12 참조

9) 국내 영화관련 학과는 1959년 중앙대학교의 연극영화학과로 출발하여 1960년 한양대학교 영화과, 1962년 동국대학교 연극영화과 등으로 개설되었다. 이들과 더

화 교육에 관심을 갖기 시작한 이래 이루어진 교육과정과 그 성과에 대한 점검과 성찰이 필요하리라는 사실이다. 그러므로 이에 관한 논의는 예컨대 '국내 중국영화교육의 역사와 현상' 등과 같은 독립적인 글로 정리될 필요가 있다. 그 글은 표층적인 통계 조사와 더불어 교육에 참여했던 교육 주체와 객체 등에 대한 심층적인 연구 조사 등이 결부될 때에만 빛나게 쓰여 질 수 있을 것이다. 이는 또 다른 논의의 둘레와 연구 방법론을 필요로 하는 일이므로 여기서는 이와 같은 잠정적 주장만을 제시할 수밖에 없음이 안타깝다.

그러므로 몇 가지 측면에서 논의의 전제들을 검토한 결과, 이 글은 다음과 같은 부제를 갖춰야 할 필요를 강하게 느낀다. '한국 대학의 중국 관련 학과에서 오늘날 이뤄지고 있는 중국영화교육에 관한 탐구'.

2. 중국영화교육의 학제성 및 그 유형

1) 중국영화교육, 그 학제적 넘나듦

앞서 '논의의 전제들'을 통해 "중국영화교육이라는 복합개념을 마주 대하면서 우리는, 최소한 좀 더 분명한 서너 가지 이상의 둘레를 상정하게 된다."고 언급한 전제 위에서 몇 가지 측면에서 중국영화교육에 관한 발언을 감행하면서 생각의 실타래를 이리저리로 풀어본 까닭은

붙어 한국예술종합학교 영상원의 교과목을 조사한 결과 중국영화 교과만을 전문적으로 개설한 학과는 없는 것으로 확인되었으며, 다만 '세계영화사' 등과 같은 교과목에서 중국영화를 다루었으리라 추정된다.

생각의 주체에 원인이 있는 것이 아니라 오히려 그렇게 엉킨 실타래 자체에 원인이 있다고 봄이 타당할 것이다.

그것은 다시 말하면, 중국영화교육이 '중국', '영화', '교육'의 복합 개념임을 인정한다고 할 때, 삼자 모두 학제적 성격을 갖고 있음에서 연유한다. 삼자 모두 근대적 분과 학문들 사이에서 다소간의 차이는 있으나, 분명한 경계를 형성하지 못하는 측면이 있음을 부인할 수 없다. 이는 삼자 각각을 'ㅡ학(ㅡlogy)'로 자리매김할 것인가, 'ㅡ연구(ㅡstudies)'로 자리매김할 것인가의 문제와도 연관되는데, 따라서 근대적 의미의 분과 학문으로서의 성격은, 그에 관한 자각적 연구가 시작된 지 더욱 오랜 역사를 가지고 있는 '교육학'이 가장 강하게 보유하고 있으며 그 뒤를 이어 '영화학' 또는 '영화연구', 그리고 '중국연구' 또는 '중국학'이 앞서거니 뒤서거니 줄을 서 있는 형국일 것이다.10) 이들은 저마다 근대적 분과 학문의 둘레를 자유롭게 넘나들고 있기에 서로 다른 복합 개념으로서의 함의를 창출한다(따라서 한국어의 띄어쓰기 관습과 관련 지어 혹시나 발생할 수 있는 오해의 여지를 예방하기 위하여 지금까지 이 글에서 '중국영화교육'이라는 개념을 사용하면서 아무런 띄어쓰기를 하지 않았다는 점을 주목하라). 이 지점에서 우리는 중국영화교육에 관한 서로 다른 세 측면의 논의의 영역들을 발전시킬 수 있게 된다. 우선 예컨대 교육학의 입장을 고려해 보면, 중국영화교육의 문제는 다음과 같은 영역의 문제를 내포하게 된다. 즉, 결국 우리의 논의는 중국영화를 '교육'하는 문제를 탐구하는 데 있으므로 그 둘레와 성과를 고려

---

10) 근대적 교육학의 시작은 19세기 초 독일의 헤르바르트(Herbart)를 기원으로 삼는 것이 교육학계의 정설이며 (이용남, 『교육학과 교육』, 서울: 교육과학사, 2002) 한편, "영화가 지식인층에게 진지하게 받아들여지게 된 것은 그리 오래된 일이 아니다. 예를 들어 미국에서의 영화는 1970년경에 이르러서 대학에서 보편적으로 승인된 학과로 자리 잡을 수 있었다." (James Monaco, 양윤모 옮김, 『영화, 어떻게 읽을 것인가?』, 서울: 혜서원, 1993, 307쪽) 또, 지역 연구의 발전에 기반을 둔 본격적 의미의 중국연구 또한 세계 제2차 대전 이후의 일로 보아야 할 것이다. (김경일, 『지역연구의 역사와 이론』, 서울: 문화과학사, 1999 참조)

하지 않을 수 없다는 점이며 그것은 다시 중국영화교육의 구체적이고 실천적이며 방법론적인 문제와 조우하게 되는 것이다. 교육학의 학제적 성격은 교육철학, 교육심리학, 교육공학, 교육행정 등의 영역으로 명명될 뿐 아니라 그에 더하여 교육평가, 교육과정, 교수법(수업 조직) 등의 문제까지도 포괄한다. 그렇다면 중국영화교육이라는 함의를 탐구함에 있어 우리는 중국영화교육이 상정해야 할 철학적 문제, 심리학적 문제, 공학적 문제, 행정학적 문제 등을 염두에 두지 않을 수 없을뿐더러 교육 현장에서의 평가의 문제, 교육과정 설계의 문제, 교수법의 문제 등을 아우르지 않을 수 없을 것이다. 물론 이들 중 어떤 둘레는 중국영화교육의 문제에 국한해서만 설명하기에는 그 폭이 매우 넓어지는 경향이 없지 않다. 예를 들면 교육과정의 문제의 경우 중국영화교육만을 가지고 설계하기에는 어려움이 있을뿐더러 중국 관련 학과 내의 다른 개설 과목들 사이의 연관성을 고려하지 않을 수 없는 것이다. 그럼에도 불구하고, 다시 예컨대, 중국영화교육의 문제에 있어 교육평가에 관한 영역이나 교육심리학적 영역에 대한 전문적인 논의를 배제하고는 분명한 한계를 노정하고 말 것이다. 그러므로 그 자체는 전문가들의 학제적 연구와 조사 및 실험을 필요로 한다.

그것은 영화가 존재하는 방식 중 매우 중요한 한 축을 지지하고 있는 바와도 연관된다. 영화의 존재방식이 예술-산업-이데올로기 등의 주요 축선은 물론이요 역사-이론-비평 혹은 저널-영화제-교육 등과 같은 축선들에 의하여 규정된다고 할 때, 영화교육에 관한 고민은 매우 중요한 영역으로 자리 잡는다. 그것은 다시 영화학의 측면과도 긴밀히 연관되는 바, 이렇듯 중국연구의 입장과 영화학의 입장이 갖고 있는 학제적 성격이 서로 뒤얽히면서 우리는 매우 현실적인 문제와 다시 맞닥뜨린다. 그것이 곧 앞서 말한 바와 같이 '서너 가지 이상의 둘레'들 앞서 지적한 측면을 제외한 다음 몇 가지 경우의 수(유형)이다. 그런데 이 문제는 결국 중국영화교육의 궁극적 목적 및 목표와도 관련되어 있다.

2) 중국영화교육의 유형

중국 관련 학과에서 중국영화교육을 통해 이루고자 하는 궁극적인 교육목적은 사실 기관으로서의 교육주체, 즉 학교나 학과의 설립정신이나 교수자의 목표, 학습자의 환경 등에 따라 다양한 이념으로 변용될 수 있을 것이다. 따라서 궁극적인 교육목적에 관한 논의를 연역적으로 전개하기보다는, 그보다는 하위범주로 자리매김할 수 있는 교육목표를 달성하기 위하여 현실적으로 이뤄지고 있는 중국영화교육에 대하여 살펴보기로 하자. 중국영화교육은 그 목표에 따라 사실상 최소한 다음과 같은 세 가지 유형으로 분류될 수 있다.

첫째, 중국영화를 이용하여 중국어 교육의 성과를 목표로 삼는 경우이다. 이러한 입장은 중국영화교육이 함유하고 있는 본질적인 의미 구조에 최종적으로는 수렴된다고 할 수 없지만 현실적인 차원에서 중시되고 있는 유형이다. '영상 중국어', '스크린 중국어', '영화 중국어' 등의 명칭을 보유한 강좌들이 그러하다. 이는 좀 더 정확하게 말하면 중국영화교육이 아닌, 중국어교육의 한 영역으로서 다뤄져야 하는 바, 여기에서 이 문제를 비중 있게 다루기에는 적절치 않아 보인다. 다만, 이글에서 이후 다시 언급할 기회가 없을 듯하기에 몇 가지 사항만 지적해두자면, 이러한 교과를 조직함에 있어서는 '영화' 그 자체를 염두에 두기보다는, 영화의 '언어'적 측면을 염두에 두어야 한다는 점이다. 즉 영화를 선택함에 있어 다양성의 제약은 물론이요, 특정한 지역의 방언에 대한 교육이 아니라면, 연기자들의 언어가 정확한 표준어로 구사되는 영화를 선택해야 할 필요가 있다. 물론 그에 따른 교육공학적 이해는 필수적이라 하겠다.[11] '영화교육'에 있어 이러한 논의를 거론할 수

---

11) 이에 관한 대표적인 연구로는 손경옥, 「중국영화와 드라마를 통한 동의어 교육」, 『중국언어연구』 제11집, 서울: 한국중국언어학회, 2000.12; 박정원, 「디지털기반 중국어 강의설계와 소프트웨어 활용」, 『중국학연구』 제27집, 서울: 중국학연구

있는 가능성은, 실제로 '문학교육'에 있어서도 구체적인 텍스트를 통해
문학 그 자체에 대한 교육이 아닌, 독해력 향상을 목표로 하는 독해
교육이 이뤄지고 있기도 하는 바에 대한 유비로부터 연유한다.

둘째, 중국영화 그 자체에 대한 교육이다. 이는 중국영화 자체를 목
적으로 간주하고 그에 대한 지식 함양을 목표로 삼는 경우이다. 따라서
이와 같은 교과목표를 설정할 경우 실제 강의는 중국영화에 관한 담론
자체에 대한 교육에 주안점을 두게 될 것이다. 즉 이와 같은 교과에서
는 앞서 말한 바와 같은 영화의 존재방식에 관한 고민이 우선시될 수
밖에 없으므로 예술로서의 / 산업으로서의 / 이데올로기로서의 / 역사로서
의 / 이론으로서의 / 비평으로서의 / 영화제로서의…… 중국영화에 관한
내용이 교수요목에 포함되어야 할 것이다. 예컨대 '중국현대영화비평'
(한신대 중어중문학과의 경우, 2005년 1학기 최초 개설)이나 '중국영상
문학의 이해'(명지대 중어중문학과의 경우, 2004년 2학기 최초 개설)
등을 그 예로 들 수 있을 것이다.[12]

셋째, 중국영화를 통해서 중국에 대한 이해를 강화하기 위한 목적을 둔
교과의 설정이 가능할 것이다. 이 강좌의 목표는 무엇보다 영화 그 자체
보다는 영화를 수단 혹은 도구화하여 그를 통해서 중국의 사회문화 등에
대한 지식 함양을 목표로 삼는 경우이다. 즉 둘째의 경우와 셋째의 경우
는 중국영화를 이해함에 있어 목적-수단의 변별점을 각각 강조하는 경우
가 될 텐데, 따라서 이와 같은 교과목은 현실적으로 문제시될 수 있는 중
국사회를 이해하려는 일련의 '구분'의 경계들로부터 그 출발점을 삼을 수
있을 것이다. 주로 이와 같은 교과는 '영화로 보는 중국'(한신대 교양학부,
2004년 2학기 최초 개설), '영화로 본 중국'(서울디지털대 중국학부 및 교
양학부, 2004년 1학기 최초 개설) 등의 명칭을 가지고 운용되고 있다.

회, 2004.3 등을 참조
12) 여기서 예를 든 구체적인 학교와 그 교과목은 글쓴이가 직접 교수자로 참여한 경
   우이다.

두 번째 유형과 세 번째 유형의 교과를 적대적 대립 관계로 파악할 필요는 없으리라 여겨진다. 중어중문학과에서 전통적으로 이뤄져왔던 문학교육을 다시 유비해보건대, 중국문학을 이해하고 교육함에 있어 예컨대 중국문학사 자체에 대한 교육은 물론이요, 특정 장르의 미학이라든지 출판 등을 통한 문학의 산업적 유통 과정에 대한 문제를 다루는 교수법이 허용될 수 있는 것이라면, 아울러 특정 텍스트들을 선택하여 감상하고 그를 바탕으로 삼아 중국 사회와 문화에 대한 교수가 이루어질 수 있는 것이라면, 영화교육 또한 그와 같은 방식을 충분히 원용할 수 있을 것이라는 점이다. 따라서 양자를 절충하는 네 번째 유형도 현실적으로는 가능하다고 하겠다(실제로 건국대학교의 '중국현대문학 특강'은 이와 같은 방식으로 2004년과 2005년의 1학기에 각각 진행되었다).

다만, 현실적 상황에서 문제점으로 지적하고 싶은 것은 교수자나 학습자의 경우 모두 영화미학에 대한 기반 지식이 축적되어 있지 않은 경우가 많다는 점이다. 문학 장르의 미학에 대한 교수자는 이미 오랜 전통을 지니고 있는데다 그 자체가 중어중문학의 기반이었다는 점을 감안하면 상대적으로 용이하게 이루어져왔다고 할 수 있으나 영화의 경우에는 상대적으로 전문적인 기술 미학의 영역과 영상미학이라는 독특한 분야를 기반으로 이루어지고 있음으로 인하여 이에 대한 활용이 없이는 어떤 경우 텍스트에 대한 충분한 이해가 달성되지 못할 가능성도 배제할 수 없을 것이다. 단적인 예로 허우샤오셴(侯孝賢)의 작품들을 교수하면서 롱테이크(long take) 기법이나 프리즈 프레임(freeze frame) 등에 대한 언급이 이뤄지지 않는다면 그의 텍스트에 대한 이해의 정도가 반감될 것임은 자명한 사실이다. 좀 더 구체적인 예로 왕샤오솨이(王小帥) 감독의 「북경 자전거(十七歲的單車)」의 한 쇼트(shot)는 그의 미장센(mis-en-scene)을 처리하는 방식에 대한 훌륭한 예시로 활용될 수 있다.

「그림1: 왕샤오솨이의 미장센 처리를 설명할 수 있는 「북경 자전거」의 한 쇼트」

　영화의 한 주인공 지안이 자전거를 잃은 후 여자 친구마저 빼앗기게 된 뒤 그의 '연적'을 만난 장면의 처리에 있어 감독은 다양한 소품(담배, 우산 등)과 배우들의 의상과 외모(교복, 사복, 염색 머리), 연기(시선의 처리), 배경(비, 화면을 수직으로 분할하는 나무), 조명 등의 요소를 통해 둘 사이의 심각한 갈등과 힘의 우열을 묘사하고 있는 중이다. 이와 같은 요소들은 만일 소설이라면 작가의 설명과 묘사에 의해 친절하게 문자로 표현되었겠지만, 영화의 경우 그와 같은 묘사는 순간적인 미장센에 의하여 처리되므로 영상미학에 대한 이해는 매우 중요한 한 요소라 하겠다.

　그러나 그렇다고 하여 영화교육이 영상미학에 대한 교육으로 환원될 수는 없는 바, 특정한 국적에 의하여 수식되는 영화에 대한 교육은 결국 특정한 사회문화적 혹은 역사적 맥락을 갖고 이뤄질 수 있다고 말할 수 있을 것이다. 이는 중국영화교육이 중국문화교육의 하위범주로 자리 잡을 수 있는 논리적 근거를 획득하게 한다. 그것은 기본적으로 영화에 대한 지식인들의 관심과 담론이 문화연구라는 큰 틀에서 함께 이루어져왔음을 인정함으로써 가능한 일이다.[13] 따라서 중국영화교육을 통해 중국의 사회문화적 맥락을 이해하는 교수 행위를 달성하기 위해서는 당연히 성별과 계급, 종교와 민족종족 등에 관해 세계를 분석하고 이해하는 담론들에 대한 준비가 필수 불가결할 것이라 판단된다. 그러나 모름지기 미시와 거시, 미학과 이데올로기, 그리고 산업과 축제는 모두 한통속으로 얽혀있는 구조가 아니겠는가.

3. 수업 조직의 실례

그렇다면 지금까지의 논의를 바탕으로 좀 더 구체적으로 접근하기 위하여 앞서 예시했던 몇 유형의 수업 조직에 관한 실례를 들어보고자 한다.

1) 중국영화 자체를 목적으로 삼는 교과의 경우

다음 수업조직의 실례는 중국영화 자체를 목적으로 삼는 교과 유형으로 3학점 3시간, 전체 16주를 기준으로 1개 학기를 운영할 경우이다.

---

13) 현대적 의미의 문화연구 및 그와 영화의 관계에 대해서는 Graeme Turner, 김연종 옮김, 『문화연구입문』, 한나래, 1995; John Storey, *Cultural Theory and Popular Culture: An Introduction*, Pearson Education, 2001 등을 참조

교육 목적	아시아의 일원으로서 중국의 영상문화와 예술을 이성적·감성적으로 이해하고 비판할 수 있는 능력을 갖춘 인간 양성			
교육 목표	1. 중국 영화의 기본 개념과 역사를 이해할 수 있다. 2. 중국 영화의 지역적 특성과 다양한 장르를 이해할 수 있다. 3. 1980년대 이후 오늘날까지의 중국 영화의 제반 특성을 이해할 수 있다.			

주차별 학습 계획				
1 주 차	주차 목표	한국 사회에서 중국 영화는 어떤 의미를 지녀 왔는지 이해할 수 있다.		
	학습 내용	학습주제	"우리가 보았던 중국영화들"	강의방식
		도입부	세부 주제: "중국영화, 하면 떠오르는 것들"	질의응답
			세부 목표: 전체 교과목 개요 및 교수자 소개; 강좌에 대한 흥미유발	
		1 교시	세부 주제: **1960-70년대 한국에서의 중국영화**	강 의
			세부 목표: 「1」 1960-70년대 한국에서 큰 반향을 불러일으켰던 중국(홍콩)영화가 갖는 특징을 이해할 수 있다. 「2」 1960-70년대 한국에 수입되었던 중국(홍콩)영화의 대표작을 선정할 수 있다.	
			감상 영화: 「협녀」 부분	
		2 교시	세부 주제: **1980-90년대 한국에서의 중국영화**	강 의
			세부 목표: 「1」 1980-90년대 한국사회에서 큰 반향을 불러 일으켰던 중국(홍콩)영화가 갖는 특징들을 이해할 수 있다. 「2」 1980-90년대 한국에 수입되었던 중국(홍콩)영화의 대표작을 선정할 수 있다.	
			감상 영화: 「중경삼림」 부분	
		3 교시	세부 주제: '우리가 보았던 중국영화들'의 의미	강 의
			세부 목표: 「1」 1990년대 이후 한국 사회에 들어온 중국 영화를 간략히 이해할 수 있다. 「2」 1960년대 이후 한국 사회에 반향을 불러일으켰던 홍콩영화가 1990년대 이후 그 영향력이 쇠퇴할 수밖에 없었던 원인들을 이해할 수 있다.	
			감상 영화: 「붉은 수수밭」 부분	
	수행과제	개인적으로 보았던 홍콩(중국) 영화 가운데 가장 인상적인 작품을 선정해보고 그 까닭은 무엇인지 생각해봅시다.		

	주차 목표	중국영화를 둘레 짓는 다양한 개념과 용어들을 이해할 수 있다.			
2 주 차	학습 내용	학습주제		"중국영화의 개념"	강의방식
		1 교 시	세부 주제	영화에서의 국적주의	강 의
			세부 목표	중국영화의 개념을 본격적으로 살펴보기에 앞서 영화에서 의 국적주의가 갖는 의미가 무엇인지 알 수 있다.	
		2 교 시	세부 주제	'삼중국영화'	강 의
			세부 목표	중국 영화의 지역분화 현상에서 기인한 '삼중국영화'라는 명칭을 통해 중국영화의 개념을 살펴볼 수 있다.	
		3 교 시	세부 주제	'중국어영화'·'중국권 영화'·'화인영화'	강 의
			세부 목표	중국영화를 일컫는 명칭 가운데 '중국어 영화'와 '중국권 영화'·'화인영화'라는 개념의 의미와 특징을 비판적으로 이 해할 수 있다.	
			감상 영화	「와호장룡」 부분	
	수행과제	중국영화를 개념 규정하는 다양한 명칭들이 갖는 함의와 그 장·단점에 대하여 비판적으로 생각해 봅시다.			
3 주 차	주차 목표	중국영화를 독해하는 방법에 대한 원리를 이해할 수 있다.			
	학습 내용	학습주제		"중국영화를 어떻게 '읽을' 것인가"	강의방식
		1 교 시	세부 주제	'중국'과 '영화'	강 의
			세부 목표	중국영화를 잘 보고 해석할 수 있는 두 가지 측면의 방법 론을 이해할 수 있다.	
		2 교 시	세부 주제	영화의 특성	강 의
			세부 목표	중국영화를 잘 읽어내기 위한 방법론으로서 영화 미학의 기본적인 특성을 이해할 수 있다.	
			감상 영화	「북경 자전거」 부분	
		3 교 시	세부 주제	'중국'이라는 나라	강 의
			세부 목표	중국영화를 잘 '읽어내기' 위한 방법론으로서 중국적 특수 성 에 대한 이해의 필요성을 알 수 있다.	
			감상 영화	「붉은 수수밭」 부분	
	수행과제	중국영화 한 편을 선정하여 감상하고 그 속에서 영화적 언어와 중국적 요소를 각각 찾아봅시다.			

	주차 목표	중국영화의 역사적 흐름을 이해하는 두 가지 방식의 내용을 이해할 수 있다.			
4 주 차	학습 내용	학습주제		"중국영화사의 큰 흐름"	강의방식
		1 교 시	세부 주제	중국 영화사를 보는 두 관점	강 의
			세부 목표	중국 영화사를 파악하는 데 두 가지 대표적인 관점이 있음 을 알 수 있다.	
		2 교 시	세부 주제	연대기적 관점	강 의
			세부 목표	중국 영화사를 파악하는 방법 가운데 '연대기적 관점'의 구 체적인 내용과 그 장단점을 이해할 수 있다.	
		3 교 시	세부 주제	세대론적 관점	강 의
			세부 목표	중국영화사를 파악하는 방법 가운데 '세대론적 관점'의 구 체적인 내용과 그 장단점을 이해할 수 있다.	
	수행과제	「1」 중국 영화사의 각 세대별로 대표적인 작가(감독)와 작품을 더 조사해봅시다. 「2」 조사한 자료를 바탕으로 구할 수 있는 영화들을 감상하고 각 세대별 영화 　 의 특징을 살펴봅시다.			
5 주 차	주차 목표	중국영화의 큰 축을 형성해온 홍콩영화의 역사적 흐름을 이해할 수 있다.			
	학습 내용	학습주제		"홍콩영화의 흐름"	강의방식
		1 교 시	세부 주제	**1920-40년대의 홍콩 영화**	강 의
			세부 목표	중국영화의 비중 있는 한 축을 형성해왔던 초기 홍콩 영화 (1920-40년대)의 특징을 이해할 수 있다.	
			감상 영화	「화소홍련사」(서극) 부분	
		2 교 시	세부 주제	**1950-90년대의 홍콩 영화**	강 의
			세부 목표	중흥기에서 쇠퇴기에 이르는 1950-1990년대 홍콩 영화의 특징을 이해할 수 있다.	
			감상 영화	「신용문객잔」 부분, 「영웅본색」 부분, 「무간도」 부분	
		3 교 시	세부 주제	홍콩 영화의 역사적 의미	강 의
			세부 목표	지금까지 살펴본 간략한 홍콩영화의 흐름을 통해 홍콩영화 의 역사적 의미를 이해할 수 있다.	
	수행과제	「1」 홍콩 영화사에서 각 시대를 대표하는 영화인(감독, 배우)과 대표적인 작품 　 들을 정리해봅시다. 「2」 홍콩 영화에서 무협과 코미디 등 오락영화가 주류를 이룰 수밖에 없었던 　 원인을 생각해봅시다.			

	주차 목표	중국영화 중 독특한 역사적 배경을 가지고 있는 대만영화의 역사적 흐름을 이해할 수 있다.	
6 주 차		학습주제	"대만영화의 흐름"	강의방식
	학습 내용	1 교 시	세부 주제	**1980년대 이전의 대만영화**	강 의
			세부 목표	대만 영화가 본격적으로 시작되었다고 평가되는 1980년대 이전의 상황을 이해할 수 있다.	
		2 교 시	세부 주제	**대만영화의 '새 물결'**	강 의
			세부 목표	1980년대 일어난 대만영화의 '새 물결' 현상의 특징과 의 미를 이해할 수 있다.	
			감상 영화	「샌드위치맨」 전체, 「강」 부분	
		3 교 시	세부 주제	**허우샤오센과 대만영화**	강 의
			세부 목표	대만 영화의 새 물결 현상을 주도한 문제적 감독이자 거장 인 허우샤오센과 그 영화의 특징을 이해할 수 있다.	
			감상 영화	'허우샤오센 영화 모음', 「밀레니엄 맘보」 부분	
	수행과제	「1」 영화산업과 정치권력은 어떠한 관계에 있는지 대만의 경우를 예로 들어 생각해봅시다. 「2」 오늘날 대만영화 침체의 원인을 찾아보고 그를 타개할 수 있는 방법은 무 엇인지 생각해봅시다.	
	주차 목표	중국에 영화가 유입된 이후 본격적인 발전의 시기로 진입하기 이전까지 특징을 이 해할 수 있다.	
7 주 차		학습주제	"초기 중국영화의 특성"	강의방식
	학습 내용	1 교 시	세부 주제	**중국영화의 '선사기'**	강 의
			세부 목표	1896년부터 1904년까지 중국 영화의 '선사기'를 통해 중국 에 영화가 유입된 상황과 특성을 이해할 수 있다.	
		2 교 시	세부 주제	**최초의 중국영화**	강 의
			세부 목표	최초의 중국 영화 「정군산」의 촬영과정과 그 역사적 의미 를 이해할 수 있다.	
		3 교 시	세부 주제	**1920년대 중국영화**	강 의
			세부 목표	1920년대 중국 영화계의 활동상과 그 역사적 의미를 이해 할 수 있다.	
			감상 영화	「노동자의 사랑」 전체	
	수행과제	「1」 당시 중국 이외의 아시아 국가(한국, 일본, 인도) 등에는 어떻게 영화가 전래되었는지 알아봅시다. 「2」 1920년대 중국영화 중 구할 수 있는 작품들을 더 찾아보고 감상해봅시다.	

8 주차	중간고사				
9 주 차	주차 목표	1930년대 상하이라는 도시와 이를 배경으로 발전한 중국영화 산업에 대해 이해할 수 있다.			
	학습 내용	학습주제		"1930년대 상하이와 중국영화"	강의방식
		1 교 시	세부 주제	1930년대 상하이	강 의
			세부 목표	중국 영화사에 있어 최초의 중흥기를 이끌었던 1930년대 상하이라는 도시에 대하여 이해할 수 있다.	
		2 교 시	세부 주제	상하이의 중국 영화계	강 의
			세부 목표	1930년대 중국 상하이 영화계의 여러 면모를 이해할 수 있다.	
			감상 영화	「어부의 노래」 부분, 「거리의 천사」 부분	
		3 교 시	세부 주제	롼링위와 김염	강 의
			세부 목표	1930년대 상하이에서 가장 왕성한 활동을 보여주었던 두 배우 롼링위와 김염의 삶과 영화를 이해할 수 있다.	
			감상 영화	「신녀」 부분, 「대로」 부분	
	수행과제	「1」 영화 「완령옥」을 통해 1930년대 상하이의 영화계의 모습을 살펴봅시다. 「2」 김염의 일대기를 그린 책을 찾아 읽어봅시다.			
10 주 차	주차 목표	사회주의 중국의 수립 이후 전개된 새로운 문화적 환경에 따라 조성된 중국영화의 특징을 이해할 수 있다.			
	학습 내용	학습주제		"사회주의 국가권력과 중국영화"	강의방식
		1 교 시	세부 주제	국가권력과 문화권력	강 의
			세부 목표	국가권력과 문화권력의 상관관계를 일반론적으로 이해할 수 있다.	
		2 교 시	세부 주제	사회주의 중국의 국가권력	강 의
			세부 목표	사회주의 중국의 국가권력의 형성과정을 역사적으로 이해하 고, 「옌 안문예좌담회에서의 연설」의 내용을 이해할 수 있다.	
		3 교 시	세부 주제	문화대혁명과 중국영화	강 의
			세부 목표	문화대혁명 당시 모범극과 모범영화를 중심으로 한 중국영 화(공연예술)의 존재 양상을 이해할 수 있다.	
			감상 영화	「붉은 낭자군」 부분, 「꾀로 웨이후산을 얻다」 부분	
	수행과제	국가권력과 문화권력은 갈등을 일으킬 수밖에 없는지, 그렇지 않으면 협조할 수도 있는지, 그렇다면 어떤 상황에서 그러한 갈등과 협조가 일어나는지 생각 해봅시다.			

	주차목표			개혁개방 이후 등장한 5세대 감독들을 중심으로 한 중국영화의 새로운 변화를 이해할 수 있다.	
11 주 차	학습 내용	학습주제		"5세대와 중국영화"	강의방식
		1 교 시	세부주제	5세대의 등장	강 의
			세부목표	1980년대 개혁개방이 시작된 이후 중국 영화계에 5세대 감독이 등장하게 된 배경을 이해할 수 있다.	
			감상영화	「하나와 여덟」 부분	
		2 교 시	세부주제	5세대 영화의 특징	강 의
			세부목표	제5세대 영화의 전반적인 특징을 이해할 수 있다.	
			감상영화	「황토지」 부분	
		3 교 시	세부주제	장이머우, 그 신화와 권력	강 의
			세부목표	「영웅」과 「연인」을 중심으로 장이머우라는 감독과 그 영화 작품의 특성을 이해할 수 있다.	
			감상영화	「영웅」 부분, 「연인」 부분	
	수행과제			「1」 우리나라에 소개된 5세대 감독의 영화를 더 찾아봅시다.「2」 5세대 감독들과 장이머우의 영화를 자신의 입장에서 평가해봅시다.	
12 주 차	학습 내용	주차목표		새롭게 등장한 신세대(6세대) 감독들을 포함하여 1990년대 중국 영화와 그 특징을 이해할 수 있다.	
		학습주제		"중국영화가 서 있는 자리"	강의방식
		1 교 시	세부주제	새로운 세대(6세대)의 등장	강 의
			세부목표	5세대의 뒤를 이어 신세대(6세대)가 등장하게 된 중국의 사회·문화적 배경을 이해할 수 있다.	
		2 교 시	세부주제	저항 혹은 은폐	강 의
			세부목표	제6세대 영화의 주요 활동 감독과 '계보'를 이해할 수 있다.	
			감상영화	「북경녀석들」 부분, 「햇빛 쏟아지던 날들」 부분, 「수쥬」 부분	
		3 교 시	세부주제	'주선율' 영화와 '설날 영화'	강 의
			세부목표	오늘날 중국 영화의 한 흐름을 차지하고 있는 '주선율 영화'와 '설날영화(賀歲片)'를 이해할 수 있다.	
			감상영화	「아편전쟁」 부분, 「나의 1919」 부분, 「핸드폰」 부분	
	수행과제			「1」 우리나라에 소개된 신세대(6세대) 감독의 영화를 더 찾아보고 감상해 봅시다.「2」 신세대(6세대)영화와 주선율 영화의 의미와 가치를 비교·평가해봅시다.	

13 주 차	주차목표	중국영화의 정책, 조직, 시장에 대하여 개괄적으로 이해할 수 있다.			
	학습내용	학습주제		"중국영화의 정책, 조직, 시장"	강의방식
		1 교시	세부주제	중국영화의 정책과 시장(1)	강 의
			세부목표	중국의 문화정책의 골간을 통해 영화정책의 기조를 이해할 수 있다.	
		2 교시	세부주제	중국영화의 정책과 시장(2)	강 의
			세부목표	개혁개방 이후 중국 영화 정책의 변화를 단계별로 나누어 이해할 수 있다.	
		3 교시	세부주제	중국영화의 조직	강 의
			세부목표	중국 영화계를 이끌어가는 각 조직들의 명칭과 역할을 이해할 수 있다.	
	수행과제	「1」 영화정책의 중요성과 그것이 영화시장에 미치는 영향에 대하여 생각해봅시다. 「2」 우리나라의 스크린쿼터 제도 폐지 주장에 대하여 자신의 생각을 정리해봅시다.			
14 주 차	주차목표	전체 중국문예사에서 영화가 차지하는 지위 및 문학과 영화의 관계를 이해할 수 있다.			
	학습내용	학습주제		"중국의 문예와 영화"	강의방식
		1 교시	세부주제	중국문예사와 영화	강 의
			세부목표	중국 문예사에서 영화의 지위를 파악해볼 수 있다.	
		2 교시	세부주제	중국문예사에서 장르 교체의 의미	강 의
			세부목표	중국 문예사에서 장르 교체의 의미로서 영화의 위상을 살펴볼 수 있다.	
		3 교시	세부주제	중국 근현대소설의 영화화	강 의
			세부목표	중국 현대소설의 영화화 현상과 의미를 이해할 수 있다.	
			감상영화	「아Q정전」 부분, 「인생」 부분, 「동사서독」 부분	
	수행과제	「1」 영화장르를 교체할 만한 문예장르에 대하여 생각해봅시다. 「2」 중국현대소설을 영화화한 작품을 찾아보고 감상해봅시다.			

	주차 목표	오늘날 중국영화의 현실을 진단하고 그 미래를 예측, 전망해 볼 수 있다.			
15 주차	학습 내용	학습주제		"중국영화, 어디로 갈 것인가?"	강의방식
		1 교 시	세부 주제	오늘의 중국영화	강 의
			세부 목표	오늘날 중국영화의 상황에 대해 이해할 수 있다.	
		2 교 시	세부 주제	내일의 중국영화	강 의 토 론
			세부 목표	중국 영화의 앞날에 대한 전망을 할 수 있다.	
		3 교 시	세부 주제	총정리	강 의 토 론
			세부 목표	한 학기 강의를 전체적으로 정리하고 미진한 부분에 대하여 토론할 수 있다.	
	수행과제	「1」 중국영화의 앞날이 낙관적이려면 구체적으로 어떠한 영화가 만들어져야하는지 생각해봅시다. 「2」 한 학기 강의를 전체적으로 스스로 정리해봅시다.			
16 주차	기말고사				

이와 같은 수업유형은 전체적으로 중국영화의 큰 역사적 흐름을 바탕으로 하여 각 부문에 대한 총체적 이해를 가능하게 한다는 장점은 있으나, 교수자가 처음부터 끝까지 주도권을 쥐고 단방향적인 강의 위주로 수업이 진행된다는 점이나 구체적인 영화 작품에 대한 감상이나 그와 관련한 좀 더 깊이 있는 분석이나 토론이 이루어지기 어렵다는 단점이 있다.

2) 중국영화를 도구로 삼는 교과의 경우

다음 수업조직의 실례는 중국영화를 도구로 삼는 교과 유형으로 역시 3학점 3시간, 전체 16주를 기준으로 1개 학기를 운영할 경우이다.

교육 목적	중국의 영상 텍스트를 통해 인간 보편이 안고 있는 다양한 문제들에 대한 중국적 특수성을 이해하고 그를 참조체계 삼아 인류와 세계를 분석하고 그들이 직면한 각종 문제들에 대한 전망을 제시할 수 있는 인간 양성
교육 목표	1. 중국의 사회문화적 맥락에서 이슈화될 수 있는 문제들을 선정할 수 있다. 2. 중국의 사회문화를 잘 반영한 영화 작품들을 선정하고 이를 감상할 수 있다. 3. 감상한 영화의 분석을 통해 중국사회의 문제를 점검하고 비판할 수 있다. 4. 이를 우리 사회문화적 맥락에 적용하여 토론할 수 있다.

주차별 학습 계획					
1 주 차	주차 목표	전체 강좌의 구조와 수업 진행에 있어 학습자의 책임을 이해할 수 있다.			
	학습 내용	학습 주제	중국영화와 "여기, 오늘, 우리"		강의 방식
		제1 교시	세부 주제	강좌 소개	강의
			세부 목표	교수자 및 전체 교과목표, 진행 방식 등 소개	
		제2 교시	세부 주제	발표 모둠 및 토론 모둠 짜기	협의
			세부 목표	수업 참여 학습자 인원 비율에 따라 발표 모둠 및 토론 모둠을 짤 수 있다.	
		제3 교시	세부 주제	모둠 모임	모둠 토론
			세부 목표	편성된 모둠별로 이후 수업에 대비하여 모임을 진행할 수 있다	
2 주 차	주차 목표	장이머우의 영화 「홍등」을 바탕으로 중국의 여성문제를 이해할 수 있다.			
	학습 내용	학습 주제	젠더와 섹슈얼리티(1): 중국의 여성, 혹은 그 억압과 굴레의 역사		강의 방식
		감상 영화	「홍등」(장이머우)		
		제1 교시	세부 주제	장이머우와 「홍등」	모둠 발표
			세부 목표	장이머우 영화의 전반적인 특징 및 토론 작품 「홍등」에 대하여 이해할 수 있다.	
		제2 교시	세부 주제	「홍등」에 나타난 중국의 여성	지정/ 자유 토론
			세부 목표	중국 여성이 전통적으로 겪어 왔던 가부장적 문화 등에 대하여 토론할 수 있다.	
		제3 교시	세부 주제	「홍등」과 오늘날 여성문제를 보는 관점들	강의
			세부 목표	학습자들의 발표 중 미진한 점을 보완하고, 오늘날 중국의 여성문제를 보는 시각 및 그와 더불어 우리 사회의 여성문제에 대해서도 이해할 수 있다.	

3 주차	주차목표	쑤자오빈의 영화 「애정영약」을 바탕으로 대만의 청소년 문화 및 섹슈얼리티를 이해할 수 있다.			
	학습내용	학습주제	젠더와 섹슈얼리티(2): 성과 성장, 혹은 대만 소년의 훔쳐보기		강 의 방 식
		감상영화	「애정영약」(쑤자오빈)		
		제1교시	세부주제	쑤자오빈과 「애정영약」	모 둠 발 표
			세부목표	대만 감독 쑤자오빈에 대한 소개와 토론 작품 「애정영약」에 대하여 이해할 수 있다.	
		제2교시	세부주제	「애정영약」을 통해 본 대만 소년의 성과 사랑	지정/ 자유 토론
			세부목표	타이베이라는 현대 도시에서 성장해가며 성과 사랑에 자신의 방식대로 눈뜨는 소년의 모습을 통해 오늘날 대만 사회의 섹슈얼리티 문제를 토론할 수 있다.	
		제3교시	세부주제	「애정영약」과 성장통	강 의
			세부목표	학습자들의 발표 중 미진한 점을 보완하고, 오늘날 대만의 청소년 문제 및 섹슈얼리티를 보는 시각 및 우리 사회의 성 문제에 대해서도 고민할 수 있다.	
4 주차	주차목표	관진펑의 영화 「란위」을 바탕으로 중국의 동성애 문제를 이해할 수 있다.			
	학습내용	학습주제	젠더와 섹슈얼리티(3): 중국의 동성애, 신이 허락하고 인간이 금지한 사랑		강의 방식
		감상영화	「란위」(관진펑)		
		제1교시	세부주제	관진펑과 「란위」	모 둠 발 표
			세부목표	관진펑 영화의 전반적인 특징 및 토론 작품 「란위」에 대하여 이해할 수 있다.	
		제2교시	세부주제	「란위」에 나타난 중국의 동성애	지정/ 자유 토론
			세부목표	개혁개방 이후 중국 사회에 나타난 동성애 문화에 대하여 토론할 수 있다.	
		제3교시	세부주제	「란위」와 마이너리티	강 의
			세부목표	학습자들의 발표 중 미진한 점을 보완하고, 오늘날 중국의 동성애 문제를 포함한 마이너리티의 문제를 보는 시각과 우리 사회의 연관된 문제에 대하여도 고민할 수 있다.	

	주차 목표			러우예의 영화 「수쥬」를 바탕으로 중국의 도시 중 상하이를 이해할 수 있다.	
5 주 차	학습 내용	학습 주제		중국의 도시들(1): 상하이, 그 일곱 가지 빛깔들	강 의 방 식
		감상 영화		「수쥬」(러우예)	
		제 1 교시	세부 주제	러우예와 「수쥬」	모 둠 발 표
			세부 목표	중국영화의 신세대와 러우예 영화의 전반적인 특징 및 토론 작품 「수쥬」에 대하여 이해할 수 있다.	
		제 2 교시	세부 주제	「수쥬」에 나타난 상하이와 젊은이들	지정 / 자유 토론
			세부 목표	1990년대, 상하이에서 살아가는 젊은 남녀의 초상을 통해 오늘날 상하이의 모습을 토론할 수 있다.	
		제 3 교시	세부 주제	상하이와 도시문화	강 의
			세부 목표	학습자들의 발표 중 미진한 점을 보완하고, 오늘날 중국에서 가장 개방적인 도시 상하이 문제를 예컨대 서울과 비교하여 고민할 수 있다.	
6 주 차	주차 목표			왕샤오솨이의 영화 「북경 자전거」를 바탕으로 중국의 도시 중 베이징을 이해할 수 있다.	
	학습 내용	학습 주제		중국의 도시들(1): 베이징, '비환이합'의 사중주	강의방식
		감상 영화		「북경 자전거」(왕샤오솨이)	
		제 1 교시	세부 주제	왕샤오솨이와 「북경 자전거」	모 둠 발 표
			세부 목표	신세대 감독 중 하나인 왕샤오솨이 영화의 전반적인 특징 및 토론 작품 「북경 자전거」에 대하여 이해할 수 있다.	
		제 2 교시	세부 주제	「북경 자전거」와 도시의 갈등	지정 / 자유 토론
			세부 목표	도농 갈등을 넘어서 도도 갈등마저 번져가고 있는 오늘, 성장하고 있는 소년의 눈으로 보는 베이징의 모습을 토론할 수 있다.	
		제 3 교시	세부 주제	베이징, 중국의 상징	강 의
			세부 목표	학습자들의 발표 중 미진한 점을 보완하고, 오늘날 중국의 상징으로 자리매김하고 있는 도시 베이징에 대한 문제를 이해할 수 있다.	

7 주 차	주차 목표	푸르트챈 영화 「리틀 청」을 바탕으로 중국의 도시 홍콩을 이해할 수 있다.			
	학습 내용	학습 주제	중국의 도시들(3): 홍콩, 금의환향인가 돌아온 탕아인가		강 의 방 식
		감상 영화	「리틀 청」(프루트챈)		
		제 1 교시	세부 주제	프루트 챈과 「리틀 청」	모 둠 발 표
			세부 목표	홍콩의 현실을 직시해온 감독 프루트챈 영화의 전반적인 특 징 및 토론 작품 「리틀 청」에 대하여 이해할 수 있다.	
		제 2 교시	세부 주제	「프루트챈」과 홍콩의 반환	지정/ 자유 토론
			세부 목표	'고국'으로의 귀환을 앞두고 있는 홍콩이라는 도시에서 벌어 지는 불법 체류 등 현실적 삶의 문제를 토론할 수 있다.	
		제 3 교시	세부 주제	홍콩, '비영비중' 혹은 '반영반중'	강 의
			세부 목표	학습자들의 발표 중 미진한 점을 보완하고, 홍콩과 홍콩인의 자기정체성 문제에 대한 고민을 통해 오늘날 도시인의 정체 성 문제까지 폭넓게 고민할 수 있다.	
8 주차	중간고사				
9 주 차	주차 목표	첸카이거의 영화 「투게더」를 바탕으로 현대 중국의 한 면모를 이해할 수 있다.			
	학습 내용	학습 주제	중국의 근대(1): 모던을 향한 대륙의 몸부림		강 의 방 식
		감상 영화	「투게더」(첸카이거)		
		제 1 교시	세부 주제	첸카이거와 「투게더」	모 둠 발 표
			세부 목표	첸카이거 감독의 필모그래피와 토론 작품 「투게더」에 대하여 이해할 수 있다.	
		제 2 교시	세부 주제	「투게더」와 중국의 근대	지정/ 자유 토론
			세부 목표	반제국을 통해 근대를 기획하고 완성하려 했던 중국의 모습 이 혼란스러워지고 있는 듯한 느낌을 주는 영화를 통해 중국 의 근대기획에 대한 문제를 토론할 수 있다.	
		제 3 교시	세부 주제	중국과 근대, 다양한 기획들	강 의
			세부 목표	학습자들의 발표 중 미진한 점을 보완하고, 오늘날 우리 삶에 서 '근대'라는 기표가 갖는 의미망을 이해할 수 있다.	

	주차 목표	허우샤오센의 영화 「비정성시」를 바탕으로 대만의 근대에 대하여 이해할 수 있다.			
10 주 차	학습 내용	학습 주제	중국의 근대(2): 모던과 대만의 상처		강 의 방 식
		감상 영화	「비정성시」(허우샤오센)		
		제 1 교시	세부 주제	허우샤오센과 「비정성시」	모 둠 발 표
			세부 목표	대만 영화를 넘어서 전세계 영화계의 거장의 반열에 오른 허우샤오센과 그 영화의 전반적인 특징 및 토론 작품 「비정성시」에 대하여 이해할 수 있다.	
		제 2 교시	세부 주제	「비정성시」와 또 다른 중국의 근대	지정 / 자유 토론
			세부 목표	대만의 근현대사가 안고 있는 역사적 상처에 직면했던 감독 허우샤오센의 작업을 통해 '중국'에서 벌어졌던 또 다른 근대 기획을 토론할 수 있다.	
		제 3 교시	세부 주제	근대가 남긴 상처들	강 의
			세부 목표	학습자들의 발표 중 미진한 점을 보완하고, 아시아의 근대가 남겨준 상처와 그 치유의 문제에 대하여 고민할 수 있다.	
11 주 차	주차 목표	장이머우의 영화 「영웅」을 바탕으로 중국의 민족주의를 이해할 수 있다.			
	학습 내용	학습 주제	민족(1): 누구를 위한 영웅인가		강 의 방 식
		감상 영화	「영웅」(장이머우)		
		제 1 교시	세부 주제	장이머우의 「영웅」	모 둠 발 표
			세부 목표	장이머우의 최근작 「영웅」에 대하여 이해할 수 있다.	
		제 2 교시	세부 주제	「영웅」과 중국의 민족주의	지정 / 자유 토론
			세부 목표	민족주의를 넘어서 강고한 중화주의의 부활을 예고하고 있는 중국 사회의 움직임과 그 권력 관계를 토론할 수 있다.	
		제 3 교시	세부 주제	민족주의, 자신을 지키는 '피'의 논리	강 의
			세부 목표	학습자들의 발표 중 미진한 점을 보완하고, 세계화 이면에서 또 다시 중무장한 채 등장한 오늘날 아시아의 민족에 관한 문제를 고민할 수 있다. 아울러 중국 무협 영화 장르에 대한 이해도 보충할 수 있다.	

12 주 차	주차 목표	루찬의 영화 「커커시리」를 바탕으로 중국의 소수민족의 삶을 이해할 수 있다.			
	학습 내용	학습 주제	민족(2): 소수민족, 저항과 타협 사이에서		강 의 방 식
		감상 영화	「커커시리」(루찬)		
		제 1 교시	세부 주제	루찬과 「커커시리」	모 둠 발 표
			세부 목표	중국의 신예감독 루찬과 그의 대작 「커커시리」에 대하여 이 해할 수 있다.	
		제 2 교시	세부 주제	「커커시리」와 중국 소수민족의 삶	지정/ 자유 토론
			세부 목표	'소수', 즉 마이너리티로서 살아갈 수밖에 없는 중국 소수민 족의 삶의 선택지에 대하여 토론할 수 있다.	
		제 3 교시	세부 주제	소수민족, 생존과 저항, 그리고 타협	강 의
			세부 목표	학습자들의 발표 중 미진한 점을 보완하고, 중국 내부에서 또 다른 갈등으로 내면화되어 있는 소수민족의 삶에 대하여 이 해할 수 있다.	
13 주 차	주차 목표	장원의 영화 「햇빛 쏟아지던 날들」을 바탕으로 중국의 문화대혁명과 그 후유 현상 을 이해할 수 있다.			
	학습 내용	학습 주제	혁명: 찬란했던 태양, 짙고 검은 그림자		강 의 방 식
		감상 영화	「햇빛 쏟아지던 날들」(장원)		
		제 1 교시	세부 주제	장원과 「햇빛 쏟아지던 날들」	모 둠 발 표
			세부 목표	신세대 감독 장원과 토론 영화 「햇빛 쏟아지던 날들」에 대하 여 이해할 수 있다.	
		제 2 교시	세부 주제	「햇빛 쏟아지던 날들」과 문화대혁명	지정/ 자유 토론
			세부 목표	문화대혁명의 광풍 속에서 찬란했던 태양의 모습을 그려낸 영 화를 통해 '문혁'에 대한 평가 문제를 함께 토론할 수 있다.	
		제 3 교시	세부 주제	문화대혁명과 후유 현상	강 의
			세부 목표	학습자들의 발표 중 미진한 점을 보완하고, 오늘날 문화대혁 명이 남겨놓은 중국 사회의 다양한 면모에 대하여 고민할 수 있다.	

14 주 차	주차 목표	펑샤오강의 영화 「핸드폰」을 바탕으로 중국의 가족 문제에 대하여 이해할 수 있다.			
	학습 내용	학습 주제	가족 혹은 오락(1): 해체와 통합 사이에서		강 의 방 식
		감상 영화	「핸드폰」(펑샤오강)		
		제 1 교시	세부 주제	펑샤오강과 「핸드폰」	모 둠 발 표
			세부 목표	'설날영화'로 중국 내에서 가장 높은 주가를 올리고 있는 펑샤오강과 토론 영화 「핸드폰」에 대하여 이해할 수 있다.	
		제 2 교시	세부 주제	「핸드폰」과 중국의 가족	지정/ 자유 토론
			세부 목표	개혁개방 이후 변모하는 중국 사회 가족의 문제를 통해 오늘날 급변하는 중국의 한 면모를 토론할 수 있다.	
		제 3 교시	세부 주제	가족, 공고한 이데올로기	강 의
			세부 목표	학습자들의 발표 중 미진한 점을 보완하고, 오늘날 가족이 우리에게 던져주는 의미를 함께 고민할 수 있다.	
15 주 차	주차 목표	저우싱츠의 영화 「소림축구」를 바탕으로 중국의 코미디와 '웃음'의 의미를 이해할 수 있다.			
	학습 내용	학습 주제	가족 혹은 오락(2): 즐겁고 신나는 놀이로서의 영화		강 의 방 식
		감상 영화	「소림축구」(저우싱츠)		
		제 1 교시	세부 주제	저우싱츠와 「소림축구」	모 둠 발 표
			세부 목표	홍콩의 대표적인 오락영화 감독 저우싱츠와 토론 영화 「소림축구」에 대하여 이해할 수 있다.	
		제 2 교시	세부 주제	「소림축구」와 코미디	지정/ 자유 토론
			세부 목표	끊임없이 코미디에 대한 고민을 통해 나름대로 홍콩 영화의 코미디 장르를 계승하고 있는 저우싱츠의 영화를 통해 홍콩 혹은 중국 사회에서 영화를 통한 오락의 의미가 무엇인지 토론할 수 있다.	
		제 3 교시	세부 주제	오락으로서의 영화	강 의
			세부 목표	학습자들의 발표 중 미진한 점을 보완하고, 오늘날 중국은 물론 우리에게 있어서도 오락의 도구로서 영화의 위상에 대하여 함께 고민할 수 있다.	
16 주차	기말고사				

이와 같은 수업유형의 경우 교수자는 전체적인 안내자와 정리자로서의 역할만을 감당하게 되며, 수업의 주도권은 전체적으로 학습자들에게 넘겨지게 된다. 교수자는 이를 위하여 사전에 각 모둠별로 발표 모둠이 담당해야 할 최소한의 내용에 대하여 지도하여야 하며(예컨대, 해당 감독의 필모그래피, 해당 영화의 개요 즉 제작년도·수상사항·상영여부·관객 반응 등과 해당 영화의 플롯, 출연 배우의 특징, 그리고 주어진 핵심 주제에 대한 발표 모둠의 견해 등) 발표 시간 등을 조절할 수 있도록 안내하여야 한다. 발표 모둠의 경우 1개 모둠별로 3-4인이 가장 적당한 것으로 판단되는 바, 이와 같은 수업유형을 운영하기 위해서는 현실적으로 전체 학습자 인원수가 구체적인 영화작품을 감상하고 토론할 수 있는 최대 주수 곱하기 3-4인이 넘어서는 곤란하다. 예컨대 영화작품 토론 가능 주수를 13주로 설정할 경우(제1주차와 중간고사, 기말고사 제외) 최대 50명 이내가 바람직하다. 또한 이 유형에 있어서는 해당 영화를 수업 시간에 함께 관람하는 것이 시간의 제약 때문에 불가능하므로 학습자들은 사전에 이를 모두 감상하여야 하는 전제 조건이 있다. 교수자는 이를 위하여 되도록 국내에 소개된 영화를 선정해야 할 필요가 있으며(만일 교양과목으로 진행되는 수업일 경우 중국어 원어를 이해하지 못하는 학습자가 대다수일 터이므로 반드시 한국어 번역 자막이 제공되는 영화를 선정해야 한다) 부득이하여 그렇지 못할 경우에는, 해당 영화를 별도로 학습자에게 제공하거나 수업 이외에 별도의 시간을 할애하여 해당 영화를 상영할 수 있도록 준비하여야 한다. 아울러 토론이 활발하게 이루어지기 위하여 (글쓴이의 경우에는) 특정 발표 모둠을 상대로 별도의 모둠이 해당 영화와 주제에 대하여 지정 질의를 하도록 수업을 조직하였으며, 각 주별로 발표나 지정 질의에 해당하지 않는 학습자의 경우에는 개인별로 각 영화를 감상한 이후 함께 토론하고 싶은 문제 거리를 간략하게 작성하여(16절 1쪽 분량, 질의 항목 3-4개) 수업 이전 3-4일전까지 전자우편을 통하여 제출하도록 유도하였다.

이 경우, 교수자는 사전에 이를 모두 점검하고 학습자의 의문사항이나 주요하게 토론할 만한 논쟁거리들을 일목요연하게 정리하여 실제 수업에서 이들을 배려해야 한다. 따라서 이와 같은 유형의 경우에는 별도로 수행과제를 부여하기에는 학습자의 부담이 가중되어 적절치 못한 것으로 판단된다. 이 유형은 앞서 제기한 유형보다 교수자가 전면에 나서는 시간은 줄어들지만 그에 못지않게 사전에 철저한 준비와 조직을 해두지 않으면 수업 전체의 구조가 산만해질 위험이 있다. 반면, 당연히 학습자의 적극적인 참여를 유도하고 활발한 토론으로 특정 사안에 대하여 사고를 심화할 수 있다는 장점을 갖는다.

3) 절충형의 경우

절충형의 경우란 앞에서 소개했던 두 가지 유형이 갖고 있는 각각의 장점을 혼합하여 수업을 조직하는 경우를 말한다. 이와 같은 경우 예컨대, 중국영화 자체를 목적으로 삼는 유형의 제1주차부터 제6주차까지('우리가 보았던 중국영화들', '중국영화의 개념', '중국영화를 어떻게 읽을 것인가', '중국영화의 큰 흐름', '홍콩영화의 흐름', '대만영화의 흐름')를 교수자가 직접 강의하는 방식으로 진행하고 나머지 주차별 학습 중 평가주차(중간기말고사)를 제외한 8주 동안을 중국영화를 도구로 삼는 유형을 축약하여 조직할 수 있다. 이러한 절충형은 두 유형의 장점을 동시에 수용할 수 있다는 장점이 있으나, 모둠 발표 횟수가 그만큼 적어지게 되므로 인원이 많을 경우 일부 학습자가 발표에 참여하지 못하는 경우도 발생할 수 있다(그에 대비하여 교수자는 별도의 과제를 부여할 준비를 할 필요가 있다).

이와 같이 구체적인 유형의 실례를 가지고 살펴본 바에 의하면 앞서 진행되었던 논의에서의 기우가 어느 정도 해소되었으리라 짐작된다. 즉 중국영화 자체를 목적으로 삼는 경우와 중국영화를 도구로 삼는 경우의 유형이 상호 대립 관계에 있지 않다는 점은, 전자의 경우가 중국의 영화를 설명하고 교육하기 위하여 다양한 사회·문화적 맥락을 끌어들이고 있으며 후자 또한 중국 사회와 문화를 설명하고 교육하기 위하여 선택된 영화 자체와 그 감독에 대한 논의를 끌어들이고 있다는 사실에서 확인된다. 다시 부언하면 전자의 경우 중국영화사에 대한 고민을 주선으로 하여 중국사회에 대한 고민을 아우르고 있으며 후자의 경우 폭넓은 인문사회과학적 입장에 바탕을 두고 중국사회·문화에 대한 고민을 주선으로 하여 중국 영화에 대한 고민을 아우르고 있는 셈이다. 후자의 경우 성별, 계급, 인종, 종교, 민족 등 특정한 주제의 선정은 곧 인간과 세계를 보는 대한 교수자의 견해가 반영될 수밖에 없다. 또한, 전자의 경우 중국 영화의 역사성에 대한 강점을 보이고 있으나 후자의 경우에는 영화의 선택이 대부분 공시적 영역에 머물게 될 개연성이 있으며 특정 작가 위주로 영화를 선택하게 된다는 점 그 때문에 오히려 중국영화를 다루면서 자칫 '부록' 취급당할 수 있는 대만영화나 홍콩영화에 대한 선택지가 많아진다는 점 등은 저마다 안팎으로 각각 장·단점을 만들어낸다.

4. 남는 문제들

구체적인 수업과 관련하여 언급하고 싶은 몇 가지 문제들은 여전히 남아 있다. 다음은 지금까지 교육의 주체와 내용, 대상 등을 위주로 논의를 전개하여 왔기에 불가불 그 과정에서 누락되고 말았던, 그러나 실제로 중국영화교육을 수행하면서 반드시 염두에 두어야 할 몇몇 구체적인 측면에 관한 언급이다.

첫째, 수업조직에 있어 영화 감상 방식의 문제, 영화교육에서 가장 곤란한 점 가운데 하나는 영화를 '어떻게' 볼 것인가의 문제이다. 중국영화교육이 5-6시간 정도 배정될 수 있다면 그 중 2시간 안팎을 전체 영화 감상에 할애하고 나머지 2-3시간을 그에 관한 강의 혹은 토론 수업으로 조직할 수 있겠지만 이는 현실적으로 매우 어려운 일이다. 따라서 간혹 영화 감상은 2-3시간으로 구성된 수업의 '대용'으로 "영화나 한 편 보여주고 마는" 방식으로 안이하게 활용되기도 한다. 그 대안으로 격주로 영화감상 및 강의 / 토론의 형태를 상정해 볼 수도 있을 텐데 그 경우에도 마찬가지로 시간의 누수 현상은 심각할 뿐이다. 따라서 앞서 제기했던 중국영화를 자체로 목적으로 삼는 수업 유형에서는 중요한 영화들을 부분 감상(5분 안팎)하거나, 중국영화를 도구로 삼는 유형에서는 학습자들에게 자율적으로 영화감상을 유도하고 그에 관한 최소한의 확인 장치만을 구비하였던 것이다. 이와는 또 다른 대안으로 우선, 특정한 영화를 교수자가 짧게 편집하여 보여주는 방식이 있을 수 있다. 그러나 이 방식은 영화의 전체 내용을 이해한다는 측면에서는 의미가 있을지 몰라도 영화 한 편을 감상한다는 본질적인 의미를 충족시키기에는 역시 역부족이라 하겠다. 그렇다면 다른 대안으로 전체 학습자를 대상으로 하는 영화 상영이 반드시 필요한 경우라면 별도의 시간과 장소를 선정하여 이를 진행하는 수밖에 없을 것이라 생각된다. 그에 따라 교수자의 노력이 배가됨은 당연하다. 이쯤에서 다시 떠오르는 문학교육에의 유비! 예를 들어 (독해 교육이 아닌) 소설교육이라 할 때 특정 소설에 대한 독서 감상은 학습자들에게 어떻게 유도되는가를 생각해보면 결국 작품 감상에 대한 몇몇 예외적인 경우를 제외하고는 학습자들에게 자율적으로 맡겨져야 하며 그에 관한 확인 장치를 확보하면 되는 것 아닐까.

둘째, 교육환경의 문제. 교육환경의 문제는 수업 공간이 갖추어야 할 요건과 그 구성에 관한 것으로 다음과 같이 몇 가지 측면의 내용을 고려해야 할 필요가 있다.

우선 교육공학적 측면에서 강의실 내부의 관련 설비에 관한 문제이다. 영화교육을 수행함에 있어 관련 설비의 안정적 구비와 운용은 필수불가결한 요소이다. 이는 매우 상식적인 언급인 듯하지만 현실적으로는 이들 설비에 종종 문제가 발생하기도 하기 때문에 교수자는 이에 관하여 반드시 확인할 필요가 있다. 문제의 발생은 설비 자체의 결함에서 비롯되는 경우와 교수자의 조작 미숙으로 비롯되는 경우로 다시 나눌 수 있다. 짧은 시간일지라도 영화 감상을 원활히 지원할 수 있는 영상 구현설비 즉 컴퓨터 하드웨어와 소프트웨어 및 비디오 플레이어 디브이디 플레이어 등과 음향시설, 스크린 시설 등이 잘 갖추어져 있어야 함은 물론이다. 또한 교수자는 이의 원활한 조작을 위해 관련 설비에 관해 사전에 숙지하고 있어야 하며 예기치 못한 만일의 상황에 대비하여 관련 부서의 기술담당 책임자의 긴급 연락처 또한 확보하고 있어야 수업의 손실을 최소화할 수 있다.

또한, 수업 공간의 배치 문제 또한 고려하지 않을 수 없다. 이는 다시 학습자의 인원수 문제와도 연관되는데, 앞서 지적한 바와 같이 중국 영화를 도구로 삼는 수업 유형의 경우 최대 50명이 넘지 않는 것이 바람직하지만, 중국영화를 목적으로 삼는 수업 유형의 경우 주로 '강의' 방식이 활용될 수 있으므로 (물론 이 유형에서도 조사발표가 불가능한 것은 아니다.) 학습자의 인원수가 상대적으로 폭이 넓어질 것이다. 학습자 인원수와 수업유형에 따라 교수자는 다음 그림과 같은 수업 공간 배치를 시도할 수 있을 것이다.

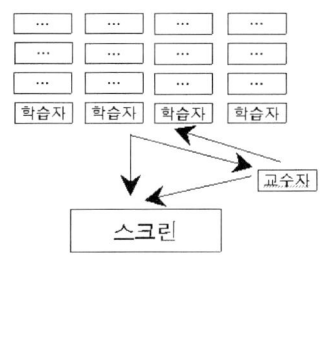

「그림2: 수업공간의 배치(1)」

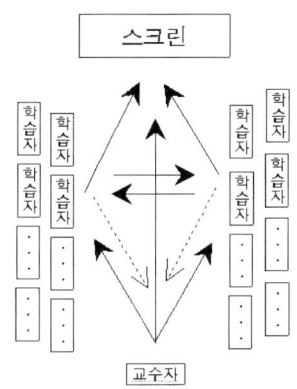

「그림3: 수업공간의 배치(2)」

셋째, 교육평가의 문제. 교육평가의 문제는 어떤 수업에 있어서나 매우 큰 비중을 차지한다. 이 글에서는 본격적으로 이를 다룰 수 없어 아쉬웠으나 평가는 학습자 개개인의 교육목적 및 목표의 달성 정도를 측정한다는 의미에서 뿐 아니라 학습자들로부터의 가장 현실적이고 실제적인 피드백의 결과라는 점에 있어서도 교수자의 후속 수업 조직에 매우 큰 도움을 줄 수 있기 때문이다. 평가는 수업유형에 따라서도 달라질 것은 자명한 사실이며, 이는 단편적인 지식에 대한 물음에서부터 특정 주제에 대한 자신의 견해를 논술하는 방식에 이르기까지 다양하게 구성될 수 있다. 평가의 유형 또한 지필고사는 물론이요, 과제물의 제출, 혹은 면담고사, 임의로 구성한 모둠토론 등도 다양하게 활용되거나 개발될 수 있는 여지가 충분히 남아 있다. 아울러 평가는 상대평가 혹은 절대평가 등과 같은 그 기준에 따라서도 현실적으로 달라질 수밖에 없을 것이다. 이러한 문제점들에 관해서도 지속적으로 연구 및 조사가 필요하리라 여겨진다.

넷째, 교재의 문제. 앞의 글에서 혹시 교재의 문제를 전혀 언급하지 않았다고 판단한다면 이는 전통적인 사고에 따른 교재를 염두에 두고 있는 것이리라. 이미 글쓴이는 수업조직을 논의하는 과정에서 매우 다양한 영상교재에 대하여 언급한 바 있다. 중국영화교육에 있어서 가장 중요한 교재는 영상물일 수밖에 없기 때문이다. 다만, 예를 들어 중국 영화 자체를 목적으로 삼는 유형의 경우 교수자의 강의내용을 일목요 연하게 정리하여 문자교재로 제공할 수 있다면 학습자들 입장에서는 유효한 교보재로 활용될 수 있을 것이다. 아울러 중국영화와 관련하여 한국 내에서 출판된 단행본 도서 중 학습자들에게 현실적으로 제공할 수 있는 개괄적인 성격의 문자 교보재를 예거하면 다음과 같다.

> 이종희, 『중국영화의 어제 오늘 내일』, 서울: 책세상, 2000
> Stefan Kramer, 황진자 옮김, 『중국영화사』, 서울: 이산, 2000
> 오현리, 『중국무협영화 I·II』, 서울: 한숲출판사, 2001
> 尹鴻, 이종희 옮김, 『중국영상문화의 이해』, 서울: 학고방, 2002
> 陸弘石 外, 김정욱 옮김, 『차이나 시네마』, 서울: 동인, 2002
> 임대근, 『중국영화 이야기』, 서울: 살림, 2004

이 밖에도 각종의 좀 더 전문적이고 구체적인 주제를 다룬 도서들도 속속 출간되고 있으며, 중국이나 미국, 일본 등지에서 출판된 도서들도 참고교재로 제공될 수 있을 것이다. 아울러 『씨네21』이나 『KINO』(2003 년 7월호로 폐간)의 과월호 등과 같은 각종 영화 잡지의 기사들이나 인터넷 자료(예컨대 '銀海網' 「http://www.filmsea.com」이나 '文化研究' 「http://www.culstudies.com」 등은 중국영화와 관련한 매우 유용한 현지 의 목소리를 전해준다.) 등도 효과적인 참고자료로 활용될 수 있을 것 이다. 수업조직의 실례에서 미처 일일이 제시하지는 못했으나 위에서 소개한 개괄적인 성격의 도서는 물론 중국영화를 도구로 삼는 유형의 수업을 진행하면서 각 주차별 영화와 주제에 부합하는 짧은 논문이나 칼럼 등의 목록을 학습자들에게 제시하고 이를 숙독한 뒤 수업에 임하 도록 권고한 경험도 있다.

5. 맺음말을 대신하여:
중국영화교육을 위한 몇 가지 제언

지금까지 중국영화교육에 관한 몇 가지 논의의 전제들로부터 출발하여 매우 구체적인 수업의 유형까지 정리하여 제시해보았다. 이제 글을 마무리함에 있어 앞서의 논의를 다시 한 번 간략히 되새김하면서 그에 따라 향후 중국영화교육을 수행함에 있어 필요하리라 생각되는 내용들을 몇 가지 측면에서 제기해보고자 한다.

첫째, 중어중문학 부류 학과 혹은 전공에서 중국영화를 교육하는 데 대한 근본적인 고민이 지속되어야 할 것이다. 이는 자칫 영화교육이 일시의 시류에 영합하는 행위라는 시선에 대한 회의이기도 하다. 앞으로 영상문화는 지속적으로 새로운 장르들과 더불어 발전할 것이다. 그렇다면 중어중문학과 부류에서 비단 영화뿐만 아니라, 사진이나 회화(미술), 혹은 영화의 뒤를 이어 강력하게 대중성을 확보하고 있는 텔레비전 드라마, 광고, 게임 등에 관한 교육도 가능한 것인지에 대한 본질적 고민 없이 영화교육을 받아들일 수는 없을 것이다. 이는 물론 중어중문학과 설치의 본령은 무엇인가라는 의문으로도 연결되어야 할 것이며 나아가 '중어중문'이라는 기표가 갖는 기의에 관한 고민으로 발전되어야 할 것이다.

둘째, 교육학적 입장에서의 고민이 절실히 요구된다. 중국영화교육은 앞서도 지적한 바와 같이 교육철학, 교육심리학, 교육공학, 교육평가 등의 문제와 긴밀하게 연관되어 있다. 교수자의 입장에서 이와 같은 연관성에 대한 고민이 진지하게 병행되지 못한다면 수업 현장에서의 예기치 못한 난관들에 봉착하고 말 것이다. 실례로 수업에 임하는 최근 대학생 세대의 심리구조에 대한 고민은 수업을 조직하고 운영함에 있어 필수 불가결한 교수자의 책무라 할 것이다.

셋째, 언제나 그렇듯 교육(수업)은 연구와 긴밀한 상관관계를 갖는다. 관련 분야의 지속적인 연구 성과의 축적이야말로 해당 교육을 더욱 알차게 수행할 수 있는 밑거름이 된다. 연구는 두 측면에서 병행되어야 한다. 하나는 중국영화에 관한 주제에 대해서도 지속적으로 이루어져야 하겠지만, 중국영화교육 그 자체에 대한 연구 또한 지속적으로 이루어짐으로써 그 성과에 따라 다양한 수업 유형이 개발되고 현장에서 활용될 수 있는 기틀을 마련할 것이다. 이를 위해서는 전문 연구 인력의 양성과 배출이 필수적일 것이다.

넷째, 중어중문학 부류 학과의 현실에 적합한 전문적으로 중국영화교육을 위한 교재에 대한 고민이 지속되어야 할 것이다. 최근 한국중국현대문학학회에서『중국영화강의』(가제, 근간) 및『영화로 읽는 중국』(가제, 근간)을 기획하고 출판을 준비하고 있는 상황은 그러한 노력의 일면을 보여주는 사례로 매우 고무적인 일이라 할 수 있다. 지금까지는 중국영화 관련 수업이 개설된 데 비하여 그에 걸맞은 교재가 갖추어져 있지 않아 갈증이 없지 않았던 면이 있다. 다만 영상교재를 학습자 개인 별로 제공하기에는 다양한 현실적 문제가 노정되어 있다는 점에서 지난한 일로 여겨진다. 완벽한 교재가 있을 수는 없겠으나 다양한 구상이 현실과 접목하면서 창의적인 교재가 지속적으로 발간될 수 있는 여건을 만들어가야 할 것이다.

【참고문헌】

「2004년도 영화교육 실시 및 영화전문강사 인력풀 운영 계획」, 서울: 문화관광부(영상진흥과)·한국영화학회(영화교육위원회), 2004

『2005년 교육통계 연보』, 서울: 교육인적자원부·한국교육개발원, 2005.9

『두산세계대백과사전』(http://www.encyber.com)

국립국어연구원, 『표준국어대사전』, 서울: 두산동아, 1999

한글학회, 『우리말 큰사전』, 서울: 어문각, 1992

박정원, 「디지털기반 중국어 강의설계와 소프트웨어 활용」, 『중국학연구』 제27집, 서울: 중국학연구회, 2004.3

손경옥, 「중국영화와 드라마를 통한 동의어 교육」, 『중국언어연구』 제11집, 서울: 한국중국언어학회, 2000.12

임대근, 「중국문예사에서 영화의 지위」, 『인문학연구』 제34집, 서울: 숭실대 인문과학연구소, 2004.12

김경일, 『지역연구의 역사와 이론』, 서울: 문화과학사, 1999

서경호, 『국내중국어문학연구논저목록(1945-1990)』, 서울: 정일출판사, 1991

영화진흥위원회교재편찬위원회, 『영화 '읽기'』, 서울: 커뮤니케이션북스, 2004

오현리, 『중국무협영화Ⅰ·Ⅱ』, 서울: 한숲출판사, 2001

이용남, 『교육학과 교육』, 서울: 교육과학사, 2002

이종희, 『중국영화의 어제 오늘 내일』, 서울: 책세상, 2000

임대근, 『중국영화 이야기』, 서울: 살림, 2004

陸弘石 外, 김정욱 옮김, 『차이나 시네마』, 서울: 동인, 2002

尹鴻, 이종희 옮김, 『중국영상문화의 이해』, 서울: 학고방, 2002

Graeme Turner, 김연종 옮김, 『문화연구입문』, 한나래, 1995

James Monaco, 양윤모 옮김, 『영화, 어떻게 읽을 것인가?』, 서울: 혜서원, 1993

John Storey, *Cultural Theory and Popular Culture: An Introduction*, Pearson Education, 2001

Stefan Kramer, 황진자 옮김, 『중국영화사』, 서울: 이산, 2000

Yves Michud 외, 강주헌 옮김, 『문화란 무엇인가?』, 서울: 시공사, 2003,

II

중국 문화학의 제 면모

중국어와
중국문화,
어떻게 읽고
가르칠 것인가?

고대의 애정관

-漢代와 唐代 민간가요를 통해 본 애정표현

김현주

1. 서 론

인간이 部族사회를 이루고 지배와 피지배계급으로 공동생활을 영위하면서 다수의 민중의 사상과 감정은 문학이라는 도구로서 뚜렷이 부각되어왔다. 곧, 민간의 문학은 민중의 생활과 사상 감정을 반영하는 무대라 할 수 있는 것이다.

민간의 가요는 가창의 형식을 빌려 그들의 욕구를 전달하고, 그들의 경험을 서술하고, 애환을 풀어내며, 자신들의 사회제도와 자연의 현상들을 묘사한다. 고로 민간의 가요는 같은 역사, 지리, 사상, 사회의 배경을 갖는 한 국가 혹은 민족의 보편적 정서를 표현하는 도구라 할 수 있다.

각 시대는 또한 그 시대의 독특한 성격을 갖게 된다. 민간의 가요가

그 사회의 현상과 사회 구성원의 사상 감정을 반영하는 것이라면, 다시
말해 그것은 어떤 다른 형태의 문학보다 더 직접적이고 즉흥적이고 진
실하게 시대정신을 반영하고 있다는 것이다.

요컨대, 민간가요는 민중의 기본적인 욕구를 나타낸다는 보편성과,
그것이 시대와 지역에 따라 달리 표현된다는 특수성을 동시에 갖는다
는 의미다.

중국에 있어서 사회, 문화가 안정적으로 발전하고 대외적으로 교역과
영토확장에 있어서도 강성했던 시대는 B.C3C~A.D3C(B.C206~A.D 220)
의 漢대와 A.D7C~A.D10C(A.D618~A.D907)의 唐대라 할 수 있다.
이 두 시대는 서로 400년을 격하여 존립하였던 중국의 봉건사회시기로
서, 전 대의 분열되었던 국가가 통일되고 제도가 정비된 지 얼마 안
되어[1] 곧 건국된 왕조로서, 각각 400년, 300년의 장기간 중앙집권 체
제 하에서 경제적 부강과 사회적 안정을 누리거나 국가적 혼란을 맞아
사회구조 및 가치관의 변화를 일으키기도 하면서 지속적인 문화의 계
승과 창신을 거듭하였다.

먼저, **정치적**으로는 강한 중앙집권체제의 위용을 갖추어 밖으로는 영
토확장과 서역 각 국과의 교류를 도모하였고, 안으로는 전대의 제도를
공고히 하여 사회, 경제를 안정시켜 나갔다. 한대는 張騫의 원정을 계
기로 서역 제국을 복속시키고, 중국과 서방과의 교통로인 이른바 '실크
로드'가 개척되었고, 유교를 국교로서 확립시키고 郡兵을 폐지하는 등

---

1) 秦나라(B.C249~B.C207)는 춘추말엽의 혼란을 통일하여 중앙집권왕국을 건설
   한 지 40여년 만에 와해되었다. 그 사이에 중앙집권적인 여러 제도들을 정비
   하여 한나라에 이어줌으로써 한나라가 중국적 봉건사회로서의 문화를 형성하
   게 하였다. 隋나라(581~618)는 위진남북조 시기의 지방호족과 북방의 이민족
   을 대 통합하여 400년 만에 다시 중국을 재통일하였다. 정치, 경제, 사회적으
   로 전대의 다양한 장점들을 수용하여 새로운 통일국가로서의 통치구조를 공고
   히 하기 위해 문물제도의 기초를 완벽하게 다지고, 귀족관료의 세습을 억제하
   고 신흥지식계층을 형성하게 될 과거제를 실시한 수나라는 문화를 꽃피워보지
   도 못하고 통일 37년 만에 당나라에 정권을 내주게 되었다.

의 개혁으로 통일제국의 기초를 확립하였다. 당대 역시 서역. 인도와 소수민족들과의 교류가 활발하여 조공국이 극에 달했었다. 권력이 강성할수록 교화나 사기 고취를 위한 다양한 음악이 군주들에 의해 제창되었다는 점도 특기할 사실이다.

　사회, 문화적으로는 지배층의 착취와 전쟁 등으로 인한 부역, 또는 봉건예교로 인한 소수계층의 억압 등 그 사회가 안고 있는 치자와 피치자 간의 갈등이 있었던 반면, 전통적인 문화에 이민족의 문화가 유입되면서 민간의 생활을 풍요하게 한 융합의 단계가 있었다. 이 두 시기에는 이민족의 음악이 전통의 청상악과 어우러져서 새로운 이미지의 음악과 가사를 창작하게 한 주 요인이 된다. 한 무제 때 들어온 胡曲과 이에 영향을 받아 李延年에 의해 지어진 新聲 28곡²⁾이나 당대의 장단구가사는 외래음악과 중국의 전통음악이 융합하여 창작된 곡들이다.

　학술적으로는 한대와 당대 사이에 400여 년 간 존립했던 위진남북조 시대가 중국문학사상 중요한 전환점이 된 시기로서, 호족과 군벌들의 권력투쟁이 그치지 않는 시기였지만, 오히려 문학, 사상 방면에서는 순문학의 자각이 일어나고 개인의 삶을 사유하는 새로운 인생관이 출현하여 문학의 내용과 형식에 개성과 아름다움을 한껏 추구하려는 미문의식을 싹트게 하였으며, 전대에 없었던 다양한 장르와 작가와 문학이론을 형성하였다. 이는 곧 한대의 유가 중심적 학술과 공용성 문학의 내용에다가 아름답게 채색하여 당대로 이어주는 역할을 한 것이라 하겠다. 이러한 배경들은 그 시대의 민중의 일상생활과 인식체계의 형성에 일정한 관계를 갖고 민중의 삶을 지속보전 내지 변화, 발전시키는 영향력이 되고, 그것은 문학의 내용을 확대시켰다. 민중의 삶을 가장 극명하게 드러내는 문학형태는 민간의 시가라 할 수 있다.

　위와 같이 유사하거나 공통된 시대배경에서 생장한 민간의 가요는

---

　2) 崔豹, 『古今注』; "橫吹, 胡曲也. 博望侯z張騫入西域, 傳其法于西京, ……李延年因胡曲, 更造新聲二十八解"

'樂府詩'와 '曲子詞'로 나타나게 되었다. 이들이 중국민간가요의 발전 선상에서 어떻게 전통을 계승하고 새로운 문화를 형성하면서 민간의 사상 감정을 토로하는 지평를 넓혀갔는지는 검토의 여지가 있다.

민간의 가요는 구전되다가 문인의 시문집이나 역사서에 산재되어 문자로 정착하는 외에, 특수한 상황 하에 따로 기록, 보존되는 경우가 있다. 공자에 의해 정리된 周대의 『詩經. 國風』, 漢대 음악기관에서 수집한 樂府詩, 明대 馮夢龍이 엮은 山歌, 1930년대 北京大學을 중심으로 수집, 정리한 歌謠등이 그 좋은 예가 된다. 여기에 唐대 사원의 書生과 學僧에[3]의해 필사된 두루마리본 民間曲子가 있으니 그 내용과 규모에 있어 당대 민간가요집으로 보는 것이 무리가 없다.[4] 민간의 곡자는 당시의 시체와는 다른 체제로 불려졌고, 그것이 문인의 창작에 새로운 장을 열었다는 점에서 한대 악부시의 문학사적 가치와 견줄 수 있으므로, 이 두 시기 민간가요의 성립배경과 내용형식을 비교 고찰함으로써 민간가요의 어떠한 요소가 문인들의 주목을 받게 되고 그들의 손에 의해 다듬어지고 大雅之堂에 오르게 하였는가를 천착해간다면, 중국문학의 새로운 장르는 민간에서 연원 한다는 설[5]을 긍정하는 방증자료가 될 수 있을 것이다.

漢대의 樂府詩와 唐대 民間曲子는 상술한 바 비슷한 외재적 요인을 갖고 있기에 작품의 내용과 체제비교로서 공통점과 차이점을 도출해내어 중국 민간가요의 유변을 재 고찰하려는 데에서 본 연구의 출발점을 모색하고자 한다. 연구의 성격상 텍스트의 범위는 애정을 표현한 작품 중심으로 내용. 풍격의 비교를 선행할 것이며, 愛情의 主體인 작품 속의 女性을 통해 中國古代의 女性觀의 變化도 살펴볼 것이다.

---

3) 林聰明, 『敦煌文書學』, 134쪽, 新文豊出版公司,
4) 金賢珠, 『唐五代敦煌民歌』, 3쪽, 文史哲出版社
5) 胡適, 『白話文學史』; '一切新文學的來源都在民間. 民間的小兒女, 村夫農婦, 癡男怨女, 歌童舞妓, 彈唱的, 說書的, 都是文學上的新形式與新風格的創造者.', 13쪽, 文光圖書.

2. 연구대상의 민간가요로서의 淵源과 範疇

1) 한대민간가요 - 樂府詩

연원; 악부는 한대에 산생, 발전되었던 민간가요로서 당시 하층민의 생활과 그들의 사상감정이 반영된 가사다. 악부의 명칭은 秦代에 이미 있었던 음악을 관장하는 기관이며, 종묘제례의 예악을 지었다. 한대에 도 악부령이란 악관이 존재했었는데, 『漢書.藝文志.詩賦略』에 보면, '自 孝武立樂府而采歌謠, 于是有趙代之謳, 秦楚之風, 皆感于哀樂, 緣事而 發, 亦可以觀風俗, 知厚薄云.'(孝武帝때 악부를 세워 가요를 채집하니, 이에 趙, 代지방의 노래와 秦, 楚나라 풍의 노래가 있었다. 모두 슬픔 과 기쁨을 느끼고, 사실에 연유하여 일어나는 것이니, 또한 풍속을 살피 고 깊고 넓은 것을 알 수 있었다)라 기록되어 악부에서 채집된 민간가 요의 성격이 민중의 참다운 애환으로서 현실적인 사실임을 알 수 있다.

악부민가가 한대의 문학을 이야기하는데 중요한 까닭은 통치자의 강 력한 정치윤리가 그 사회와 문화의 성격을 통제하게 된 시대배경 때문 이다. 한 무제는 董仲舒의 大一統 이론을 받아들여 절대적 봉건왕권을 완성하고 유가적 사회계급의 당위를 세워 그 가운데 최고의 절대적인 위치에 황제를 놓았다. 이로써 유가 이외의 모든 학문은 전통의 주변으 로 쫓겨나고 유학은 봉건적 예교중심의 방향으로 전환되어 갔다. 이 때 문에 정치는 물론, 학술, 문화도 군주중심으로 바뀌어 갔고, 문학에 대 하여도 황실에 아부하는 도구로 전락하게 했다. 오로지 백성의 교화와 민정을 살핀다는 기능적 필요에 의해 채집된 악부의 민가만은 이러한 영향권을 비켜가 정치적 지배이념을 초월하는 진정한 문학의 모습을 보 전할 수 있었다.6) 악부는 성격상 『시경. 국풍』의 사실주의정신을 계승

하여, 魏대의 문인악부의 현실참여시를 낳게 하였고, 唐대의 신악부가
사회시를 창작하게 한 주요 맥을 이어주는 역할을 하였다. 체제 또한
중국 오언시의 연원이 되며 이는 악부시의 문학사상에서의 가장 큰 공
로라 할 수 있다.

범위, 악부는 귀족. 문인의 것, 외래의 것, 민간 채집한 것으로 구성되
고7), 민간의 악부는 크게 보통의 작품으로 악부의 채집. 수정을 거쳐 음
악을 넣은 가시, 음률을 잘 아는 문인이나 악공들이 창제한 가시로 대별
되며, 현존 악부민가의 대부분은 채시제도가 없어진 동한 시대의 것이다.

2) 당대민간가요 - 曲子詞

연원, 곡자사란 당대 민간에서 널리 유행되는 곡조 중에서 선택, 가공
되고 약간의 기교를 더한 음악, 즉 곡자에다가 노래할 수 있도록 가사를
전사한 형태를 말한다. 민간에 전하는 曲子가 호악의 영향을 받아 새로운
형태로 바뀌거나 악공, 가기들에 의해 더 다듬어져서 새로운 곡자가 되고,
처음의 형식보다는 더 높은 예술적 형식으로 발전하여 또 하나의 가곡이
되었다. 이는 민간의 小曲과도 같은 개념이며, 정제된 민간가요로서의 곡
자는 그 시대의 음악문학을 변화, 발전시키는 주 요인이 될 수 있다.8)

당대 민간의 곡자사는 1900년 돈황 막고굴 석실에서 발견된 가사며
약 500여수에 달한다. 이는 채시제도가 폐지되고 더구나 역사서나 문

6) 제도에 의해 채집된 민간가요가 『漢書.藝文志』에 따르면 314편으로 기록된 점
   으로 보아 당시 상당히 유행했음을 알 수 있지만, 작품이 문헌에 기록되어있지
   못한 원인 또한 동일한 이유에서 비롯된다. 즉 서민들의 애환을 담은 글은 봉
   건윤리에 용납될 수 없는 것이었고, 악부중의 郊廟가사나 문인의 賦와 政論文
   등 지배윤리에 합치되는 것만이 완전하게 전해지며 이러한 경향은 한동안 지
   속되었다.
7) 陸侃如, 『中國詩史』,169쪽, 作家出版社
8) 楊蔭瀏,, 『中國古代音樂史稿』 제2책, 2~3쪽

헌의 기록조차 없었던 당대를 대표하는 민간가요였다. 곧 정치적 지배이념에 의해 제도적으로 채집되거나 수정되지 않고, 내외연적 요인으로 말미암아 민간에 자연스럽게 생장, 구전되던 민간가요가 우연히 원래의 형태대로 필사되었다는 점에서 악부보다는 내용이나 제재가 더 다양하고 자유로우며 원형에 가까울 것이라는 뜻이다.

당대는 안으로 文治와 租庸調, 均田制 등을 실시하여 경제체제를 구축한 외에, 서역과 주변 소수민족들과의 통상, 문화 교류는 당 제국이 발전하는 외재적 인소가 되었다. 사상적으로는 외래의 불교가 유입. 정착되어 왕실의 보호를 받으며 학술, 제도에 영향을 미칠 만큼 이민족의 문화에 대해 상당히 개방되어 있었고, 그중 호악의 영향은 대단하였다. 궁중의 연회, 제례에 사용하는 음악에는 서역과 소수민족들의 전통음악들이 대형악곡으로 편입되었고, 당 중엽이후 급속히 민간으로 전해져 이미 민간에 들어와 있던 짧은 곡자들과 더불어 서민들의 문화오락을 풍요롭게 하였다. 이 가사들 중 상당부분은 도시의 술집과 기방에서 불려지고 다듬어지며 당시 상업의 발달로 인해 형성된 소시민계층의 오락욕구를 충족시킬 수 있었다.

한대와 六朝 때부터 악부에서 長短句의 형태가 생기고, 隋대에도 민간의 곡자가 유행했지만, 곡자사는 詩의 정형화가 정점에 달하여 문인들에게 식상이 되던 시기에 비로소 민간에서 불려지던 노래가 자연 부상한 것이며, 장단구의 변화 있는 체제와 이민족의 색다른 풍격을 갖춘 곡자는 문인의 손에 들어갈 수밖에 없었다. 이때는 상업이 성하고 安史의 亂 이후 사회구조의 갈등이 격화되면서 서민의 생활과 가치관은 다양해졌고 문학에 있어서도 기능성만이 아닌 작가의 개성과 독특한 풍격을 추구하고, 다원화된 사회와 문화 속에서 더욱 치밀하고 복잡한 사상감정의 표현으로 발전했다. 곡자사는 문인들에 의해 습작되면서 시와는 다른 詞라는 새로운 운문을 탄생시켰고, 晚唐. 五代의 숙주를 거쳐 송대를 대표하는 운문으로 발전되었다. 곡자사는 음악과 불가분의 관계를 맺고 있기 때문에 元대의 散曲에서는 대단한 성취를 얻었다.

범위, 곡자사는 종교성을 강하게 띤 佛曲歌辭를 제외한 것을 원칙적인 민간가요로 보아야 한다.9)

이상 악부시와 곡자사의 연원과 범위 등에 대하여 정리해 볼 때 이들 사이에 몇 가지 비교 점을 찾을 수 있다.

첫째, 악부시와 곡자사의 발생은 음악과의 일정한 관계를 갖고 있다. 중국의 詩歌發展史上 詩와 音樂과는 혹은 '以樂從詩' 혹은 '採詩入樂' 혹은 '倚聲塡詞'10)의 관계를 가지며 발전해왔으며, 악부시와 곡자사의 작품명에서도 음악적 성격이 현저히 드러난다.11) 악부시는 가사에 곡을 붙이는 것으로, 곡자사는 곡에다 가사를 써넣는 것으로서 음악을 수반했는데, 곡의 변화정도에 따라 장단구형식의 곡자사가 제언위주의 악부시보다 더 음악위주이며 절주감을 갖는다. 사와 음악은 발생이 더 밀접한 관계다. 초기의 단계에서 사는 단지 음악의 부속이었는데, 이점에서 사는 악부시와 아주 유사하다. 그러나 고악부는 대개가 도가였고 후에 음악을 아는 자들이 곡을 짓고 음악을 넣었으나, 사는 곡보를 주로 삼으니 먼저는 소리요 나중은 가사라는 말이다. 이점에서 사의 음악적 생명은 악부시보다 더욱 중요하다.12)

둘째, 악부와 곡자사의 발생배경이 하나는 정치이념을 실현하기 위한 제도에서 비롯되었고, 하나는 민간에서 우연히 기록한데서 비롯되었다.

---

9) 金賢珠, 『唐五代敦煌民歌』, 23,24쪽, 文史哲出版社
10) 王灼, 『碧溪漫志』卷一: "古人初不定聲律, 因所感發爲歌, 而聲律從之, 唐·虞禪代以來是也,餘波至西漢末始絶. 西漢時, 今之所謂古樂府者漸興, 晉魏爲盛, 隋氏取漢以來樂器·歌章·古調, 幷入淸樂, 餘波至李唐始絶. 唐中葉雖有古樂府, 而播在聲律則鮮矣. 士大夫作者,不過以詩一體自名耳. 盖隋以來, 今之所謂曲子者漸興, 至唐稍盛,今則繁聲淫奏, 殆不可教."에 의거한다면, 上古에서 漢代까지는 '以樂從詩', 漢代에서 六朝·隋까지는 '採詩入樂', 唐以後에는 '倚聲塡詞'의 관계로 표현 될 수 있다.
11) 악부시 제목의 '歌', '行', '曲', '吟'등 용어와, '南歌子', '菩薩蠻' 등의 곡자사의 제목들은 모두 노래할 수 있다는 의미이거나 음악의 곡조명을 나타낸다.
12) 劉大杰, 『中國文學發展史』, 504쪽, 華正書局, 1982年, 臺北

이러한 차이점을 가지면서도 두 형태의 민간가요는 사실을 쓰고 진실을 읊는다는 寫實主義 정신을 공통으로 견지하고 있다.

3. 애정표현

애정은 민간가요에서 가장 많이 노래하는 주제이며, 애정의 대상은 연인, 가족, 친구, 군주 등이고, 특히 남녀간의 애정과 관련된 일련의 복잡하게 얽힌 감정들이 주를 이룬다. 중국의 애정시는 문인들의 작품보다는 민간의 것이 소박하고 대담하며, 남성의 작품보다는 여성의 것이 순수하고 섬세하므로 민간여성의 작품에서 애정이라는 주제의 진정한 의미를 더 깊이 체험할 수 있다. 본고에서는 남녀의 애정이 사랑을 느낌, 만남, 사모함, 맹세, 서로 사랑함, 의심, 이별, 변심, 원망, 절개 등으로 나타나는 심리적 변화들이 악부시와 곡자사에서 어떠한 제재와 풍격으로 묘사하고 있는가를 살펴보고자 한다. 이 중에서 사랑의 맹세와 의심과 이별을 제재로 한 작품과 애정을 속박한 봉건예교에 대한 저항을 다룬 작품들을 중심으로 애정의 표현방식과 그 시대 여성관을 비교하여 고찰할 것이다.

중국인에게는 애정이 결혼과 절대적 관계를 갖는다. 자유연애, 순수한 사랑을 추구하는 남녀들의 궁극적 목표는 결혼과 원만한 가정을 이루는 것에 귀결되는데, 이는 유가의 사상이 지배하는 중국사회구조에서 결혼관과는 상치되는 점이다. 민간가요는 민간의 감정의 충실한 반영이지 비판과 고발의 도구는 아니며 사회제도에 대한 민간의 현실인식의 한계 때문에 시종일관 낭만적인 기교를 사용하여 직접적으로 기존윤리관에 대한 비판과 원망은 삼가고 있다. 그 원망의 화살은 당시의 모순된 봉건제도에 돌리기보다는 개개의 가해자들에게 돌려졌다.

1) 盟 誓

사랑의 맹세는 깊은 애정이 변함없을 것이라는 약속이며, 두 사람의
감정을 확인하는 표징이다. 악부 短簫饒歌의 「上邪」와 곡자사의 S.4332
「菩薩蠻」한 수는 맹세를 표현한 대표적인 작품이다.

악부시 「上邪」

上邪!	하늘이여,
我欲與君相知,	나는 그대와 서로 알고 지내고저
長命無絶衰.	오래 살도록 끊어지지 않으리
山無陵, 江水爲竭,	산에 언덕 없어지고 강물이 마르고
冬雷震震, 夏雨雪,	겨울에 천둥치고 여름에 눈 내린다 하여도,
天地合,	하늘과 땅이 맞닿는다 하여도
乃敢與君絶.	어찌 감히 그대와 헤어질 수 있으리.

곡자사 S.4332 「菩薩蠻」

枕前發盡千般願.	베개머리서 천번 만번 소원을 빌었는데,
要休且待靑山爛.	그만 두려 하나 청산이 닳아 없어질 때까지 기다리려네.
水面上秤錘浮.	물 위로 저울이 떠오르고,
直待黃河徹底枯.	황하의 물이 바닥까지 마르도록.
白日參辰現.	밝은 대낮에 삼신이 나타나고,
北斗迴南面.	북두성이 남쪽으로 돌도록.
休卽未能休.	그만 두려하나 능히 포기할 수 없어,
且待三更見日頭.	또한 한밤중에 해를 볼 수 있을 때까지 기다리려네.

두 작품은 사랑에 변함이 없음을 서약하는 내용이며, 도저히 발생할 수 없는 자연현상을 들어 견고한 태도를 나타냈다. 첫 번째 작품에서는 '山無陵', '江水爲竭', '冬雷震震', '夏雨雪', '天地合'이라는 불가능한 사건이 일어난다 해도 연인과 결별할 수 없다는 강렬한 애정을 부각시켰고, 두 번째 작품에서는 '靑山爛', '水面上秤砣浮', '黃河徹底枯', '白日參辰現', '北斗迴南面', '三更見日頭'의 여섯 가지 불가능한 일을 들어서 견고한 마음을 나타냈다. 가장 절대적이고 불변하는 자연현상을 비유로 자신의 마음을 드러내고자 하였고, 더욱이 그런 사건이 일어난다 해도 자신의 애정은 포기할 수 없다고 선언한다. 특히 악부시의 경우는 자연현상이 뒤바뀌어도 헤어질 수 없다는 순결하고 진솔한 감정을 나타냈고, 곡자사에 와서는 자연현상이 뒤바뀔 때까지는 사랑을 포기하지 않는다고 좀 더 완곡하게 표현하였다. 그러나 두 작자의 현재의 애정이 진실하고 강렬함에는 의심의 여지가 없다. 어투로 볼 때 여성의 입을 빌어 표현한 것이라 할 수 있다. 특히 「菩薩蠻」에서는 베갯머리에서의 간구, 그만두려 하다가 다시 불가능한 자연현상에 마음을 맡기고 다시 그만두려하다가 한밤에 해를 볼 수 있을 때까지 기다리겠다는 등의 심리적인 갈등의 연속을 잘 표현하고 있다. 이는 사랑을 맹세하기까지의 복잡한 내면의 갈등을 그대로 표현해내고자 하는 예술적 미감의식이 배어 있음을 말하는 것이며, 독자로 하여금 굴곡 있는 심리적 변화를 맛보게 한다. 내용을 통해 한대나 당대의 여성이 자유연애를 갈구하고 있고 정절을 중시하였음을 짐작할 수 있다.

2) 懷疑와 變心

사랑을 주제로 한 문학작품은 비극으로 끝을 맺는 것이 예술성이 높

다고 한다. 두 사람 사이의 감정은 가변성을 갖기 때문에 종종 회의 내
지 의심을 품게 한다. 애정시에서 많이 나타나는 제재는 이별이며 그
이유 중의 하나가 곧 의심과 회의인데, 일단 의심과 회의가 일어난 뒤
의 심리적 반응 또한 우리는 관찰해볼 수 있다. 이러한 내용을 강하게
표현한 작품이 두 민간가요에 공통적으로 포함되어 있다. 한대 短簫饒
歌의 「有所思」, 「冉冉孤生竹」, 「白頭吟」, 당대의 「南歌子」, 「望江南」,
「魚歌子」 등의 작품에는 변심한 남성을 기다리거나 원망 섞인 한탄을
하거나 증오하는 심리가 때로는 柔弱하게 때로는 悲慨적으로 묘사되어
있다.

악부시 「有所思」

有所思,	그리워하는 님은
乃在大海南.	대양의 남쪽에 있네.
何用問遺君?	무엇으로 그대에게 보내드리겠는가?
雙珠瑇瑁簪,	구슬이 두 줄로 늘어진 대모비녀를
用玉紹繚之.	옥으로 칭칭 감았다.
問君有他心,	듣건대 그대에게 딴 마음 있다하니
拉雜摧燒之.	끌어다 단숨에 불살라 버렸네
摧燒之,	불살라서
當風揚其灰.	바람에 그 재 날려버렸네.
從今以往,	이제 이후로는
勿復相思,	다시는 그리워하지 않을 것이며
相思與君絶.	그대와 서로 그리워함은 끝났다.
鷄鳴狗吠,	닭 울고 개 짖던 일
兄嫂當知之.	형수는 당연히 아실 터
妃呼狶,	에헤라—
秋風肅肅晨風颸,	가을바람 소슬하고 송골매 급히 날아가니
東方須臾高知之.	동쪽이 잠시 후면 밝아져 알 수 있겠지.

곡자사 P.3836　「南歌子」

斜影朱簾立,	주렴에 비스듬히 기대어 서서
情事共誰親.	정을 누구와 나누었는가?
分明面上指痕新.	뚜렷이 얼굴에 손톱 흔적이 새로이 났고
羅帶同心誰縮,	비단 끈 동심결은 누가 매어 주었는가?
甚人踏破裙.	어느 누가 치마를 짓밟아 찢어 놓았나?
蟬鬢因何亂,	매미모양 귀밑머리 무슨 연유로 헝클어졌나?
金釵爲甚分.	금비녀는 왜 부러졌나?
紅粧垂淚憶何君.	고운 화장에 눈물 떨어뜨리며 어느 님을 그리워했나?
分明殿前實說,	분명하게 집 앞에서 사실을 말하고
莫沉吟.	침묵하지 마시오.
自從君去後,	당신이 떠난 후로는
無心戀別人.	다른 사람 사랑할 마음 없었어요.
夢中面上指痕新.	꿈속에서 얼굴에 손톱자국 새로 났고
羅帶同心自縮,	비단 끈 동심결은 내가 맨 것이요.
被猻兒踏破裙.	원숭이에게 치마가 짓밟혀 찢어졌고
蟬鬢朱簾亂,	매미모양 귀밑머리는 발에 걸려 헝클어졌어요.
金釵舊股分.	금비녀는 오래되어 한쪽이 쪼개진 것이고
紅粧垂淚哭郎君.	고운 얼굴에 눈물 떨어뜨리는 것은 당신 때문에 운 것이에요.
妾是南山松栢,	믿음이 남산의 송백 같은데
無心戀別人.	딴 사람 사랑할 마음은 없었어요.

「有所思」는 연인에게 딴마음이 있음을 알고 정을 끊으려는 여성의 결별사요, 「南歌子」는 부역에서 돌아온 남편이 아내의 행색에 의심을 품고 질책하는 내용으로서, 민간가요로서 구가할 수 있는 통속적인 언어를 개성 있게 조화시킨 뛰어난 애정시이다. 첫 번째 작품은 잡언체의 장점을 이용하여 강개와 갈등의 정서를 포장하지 않고 진솔하게 묘사

하였는데, 그 분개가 '拉雜摧燒之, 摧燒之', '勿復相思, 相思與君絶'로 전후의 연쇄법을 사용함으로써 강하게 부각되었다. 그러나 '鷄鳴狗吠, 兄嫂當知之'에서는 옛날 밤새 함께 있던 일을 생각하고는 잠시 갈등하게 되며 결국 날이 밝으면, 즉 때가 되면 모든 것이 드러날 것이라는 데서 마음을 추스르려고 하였다.

두 번째 작품은 아내에 대해 의심이 일자 한 치의 여유도 주지 않고 연속적으로 질문을 퍼붓고, 이에 대해 해명하는 문답식 표현을 사용하였다. 질문의 성격은 모두 아내의 충정을 떠보는 어조이며 그 어투가 단호한데 반해, 답변하는 아내의 태도는 수동적이면서도 성실하고 지혜롭게 대답하려고 애쓰고 있다.

변심한 연인에 대한 남녀의 심적 분노는 일반적으로 동일하겠지만, 두 작품의 남성과 여성의 입장을 검토해보면 여성은 다분히 감정에 편향되고, 남성은 조목조목 죄를 캐묻는 이성적인 면을 보인다. 전편의 여성의 입장은 미련이 남아 있는 상태이고, 후편의 남성에게 있어서는 상대의 윤리관을 심문하려는 분위기를 느끼게 한다.

『禮記. 郊特牲』에 "信, 婦德也. 一與之齊, 終身不改, 故夫死不嫁" (신의는 부녀의 덕이다. 하나로 더불어 일치되어 종신토록 바꾸지 않으니, 지아비가 죽으면 개가하지 않는다.)라 하였으니, 곧 여성에게 있어서의 "信"이란 종속된 관계의 유지를 위한 정절을 지키는 것을 의미하고, 남성은 일방적으로 이를 강요할 수 있는 사회였기 때문에 그들은 수시로 이러한 봉건윤리를 내세워 여성의 인권을 구속할 수 있었다. 당시 봉건사회의 상황에 비추어보면 전편은 아주 개방적이고 진보적인 생각을 가진 인물임에 틀림없으나, 문화수준이 낮은 민중의 신분으로는 근본적인 문제의 인식은 없다.

변심한 상대에 대해 분노하는 강인한 모습이 있는 반면, 체념의 모습도 나타난다.

악부시 「白頭吟」

皚如山上雪,	희기는 산의 눈과도 같고
皎若雲間月.	밝기는 구름 사이 달빛 같은데
聞君有兩意,	듣기에 그대에게 두 마음 있다 하니
故來相決絶.	이제 서로 헤어지려 하네.
今日斗酒會,	오늘 한말 술로 만나고
明旦溝水頭.	내일 아침은 시내어구에서 헤어지겠군요.
蹀躞御溝上,	성내 시냇가를 걷노라니,
溝水東西流.	냇물은 동과 서로 나뉘어 가네.
凄凄重凄凄,	처량하고 또 처량하구나.
娶嫁亦不啼,	시집올 때 울 필요 없었는데.[13]
願得一心人,	원컨대 일편단심인 사람을 만나
白頭不相離.	흰머리 되도록 서로 헤어지지 않으려 했는데.
竹竿何嫋嫋,	낚싯대는 어찌 이리도 약할까
魚尾何蓰蓰.	물고기꼬리는 어찌 이리 길까
男兒重意氣,	남아는 뜻을 중히 여겨야지
何用錢刀爲?	어찌 금전과 무예가 소용 있겠는가.

곡자사 『敦煌零拾』「望江南」

天上月,	하늘에 달
遙望似一團銀.	멀리 보니 마치 둥근 은 같다.
夜久更闌風漸緊,	밤은 길고 간간이 일던 바람은 점점 심한데,
爲奴吹散月邊雲.	나를 위해 달 주위 구름을 불어 흩트리고,
照見負心人.	배신한 사람 비추어보고 있구나.

　같은 시대라 할지라도 일을 대하는 사람들의 태도는 다르다. 아마도
기혼 여성에게 있어서 남편의 외도는 막을 수 없고 저항할 수 없는 사

---

13) 『禮記』; "孔子曰, 嫁女之家, 三夜不息燭, 思相離也. 取婦之家, 三日不擧樂,
　思嗣親也."라 하였는데, 이로 미루어 고대에 여성이 출가할 때 반드시 이별을
　생각하여 슬피 울어야 했는데, 작품 중에서 '嫁娶不須啼'라 함은 결혼이 파탄
　이 났으니 당초 울 필요가 없었다, 라는 의미이다.

회 통념적인 묵인이었으며, 이는 일부일처제하에서도 강한 가부장제를 행했던 데서 나타난 폐해라 할 수 있다. 첫 번째 작품의 뒷부분은 여성의 결혼관을 피력하면서 남성에게 '錢刀'가 아닌'意氣'로서 아내를 취해야함을 완곡하게 표현하였다.[14] 두 번째 작품은 연인에 대한 의심을 그렸는데, 구체적으로 변심한 이유를 서술하지 않고 밝은 달이 그 사람의 마음을 훤하게 꿰뚫어볼 것이라 하여, 작품의 범위를 넓혔다.

애정에 대한 회의와 의심이 여성에게 두드러지는 이유는 남녀의 동등한 지위를 인정하지 않는데서, 한 남성으로부터 버림받는다는 것은 여성자신의 사회적, 도덕적, 경제적인 파멸을 의미하는 것이기 때문이며, 원망의 결국은 실연의 아픔과 더불어 장래 자신의 신세에 대한 걱정으로 이어지는 것이다. 여성은 사회적 피지배자의 입장이며 여성문제의 근본적인 원인에 대해서는 제대로 인식하거나 비판하지 못했고 여전히 당시 봉건예교 질서에 순종할 수밖에 없었다.

3) 離 別

사랑하는 사람들은 여러 가지 이유로 인해 이별하게 된다. 여기서의 이별이란 변절과 다른 개념이며 사회제도나 개인의 직업 등으로 헤어져야함을 의미한다. 상술한 바대로 애정시중에서 이별을 노래한 민간가요가 가장 많은데, 일찍이 楚辭에서 "悲莫悲兮生別離"[15](생이별만큼 슬픈 것은 없다.)라 했듯이 이별은 인간의 슬픔을 극대화할 수 있는 감정의 발로가 된다. 그 중에서도 이별 후 규방에서 집 떠난 자를 그리워하는 작품이 절대적으로 많다. 악부시중에 「艶歌何嘗行」, 「飮馬長城窟

---

14) 黃節, 『漢魏樂府風箋』; "謂女子所欲于男子者相知耳, 竹竿以釣而得魚, 猶男子以相知而得婦, 不在錢刀也"
15) 楚辭 「九歌. 少司令」; "樂莫樂兮新相知, 悲莫悲兮生別離……"

行」이나 곡자사중에 「天仙子」, 「破陣子」, 「五更轉.閨思」, 「鳳歸雲」, 「阿
曹婆」, 「雀踏枝」 등은 이별을 묘사한 작품들이다.

악부시 「飮馬長城窟行」

靑靑河畔草,	푸르른 강변의 풀을 보면
綿綿思遠道.	끊임없이 먼 길을 생각하노라
遠道不可思,	먼 길이라 생각할 수도 없지만
宿昔夢見之.	밤에는 꿈에서 만났네.
夢見在我傍,	꿈에 볼 땐 내 곁에 있었는데
忽覺在他鄕.	문득 깨면 타향이라.
他鄕各異縣,	타향의 서로 다른 마을을
展轉不相見.	이리저리 전전하다보니 만날 수 없구나.
枯桑知天風,	마른 뽕 이파리라도 자연의 바람을 알고
海水知天寒.	바닷물이라도 찬 기운을 모를 리 없는데,
入門各自媚,	문을 들어서면 제각기 사랑하거늘
誰肯相爲言.	누가 있어 이야기하겠는가?
客從遠方來,	객이 멀리서 와서
遺我雙鯉魚.	내게 쌍 잉어를 주었는데,
呼兒烹鯉魚,	아이 불러다 잉어를 찌라 하니
中有尺素書.	그 속에 한 통의 편지가 있네.
長跪讀素書,	공손히 꿇어앉아 편지를 읽는데
書中竟何如?	도대체 무어라 하였는가?
上言加餐食,	처음엔 밥 잘 먹으라 하고
下言長相憶.	나중엔 오래도록 그리워한다고.

곡자사 S. 1441 「天仙子」

鷰語鸎啼驚孝夢.	제비 지저귀고 꾀꼬리 우는 소리에 꿈을 깨어
羞見鸞臺雙舞鳳.	난대에서 쌍쌍이 춤추는 봉황을 부끄럽게 본다.

天仙別後信難通,	소식을 전해주는 신선이 가버리니 그대의 소식 통하기 어려워
無人問,	물어볼 사람도 없네.
桃花洞.	골짜기에 꽃이 만발한데
休把同心千遍弄.	한가히 동심결을 잡고 몇 번이고 만지작거린다.
叵耐不知何處去.	어디로 가야 할지 몰라 답답하구나.
正值花開誰是主.	마침 꽃은 피었지만 누가 주인인가?
滿樓明月夜三更,	누각 가득 밝은 달빛 비추는 야삼경에
無人語.	말할 사람 아무도 없어
淚如雨.	눈물은 빗물처럼 흐르고
便是思君腸斷處.	그대를 생각하니 애간장이 끊어지네.

「飮馬長城窟行」은 어떠한 연유로 객지에 간 남편을 기다리는 아내를 그렸는데, 그리워하는 자신의 심정을 '마른 뽕 이파리라도 자연의 바람을 알고 바닷물이라도 찬 기운을 모를 리 없는데'라고 비유한 것은 뛰어난 예술적 효과를 나타낸다. 고대의 시에는 인생에 대한 깊은 통찰 후 극적인 심리변화를 일으키는 예가 있다. 사람은 극도의 슬픔에 당하여도 결국에는 딛고 일어설 수 있는 능력이 있으며, 이 능력은 바로 과거에 대한 망각과 미래에 대한 희망을 가리킨다. 「飮馬長城窟行」의 '上言加餐飯'(처음엔 밥 잘 먹으라고), 「艶歌何嘗行」의 마지막 두 구 '今日樂相樂, 延年萬歲期'(오늘 서로 즐기세, 오래도록 만세수 하세.), 古詩 「行行重行行」의 마지막 구 '努力加餐飯'(힘써 식사를 많이 하세요)과 같은 감정의 대전환은 민간가요에서만이 찾아볼 수 있는 보편적인 심리현상이며 애정의 표현이다.

「天仙子」는 헤어진 연인을 그리워하는 심정을 은근하고 맑은 언어로 묘사하고 있다. 제비와 꾀꼬리는 회춘하는 계절과 사랑을 상징하며, 난새와 봉새는 부부를 비유한다. 작품 중 '羞見鸞臺雙舞鳳'(난대에서 쌍

쌍이 춤추는 봉황을 부끄럽게 본다.), '休把同心千遍弄'(한가히 동심결을 잡고 몇 번이고 만지작거린다.), '正値花開誰是主'(마침 꽃은 피었지만 누가 주인인가?)등에서 님에 대한 그리움을 세련되고 은근하게 표현함으로써 민간에 애송되는 애정시의 본보기가 되었다.

비록 이별하여 떨어져 있지만 규방을 지키는 여성의 마음은 한결같다. 악부시「艶歌何嘗行」중 '念與君離別, 氣結不能言, 各各重自愛, 遠道歸還難, 妾當守空房, 閉門下重關.'(그대와 이별함을 생각하니, 기가 막혀 말할 수 없네. 각자가 몸을 아낍시다. 멀리가면 돌아오기 어려우니, 저는 마땅히 빈방 지키며, 문을 굳게 닫아걸겠어요.)외에, 그녀들의 굳은 정조는 곡자사에 상당히 많이 나타난다.

당대에는 잦은 전쟁과 행역 때문에 자연 남편을 전쟁터나 타지에 보내고 독수공방하는 여성이 많아졌다. 이는 당대에 閨怨과 邊塞를 제재로 다룬 본격적인 시 창작과 유파를 형성하게 한 요인이 된다. 여성들은 생사도 제대로 알 수 없는 상황에서 일편단심 남편을 그리워하며 생활한다. S. 1441「鳳歸雲」중 '征夫數載, 萍寄他邦. 去便無消息累換星霜. 月下愁聽砧杵, 擬塞鴈行. 孤眠鸞帳裏'(수자리 간 남편 몇 해가 되었는데, 타향을 떠돌고 있는지, 떠나고는 소식 없는 게 벌써 여러 해, 달 아래서 근심스레 다듬이 소리 듣는다. 변방기러기는 남쪽으로 날아가는데, 홀로 봉황이 수놓인 휘장 속에 잠든다).『敦煌零拾』「五更轉. 閨思」중 '當本只言今載歸, 誰知一別音信稀, 賤妾猶自姮娥月, 一片貞心擬守空閨.'(본래는 올해 돌아온다 했는데, 누가 알았나 한번 떠나면 소식도 없을 줄, 첩은 항아가 달에 있듯, 일편 굳은 절개로 독수공방합니다)', "爾爲君王效忠節, 都緣名利覓封侯, 願君早登丞相位, 妾亦能孤守百秋."(이는 군왕을 위해 충절을 다함이라, 모두 명리에 연연하고 제후에 봉해지기를 구하니, 원컨대 그대도 일찍이 승상의 자리에 오르소서, 첩 또한 능히 오래도록 독수공방할 수 있습니다). S.6537「阿曹婆」중 '當本祇言三載歸, 灼灼期, 朝暮啼多淹損眼, 信音稀, 妾在空閨

恒獨寢'(본래는 3년이면 돌아온다 했는데, 분명 기한이 되었거늘, 아침 저녁 눈물 많이 흘리어 눈이 상했지만, 소식은 거의 없고, 저는 빈방에서 늘 외로이 잠이 듭니다.) 부병제 하에서 출정한 남편에 대한 애정은 독수공방이라는 구체적 행위로 나타났다.

4) 封建社會에 대한 抵抗

민간의 가사가 사회상을 반영하는 것 외에 정신적인 압박이나 지배 계층에 대한 저항의 목소리를 낼 수 있는 것은 보편적인 특징이다. 애정에 관련된 모든 현상은 남녀상호관계에서 발생하는 것인데도, 중국고대사회에서 이 경우 늘 여성의 권리는 보장받지 못하고 여성자신조차도 기존의 봉건 예교사상에 젖어 피해자의 입장이 된다. 악부시와 곡자사에는 이러한 속박으로부터 순수한 사랑을 지키려고 한 여성들의 저항정신을 나타내고 있는데, 첫째는 봉건가부장제에 대한 저항이고, 두 번째는 권력에 대한 저항이다.

주대 宗法制에 따른 가정제도는 윤리관과 가정구성에 영향을 미치게 된다. 한대에 이르러 봉건사회의 기반이 굳어지고 왕권이 강해지면서, 귀족계급은 물론 하층계급까지의 여성은 독립하여 존재할 수 없는 남자의 종속적인 존재로 보는 지경으로 발전했으며, 여성에게 강요된 三從之道16)나 七去17)같은 윤리관은 바로 그러한 경향의 구체화인 것이다. 그리고 여성과 남성이 대등한 위치에 놓여야할 결혼이나 연애까지

---

16) 『儀禮.喪服. 子夏傳』; "婦人有三從之義,, 無專用之道. 故未嫁從父, 旣嫁從父, 父死從子.

17) 『儀禮.喪服傳』; "七出者, 無子一也, 淫洪二也, 不事舅姑三也, 口舌四也, 盜竊五也, 妬忌六也, 惡疾七也." 『大戴禮.本命』; "婦有七去, 不順父母去, 無子去, 淫去, 妒去, 有惡疾去, 多言去, 竊盜去."

도 여성 독자적으로 행할 수가 없는 것으로 된 것이다.

　악부시 「孔雀東南飛」는 고부간의 갈등으로 인해 부부의 연을 끊고 죽음으로써 봉건예교에 맞선 내용을 다룬 대서사시이다. 여주인공은 '此婦無禮節, 擧動自專由'(이 계집 예절이 없고, 거동도 제멋대로야), '晝夜勤作息, 伶俜縈苦辛. 謂言不罪過, 供養卒大恩. 仍更被驅遣, 何言復來還.'(밤낮으로 부지런히 일했고, 나 홀로 갖은 고생 겪었어요. 별로 잘못도 없이, 기꺼이 공양했건만, 여전히 쫓겨남을 당케 되니, 어떻게 다시 돌아온다 말하겠어요.), '蘭芝慙阿母, 兒實無罪過.'(저 란지는 어머님께 송구하오나, 저는 실은 아무 잘못 없습니다.), '同是被逼迫, 君爾妾亦然. 黃泉下相見, 勿違今日言'(다 같이 핍박받기는, 당신이나 저나 마찬가지예요. 황천에 가서 만나자는 약속, 오늘 이 말 어기지 마세요.)과 같은 대목에서 자신의 분명한 입장을 술회하였다. 그녀는 기존 가부장제의 폐해에 대해 불평하였고 시어머니의 부당한 처사에 저항할 줄도 알았으며, 남편에게 죽음으로써 억압받는 약자의 무언의 항의를 할 것임을 약속하게 하였다. 여주인공이 봉건가부장제에 분연히 항거할 수 있었던 기폭제요 동기가 된 것은 목숨도 불사하는 두 부부의 사랑 때문임은 자명한 사실이다.

　「上山採蘼蕪」는 시부모에게 쫓겨난 여성이 옛 남편과 우연히 만나게 된 내용을 다루었다.

악부시　「上山採蘼蕪」

上山采蘼蕪,	산에 올라 궁궁이싹 따고
下山逢故夫.	내려오다 옛 남편을 만났다.
長跪問故夫,	공손히 무릎 꿇고 묻기를
新人復何如?	"새사람은 어때요?"
新人雖言好,	"새사람이 좋다하나,
未若故人姝.	옛사람만 곱지 못하고,
顔色類相似,	생김새는 비슷하나
手爪不相如.	손톱은 같지 않아요"

新人從門入,   새사람 대문으로 들어오고,

故人從閤去.   옛사람 쪽문으로 나갔지.

新人工織縑,   새사람 합사로 비단 짜고,

故人工織素.   옛사람 생사로 비단 짜는데

織縑日一匹,   합사 비단은 하루에 한 필을 짜나,

織素五丈餘.   생사 비단은 다섯 장을 넘는다.

將縑來比素,   합사 비단을 생사비단에 비겨보아도

新人不如故,   새사람은 옛사람만 못해요.

『禮記. 內則』에 '子甚宜其妻, 父母不悅, 出; 子不宜其妻, 父母曰: 「是善事我, 子行夫婦之禮焉」終身不衰'(아들이 그 처를 깊이 좋아하나 부모가 기뻐하지 않으면 쫓아내고; 아들이 그 처를 좋아하지 않아도 부모가 이르기를 「이애는 나를 잘 섬기니 아들은 부부의 예를 행하라」하면 종신토록 폐하지 않는다)라고 하였다. 한대 사회는 가장에게 자녀의 혼인결정권을 부여했기 때문에 서로 사랑하는 부부라도 헤어져 각자 애정이 없는 사람을 반려자로 맞아야 했다. 작품에서 공손히 무릎을 꿇는 태도와 그에게 묻는 말투에는 애정이 남아있음을 느낄 수 있지만, 여주인공은 여성으로서의 정체성을 찾지 못하고 기존의 권위에 여전히 순응하는 자세를 보이고 있다. 두 작품에서 주목할 것은 여성들이 가정에서 일정한 노동, 즉 길쌈이나 수확 등의 생산 활동에 참여하였음에도 불구하고 신분은 여전히 가부장에게 귀속되었다는 사실이다.

다음으로 남성위주의 권력에 대한 저항이 어떻게 애정과 연관되는지 살펴보자.

한대는 유학이 정통학문의 자리를 굳히며 국가정책의 원리로 군림해야 할 유학이 군주의 전제와 위세를 분식하기 위한 논리로 변하게 된다.18) 중국사회에서 남녀의 신분관계를 보면, 노동을 필요로 하는 농업

---

18) 이 때문에 유가의 윤리관도 군주를 위한 해석으로 치우치게 된다. 예로 충의 개념은 군주를 위한 신하의 일방적이고 절대적인 의무가 되고, 효의 개념은 부

사회가 바탕이 된 중국에서 한대 이전부터 노동력이 약한 여자들은 남자보다 열등한 위치에 놓였던 것 같다. 경제적, 정치적, 사회적으로 차별을 당했던 여성들은 권력 앞에서 더욱 무능하게 대처했을 것이다.

「陌桑上」중에 '使君遣吏往, 問是誰家妹……使君謝羅敷, 寧可共載不, 羅敷前置詞, 使君一何愚, 使君自有婦, 羅婦自有夫' (사군은 아전을 보내어 누구집 여식인지를 물었다……사군이 나부에게 말하길 차라리 수레에 함께 타지 않겠소? 나부가 나아가 하는 말, 사군은 어찌 이리 어리석은 지요. 사군에게는 부인이 있고, 나부에게는 남편이 있어요.)은 관료의 권력에 대항하여 일부일처의 윤리와 신뢰를 강조하고 있다. 「羽林郎」에서는 '昔有霍家奴, 姓馮名子都. 依倚將軍勢, 嘲笑酒家胡……不惜紅羅裂, 何論輕賤軀. 男兒愛後婦, 女子重前夫. 人生有新故, 貴賤不相踰.' (옛날 곽헌장군집 노비가 있었는데, 성은 풍씨고 이름은 자도라. 장군의 권세에 의지하여 술집 호희를 희롱했다…… 홍라 찢긴 것 아까워하지 않으니, 어찌 가볍고 천한 몸을 논하겠는가. 남자는 후처를 사랑하고, 여자는 첫 남편을 중히 여긴다. 인생에 새로운 것 오랜 것이 있고, 귀천은 서로가 뛰어 넘을 수 없는 것.)라 하여 구애하는 자신에게 하층의 여성도 첫사랑에 대한 정절을 중시한다는 의지를 나타냈다. 동한 시기 호족들의 추악한 행위를 폭로한 가사이다. 권력의 이데올로기인 유가가 낳은 사회문제는 이처럼 여성의 정당한 인권마저 압박하기에 이르렀다.

당대는 사회. 경제의 안정과 이민족의 문화가 다량으로 유입된 이유로 여성의 사회참여가 훨씬 개방적이고 자유로워졌다. 이에 따라 공개적인 남녀의 접촉의 기회가 많아졌고, 어떤 때에는 여성이 주동적으로 구애하기도 하고 정조관도 이전처럼 투철하지 않았다.[19] 도시경제의 발달과 더불어 여성 歌妓들의 사회 참여가 있었는데, 이는 당대 특수한 문화제도에 따른 가기들의 양성과 가기와 문인들과의 빈번한 교유에

모의 신분이나 행동여하를 막론하고 자식들에게 절대적인 행위로 강요되었다.
19) 高世瑜 『唐代婦女』7,8쪽 三秦出版社.

따른 것이다.[20] 그러나 봉건예교의 영향은 중국의 지배층과 기득권층에
게 여전히 존재했고, 그 현상은 기녀와 상층계급 남성들과의 교유에서
나타났다.

곡자사 P.2809 「望江南」

莫攀我,	나를 잡아당기지 마세요
攀我太偏心.	나를 당기면 너무나 마음이 한편으로 치우치게 됩니다.
我是曲江臨池柳,	나는 곡강 연못가의 버들입니다.
者人折了那人攀.	이 사람은 나를 꺾고, 저 사람은 나를 잡아당기지만,
恩愛一時間.	사랑을 주는 것은 한 때일 뿐이에요.

曲江은 당대 서안근교에 있던 유흥지였고 이 가사는 그곳에서 생활하는
기녀를 노래한 것이다. 기녀의 운명을 버들에 비유하고, 자신에게 일시적
인 애정을 주다가 버리는 남성들을 향하여 항변하고 있다. 그녀의 사랑이
진실한 것이었고, 영원한 사랑에 대한 희구가 고통의 내면에 깔려있다. 더
이상 거짓된 관심을 보이지 말라는 봉건사회와 남성에게 대한 성토다.
    자녀의 혼인권이 가부장에게 부여되는 가족제도 하에서는 여전히 여성
문제가 발생하게 된다. 교육을 잘 받은 여성들도 가부장제에 대해 직접
불만을 토로하고 순수한 자유결혼을 요구하는 가사들을 찾을 수 있다.

곡자사 S.1441 「傾盃樂」

憶昔笄年.	옛날 처음 비녀 꽂던 때를 생각하면
未省離閤,	침실 밖은 나가지 않고
生長深閨苑.	깊은 규방에서 나고 자랐다.
閑凭着繡床	한가히 수놓은 침상에 기대어

---

20) 李劍亮, 『唐宋詞与唐宋歌妓制度』, 30쪽, 浙江大學出版社

時拈金針,	때때로 금침잡고
擬貌舞鳳飛鸞.	봉새 난새의 모양을 본떠 수놓았었다.
對粧臺重整嬌姿面,	화장대에 앉아 다시 아름다운 자태와 얼굴을 단장하고
知身貌箒料.	스스로 모습을 따져본다.
豈交人見.	어찌 딴사람 만났겠으며
又被良媒,	또 좋은 중매를 받았겠는가
苦出言詞相誘該.	힘들게 말을 꺼내어 서로를 유혹하였다.
每道說水際鴛鸞,	매번 말하길 물가의 원앙이라 했고,
惟指樑間雙燕.	대들보사이의 제비 같다고 했다.
被父母將兒疋配,	부모님에 의해 배필이 정해지니,
便認多生宿姻眷.	전생에 혼인할 운명으로 여겼다.
一旦娉得狂夫,	하루아침에 미치광이 남편에게 시집갔더니
功書業抛妾求名宦.	학문으로 공을 세우고, 나를 버리고 명리를 쫓았다.
縱然選得,	마침내 벼슬 얻어
一時朝要,	일시에 공경부가 되었지만
榮華爭穩便.	그 영화가 어찌 편안하겠는가!

　여주인공은 부모가 매파의 말에 따라 자신의 혼인을 독단적으로 정해버린 것에 대해 불만조의 항거를 하고 있다. 과연 결혼하고 보니 아내는 안중에도 없고, 남편이 추구하는 부귀공명은 부러운 바가 아니며, 다만 부부가 더불어 함께 살기를 바란다는 내용이다.

4. 결론 – 애정비교

애정을 노래한 두 시대의 작품을 분석·고찰한 결과 악부시와 곡자사는 시대를 반영하는 민간가요의 기본정신을 잃지 않은 외에, 내용·풍격상 아래 몇 가지 비교 검토할 만한 문제를 정리할 수 있음을 밝히고자 한다.

1) 自由戀愛에의 希求

연애에 대한 희구는 시대와 신분을 초월한다. 유가의 사회윤리가 여성을 속박하는 사회에서도 그녀들의 열망은 강하게 표현된다. 작품에서의 사랑의 맹세는 견고하고 적극적이지만, 사랑을 고백하는 형식이 아니라 절대 헤어지지 않겠다는 미래형 약속이다.

유가의 예교가 여성을 속박함으로써 남녀간의 자유롭고 순수한 사랑이란 용납될 수가 없었으며, 이 때문에 한대나 당대의 민간가요는 주대의 시경보다 환락적인 애정표현의 가사가 적게 나타난다. 그리고 이러한 윤리관은 시경국풍의 열정적인 연애시도 당시 윤리에 맞도록 곡해할 수밖에 없게 하였다.21) 더구나 자유연애가 결혼으로 이어지는 것은 힘들었을 시대였기 때문에 장래의 일을 확신할 수 없는 상황에서 천지에다 맹세하였다는 것은, 현실에 대한 체념보다는 노래를 통한 애정예찬과 간절한 희구를 술회하고자 하는 발랄하고 낭만적인 생각이라 볼 수 있다.

---

21) 金學主, 『漢代詩硏究』, 48쪽, 光文出版社, 1974.

2) 男女의 身分

애정을 노래한 민간가요에 설정된 남성과 여성의 인물성격을 통해 당시 사회공동체의 구성원으로서 남성과 여성의 역할을 알 수 있다. 여성의 입장을 묘사한 가사에는 정절을 강조하고 이를 위해 고통을 감수하겠다는 내용이 대부분이지만, 남성의 경우는 한 수도 찾을 수 없다. 다만 한대의 「孔雀東南飛」중의 남성은 여성의 주도하에 죽기까지 정조를 지킬 것을 서술하였다. 작품에서의 여성은 정적이고 피동적인 존재이며 스스로도 남성위주의 사고에 길들여져 있다.[22]

이는 지위가 불평등한 가부장제 하에서 여성이 정절의 의무를 지키는 것은 가장인 남성의 성적 소유권을 지키는 것과 같으며, 반면 남성의 외도는 자유로워서 자연 독수공방하고 후회하고 배신을 당하는 여성이 모순의 대가를 치르게 한다는 의미다. 당대 민간가요에서 나타나는 여성에 대한 정절강요와 남성의 성적 자유와 이로 인한 특수계층의 여성-기녀의 출현은 남성중심의 성문화에서 비롯된 현상으로도 해석된다.

3) 題材의 變化

애정을 표현하는 제재는 시대가 발달할수록 상징적인 것, 복잡한 것으로 다양화될 수 있다. 한대의 민간가요에서는 오래 헤어질 경우 밥 잘 먹고 즐겁게 살라는 지극히 담담한 애정표현을 하고 있으며, 부병제와 같은 사회제도로 인한 이별은 독수공방이라는 애정의 표현으로 나타났다. 또 사회가 개방되고 남녀간의 접촉 기회가 많아진 당대에는 연

---

22) 鄧紅梅, 『女性詞史』, 12,13쪽, 山東教育出版社, 2000.

인에 대한 의심이 유발될 개연성이 있고, 사랑의 징표인 동심결이 갖는
의미의 중요성은 P.3836 「南歌子」에서 파악할 수 있었다.

애정과 관련된 배경은 궁궁이를 캐는 산이나 뽕을 따는 논둑이 아니
라 깊은 규방이나 유흥지로 옮겨지며, 오락생활과 음주, 연회를 통해
기형적 애정관계도 나타나게 되었다. 사건이나 감정을 묘사하는 방식
또한 단순하고 자연스러운데서 점차 다양한 심리적 변화와 은근한 아
름다움을 추구하고 있다. 악부시의 애정이 시종 질박함과 돈후한 풍격
을 갖추었다면, 곡자사의 애정은 완곡함과 함축적인 정취를 발하였다고
할 수 있을 것이다.

【참고문헌】

『禮記』, 孔穎達疎, 十三經注疏, 藍燈.

『古今注』, 崔豹, 四部備要本, 中華書局.

『碧鷄漫志』, 王灼, 古今詩話叢編, 廣文書局.

『樂府文學史』, 羅根澤, 文史哲出版社, 1981.

『漢魏六朝樂府文學史』, 蕭滌非, 人民文學出版社, 1984.

『樂府詩選』, 余貫英, 華正書局, 1983.

『兩漢樂府研究』, 元婷婷, 學海出版社, 1980.

『漢代詩研究』, 金學主, 光文出版社, 1974.

『敦煌曲校錄』, 任二北, 上海文藝聯合出版社, 1955.

『敦煌歌辭總編』, 任二北, 上海古籍出版社, 1987.

『敦煌曲子詞欣賞』, 高國藩, 南京大學出版社, 2001.

『中國古代音樂史稿』, 楊蔭瀏, 丹青圖書, 1987.

『女性詞史』, 鄧紅梅, 山東教育出版社, 2000.

『白話文學史』, 胡適, 文光圖書, 1985.

『中國俗文學槪論』, 段寶林등, 北京大學出版社, 1997.

『中國俗文學史』, 張燕瑾등, 文津出版社, 1995.

『中國婦女文學史』, 謝无量, 臺灣中華書局, 1979.

『中國詩史』, 陸侃如, 作家出版社, 1957.

『中國詩歌硏究』, 羅宗濤등, 中央文物供社, 1985.

『唐宋詞与唐宋歌妓制度』, 李劍亮, 浙江大學出版社, 2000.

『唐帝國的精神文明－民俗与文學』, 程薔 董乃斌, 中國社會科學出版社, 1996.

『唐五代敦煌民歌』, 拙著, 文史哲出版社, 1994.

『唐代婦女』, 高世瑜, 三秦出版社, 1988.

『오늘의 여성학』, 김원홍 등, 건국대학교출판부, 2000.

『우리여성의 역사』, 한국여성연구소, 청년사, 2002.

중국어와
중국문화,
어떻게 읽고
가르칠 것인가?

잃어버린 기호
- 수병(繡屛)에 숨겨진 의미

류기수

1. 들어가는 말

1) 미디어는 메시지다

미디어의 정의에 대해 최 태경(2002, 881쪽)은: "매체(媒體). 매개체. 수단. 특히, 전달의 수단이 되는 문자나 영상 따위를 이름"이라고 정의하고 있다. 이 정의에 근거한다면 전달의 수단이 되지 못하는 것은 미디어가 아니라고 할 수 있다. 미디어는 무엇을 전달한다는 것인가? 그 자체에 담고 있는 메시지를 전달하는 것이라면, 미디어는 보여 주는 것 이외에도 의미를 전달해야 한다는 임무를 가지고 있다. 그러나 관객(觀客)이 꼭 보는 것을 다 이해하는 것은 아니니, 미디어 작성자의 메시지가 100% 전달된다고는 할 수 없을 것이다.

박 상진(2003, 31쪽)은 "물론 그림은 객관적인 인식과 이해가 주된 것이 아니라, 나와 그림이 하나가 된다는 주관적 체험 자체가 훨씬 더 중요할 수도 있다."고 말하고 있다. 옳은 말이기는 하나, 화가가 그림에 메시지를 담고 있다면 감상자의 주관적 체험보다는 화가가 전달하고자 하는 메시지가 더 중요한 것이 아닐까? 특히 서양화보다 동양화에서 그런 경향이 더 농후하게 나타난다. 상당수의 동양화는 감상자가 아는 만큼 볼 수 있는 특별한 메시지를 담고 있다. 그래서 조 용진(1998)은 자신의 책 이름을 『동양화 읽는 법』이라고 하였던 것이다. 한자의 읽을 "독(讀)"자가 메시지란 의미의 말씀 "언(言)"을 포함하고 있으니, 읽는 다는 것은 텍스트에 담겨진 메시지를 찾아내는 작업이다.

2) 기호로 해석되지 않는다면 그것은 기호가 아니다

재레드 다이아몬드(1996, 56쪽)는 인간의 유전자가 침팬지나 피그미 침팬지의 유전자와 98.4%가 동일하다고 하였다. 단지 다른 1.6%의 차 이로 한 쪽은 우리 밖에서 구경을 하고 있고, 한 쪽은 우리 안에서 재 롱을 피우고 있다는 것이다. 이렇게 된 가장 큰 이유는 인간이 다른 동물들과 달리 지식을 전승(傳承)시킬 수 있다는 것 때문이다.

인간들은 자신의 느낌이나 생각을 오래 보존하기 위해, 끈으로 매듭을 엮어 놓거나, 부호를 새겨 사용하거나, 그림을 그리기 시작했다. 錢 爲鋼(2000, 71쪽)에 의하면 한자(漢字)도 사물의 모습을 본 따 그리는 화자(畫字)부터 시작되었다.

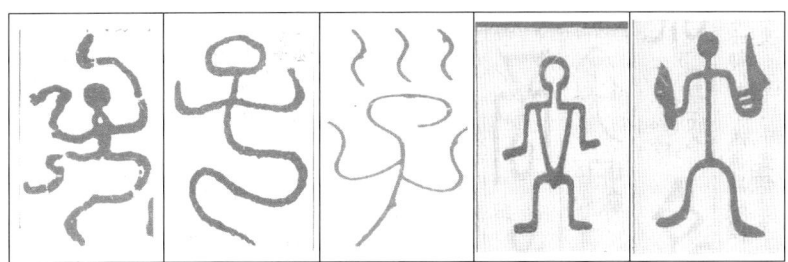

위의 다섯 가지 그림은 단순한 그림일까 아니면 어떤 의미를 지닌 기호일까? 논리학자인 찰스 샌더스 퍼스는 "만일 어떤 것이 기호로 해석되지 않는다면 그것은 기호가 아니다."(안 정오, 2003, 301쪽)라고 하였다.

우리가 해석하는 방법을 잊어 버렸다면, 위의 다섯 개는 기호가 아닐 것이고, 해석하는 방법을 안다면 이것들은 의미를 지닌 기호일 것이다.

만약 박 여성(2003, 334쪽)의 재귀순환론(지식은 그 사회에서 사용되는 것만이 전승되고 동시에 전승되는 것만이 사용된다) 이론을 따른다면, 위의 다섯 개는 어쩌면 전승되지 못하고 스스로 도태된 것일 수도 있다.

「백복도(百福圖)」를 통해 다시 한 번 위의 가설을 증명해보자.

「백복도(百福圖)」란 복 "복(福)" 자를 100가지 필체로 쓴 것이다. 여기서 백(百)은 많음「多」을 나타낸다. 「백복도(百福圖)」는 다복함을 비는 부적이면서 동시에 아름

다음을 나타내는 장식물이기도 하다. 바람「祈願」과 실용을 함께 갖춘 예이다. 이것이 서양의 예술과 다른 점이다.

과연 우리는 위의 100가지 "복(福)"자 중 몇 개나 알아볼 수 있는가? 도태되지 않은 기호는 문자의 역할을 하면서 전승되었고, 도태된 기호는 사람들에게 읽혀지지 못하는 그림으로 남게 되는 것이다. 우리가 알아보지 못하는 "복(福)"자는 모두 기호가 아니라 그림일 뿐이다.

한 가지 예를 더 들어보자.

청(淸)의 장부(張溥)가 그린 그림으로, 잣나무 아래 두 마리의 노루가 있는 내용이다. 그런데 왜 이 그림의 제목을 "하늘에서 많은 벼슬을 받다."라는 「수천백록도(受天百祿圖)」라고 했을까? 그림에 담긴 내용을 읽지 못하면 이해되지 않는 제목이다.

한자로 잣나무를 "백(柏)"이라고 하고, 사슴을 "록(鹿)"이라고 한다. 즉 이 그림은 「백(柏)록(鹿)도(圖)」인데, "백(柏)록(鹿)"과 "백록(百祿)"의 독음이 같기 때문에 잣나무와 사슴을 빌려 무한한 벼슬 욕심을 나타낸 것이다. 이를 중국어에서는 해음(諧音)이라고 한다. 이 그림 역시 앞의 「백복도」처럼 관운 형통을 바라는 부적 겸 장식물이다. 사슴과 잣나무의 기호를 아는 사람에게는 부적의 역할을 해주는 것이고, 그 기호를 읽지 못하는 사람에게는 단순히 사슴 그림에 지나지 않는 것이다.

3) 뜻으로 읽는 그림과 소리로 읽는 그림

앞에서 상당수의 동양화는 읽어야만 그 메시지를 전달받을 수 있다고 하였다. 동양화를 읽는 방법에는 크게 뜻으로 읽는 방법과 소리로 읽는 방법이 있다.

위의 사진은 청나라 때의 신부 꽃가마 수의 일부이다. 이 세 가지 과일은 삼다(三多)로, 우리 동양화에도 자주 등장하는 소재이다.

첫 번째 과일은 다수(多壽)의 상징인 복숭아로, 손오공이 지키고 있던 반도원(蟠桃園)에서 삼천 년에 한 번 열린다는 복숭아이고; 두 번째 과일은 우리나라에서는 나지 않는 불수감(佛手柑)이라는 과일로, 겨울철에 중국 광동성에서 나는 것이다. 부처님 손같이 생겼다하여 신의 가호를 나타내기도 하지만 불(佛)과 복(福)의 중국어 발음이 비슷하여 다복(多福)의 상징으로 쓰이며; 세 번째 과일은 석류로 씨가 많은 것을 빌어 다자(多子)를 나타낸다.

즉 세 과일 중 두 개는 담겨진 뜻으로 읽어야 하고, 하나는 소리로 읽어야만 왜 신부 꽃가마에 삼다(三多)를 수놓았는지를 제대로 알 수 있는 것이다.

중국의 고사(故事)와 중국음을 모른다면 우리의 동양화는 제대로 읽을 수 없는 것인가? 안타깝게도 대답은 "그렇다"이다. 그렇다고 우리가 맹목적으로 중국의 것을 그대로 다 받아들였을까? 꼭 그랬던 것은 아니다. 유봉학(2005, 34쪽)은 "외래문화가 수용되어 전통문화와 융합하면서 자기화하는 과정이 역사의 발전 과정"이라고 지적하고 있다. 다른 방면에서는 장담을 하지 못하겠지만, 수병(繡屛)에서만은 자기화하는 과정이 진행되었다.

4) 병풍은 단순한 바람막이가 아니다

최 태경(2002, 1019쪽)은 병풍에 대해 다음과 같이 정의하고 있다.

> 병풍(屛風) (주로 집 안에서) 장식을 겸하여 무엇을 가리거나 바람을 막거나 하기 위하여 둘러치는 물건.「여러 쪽으로 접게 만듦.」

장식용, 은폐용, 방풍용으로 쓰인다는 것이다. 과연 병풍에는 이 세 가지 쓰임새밖에 없는 것일까?

대천화랑(www.daechonnet.co.kr)은 병풍의 종류를 "침병(寢屛), 어좌병풍(御座屛風), 혼병(婚屛), 연병(硏屛), 조호병, 수병(繡屛), 양면병(兩面屛), 백납병(白納屛), 왜장병(倭粧屛), 소병(素屛), 삽병(揷屛), 행렬도병풍(行列圖屛風), 의궤도병풍(儀軌圖屛風), 궁궐·지리도병풍(宮闕·地理圖屛風), 연회도병풍(宴會圖屛風), 평생도병풍(平生圖屛風), 세화병(歲華屛), 십장생도병풍(十長生圖屛風), 계언병(戒言屛), 경직도병풍(耕織圖屛風), 도형설명도병풍(圖形說明圖屛風), 수렵도병풍(狩獵圖屛風), 문방도병풍(文房圖屛風), 군선도병풍(群仙圖屛風), 송덕병(頌德屛), 종정도병풍(鐘鼎圖屛風), 노안도병풍(蘆雁圖屛風), 백동자도병풍(白童子圖

屛風), 백수백복도병풍(白壽百福圖屛風)” 등의 29종으로 나누고 있다.

용도, 작품의 내용, 작품의 재질 등이 혼합되어 분류되어 있다는 단점이 있으나, 이처럼 세분된 분류도 찾기 힘든 것이 병풍 연구의 실체이다. 이 중 “수병(繡屛)”은 수를 놓아 만든 병풍으로, 신라시기에 이미 제작되어 사용되었다.

『삼국사기(三國史記)』 권제33 「잡지(雜志)」 제2 「옥사(屋舍)」에서 진골(眞骨)과 6두품(6頭品)의 방에 수를 놓은 병풍의 사용을 금지하고 있는 것을 보아, 수병은 당시 성골(聖骨) 계층의 전유물인 듯하다. 『고려사(高麗史)』에는 숙종 계미 8년(1103) 3월 기축일에 직사관(直史館) 홍관(洪灌)에게 명령하여 회경전(會慶殿) 병풍에 『서경(書經)』의 「무일편(無逸篇)」 내용을 쓰게 하였다는 기록이 있는 것으로 보아, 병풍은 여전히 사용되고 있었음을 알 수 있으나, 수병에 관한 기록은 보이지 않고 있다.

『조선왕조실록(朝鮮王朝實錄)』은 세종 20년 4월 12일 을축일에 다음과 같은 기록을 남기고 있다:

> 그러나 임무가 중한 자는 책임이 따르는 법이니, 수병(繡屛)과 금장(錦帳) 속에 쌓여 전후에서 옹위해 인도하는 것이 호화롭긴 호화로우나, 말할 만한 때를 만나고 말할 만한 책임을 맡고 있으면서도, 한번 정직한 말을 토출(吐出)하지 않아서 무거운 중망(衆望)을 저버리게 되면, 비등하는 사론(士論)에 어찌하겠습니까. (4집 140면)

대간(臺諫)의 임무를 이야기하는 자리에서 나온 말로, 여기서의 수병풍은 권력의 상징으로 보아도 무방할 것이다.

그간 수집해온 일곱 종의 수병을 통해 그 안에 담고 있는 의미를 읽어보기로 하자.

2. 「십장생도」

십장생이란 해, 구름, 바위, 물, 학, 사슴, 거북, 소나무, 대나무, 불로초 등 예로부터 오래 산다고 믿어 왔던 소재 열 가지를 한데 모아 불로장생(不老長生)의 상징물로 삼은 것이다. 십장생의 내용이 가장 먼저 보이는 문헌은 고려 이색의 『목은집』이다.

『목은집』권 12에 「세화십장생(歲畵十長生)」이란 글이 있고 다음과 같은 설명이 있다:

> 우리 집에 세화십장생이 있는 데 이제 10년이 지났지만 아직 새 것과 같다. 병중에 있는 사람이 바라는 것은 오래 사는 것보다 나은 것은 없다. 그러므로 이것 하나하나에 찬(贊)을 붙인다.

세화에 관한 기록은 『조선왕조실록』 중종 5년 9월 29일에 보인다.

> "세화(歲畵)【세시(歲時)에 미리 화사(畵師)로 하여금 각기 화초, 인물, 누각(樓閣)을 그리게 하고, 그림을 아는 재상에게 명하여 그 우열(優劣)을 상하(上下)의 등급으로 매기게 하여 부록(付錄)하고, 그 그림은 골라서 내용(內用)으로 하고, 나머지는 재상과 근신들에게 하사하는 것.】는 비록 조종조(祖宗朝)의 관례이기는 하나, 조종조에서는 60장을 넘지 않았습니다. 국가가 바야흐로 비용을 생감(省減)하고 있는 때에 종이와 채색은 말할 것도 없고 한 사람이 20장씩 받아 가지고 석 달을 그린다니, 그들을 공궤(供饋)하는 비용이 이루 다 계산할 수 없습니다. 영구히 혁파하지는 못할지라도 조종조의 전례에 따라 그림의 장수를 감하는 것이 마땅하겠습니다."하니, 상이 이르기를, "세화(歲畵)는 관례의 행사이므로, 내가 처음에는 그러한 것을 알지 못하였다. 이제 마땅히 조종조의 관례에 따르겠다." 하였다.

즉 세화란 궁중에서 사용하던 것이고, 나머지를 조정 대신들에게 나누어 주었던 것이다.

십장생수를 보면서 목은의 글을 옮겨 보기로 하자.

「해」

둥글고 푸른 저 하늘 밤낮으로 도는데
산화와 대지는 바다 속 배와 같네.
태양은 만고 동안 쉬지 않는데
우습다, 저 항아는 앞서기도 하고
뒤서기도 하네.

「구름」

돌에 부딪치고 공중에 떠 그 형세 아득한데
바다며 하늘이며 모두 다 덮는구나.
덮었다 개었다 사람의 눈을 혼란시키지만
부슬부슬 비 내려 만물을 소생시키네.

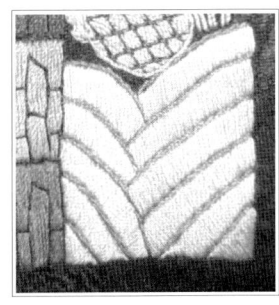

「물」

기수에 목욕하던 날 번거로운 마음 씻었더니
고금에 길게 흘러 그치지 않음을 곧 알겠네.
공자가 시내 위에서 탄식한 이치 깨달으니
바다 본 뒤에만 깊은 것 안다고 할 것이 없네.

「바위」
오악이 뻗고 뻗어 뭇산 누르는데
모래 흙만 가져다가 살붙여 형체 만들었네.
그 속에 돌의 뼈 있는 것 누가 알리
물이 깎고 천둥이 쳐도 끄덕도 않네.

「소나무」
북쪽 언덕에 서 있는 한 그루 소나무
늙은 내가 옮겨 산 지 두 번 겨울 지났네.
더구나 용만이 조곡령 바라보는데
구름 헤치고 푸르러 겹겹이 서 있네.

「대나무」
한적하게 살 때 대 심어 본 일 생각나는데
달 비친 담장, 바람 부는 뜰에 찬 기운 보내었네.
나이 아흔에 기욱의 대밭 보는 듯
앉아서 그 무성함 읊조리며 다시 갓을 고쳐 쓰네.

「영지」

예천과 주초는 상서로운 조짐
역사에 쓰여 있어 대하면 빛이 나네.
노인이 일찍이 따오기처럼 날아가서
지초로 요기하며 한의 명당 붙드는 것이 어떠리.

「거북이」

황하수에 하서낙도가 나타난 옛일 생각하니
낙수의 거북은 하늘이 내린 왕가의 상서로다
세상에 신선이 나타난 뒤로
산 속에 숨어서 햇빛만 삼키네.

「학」

아득해라, 삼신산 어디에 있는가.
태선을 타고 옥당을 두드리고 싶네.
평생에 도골 없는 것 한스러워라
부질없이 그 앙장함 사모케 하네.

「사슴」
말을 사슴이란 데서 진나라 정치 그릇되었으니,
오대의 옛 놀던 곳에 저녁놀만 비치네.
담을 넘어 짐짓 산 속 절로 들어가니
천하가 어지러워 화될 기미일세.

「십장생도」는 중국과 일본에는 없고 오로지 우리에게만 있는 그림이다. 이에 대한 김 영재(1997, 319쪽)의 의견을 살펴보자:

십장생은 한국에만 있으므로 한국어와 연관이 있다. 구공(九孔)은 남자다. 구멍이 아홉이다. 구멍이 열이면 십(十)이 된다. 여자다. 경음화 현상에 따라 성교가 된다. 십장생은 다산과 굴(窟), 알사상을 담고 있다. 고대인은 성교와 다산을 일체시 했다. 밭에서 성교하거나 벌거벗은 남자가 밭을 갈면 수확이 많아진다고 생각했다. 구멍은 굴이다. 굴은 모태를 뜻한다. 알은 우주의 근본이다. 한국어에서 해독되는 신화의 열쇠이다. 남자에게도 알이 있다. 여자에게도 알이 있다. 알 중의 알은 큰 알이다. 한 알이다. 태양이자 우주알이다. 알에서 시작하여 알로 회귀한다. 상고 시대 동이족의 태양 신화, 알 신화, 풍요와 다산사상을 한국어에 담고 오늘까지 이어 오는 것이 십장생이다. 일월곤륜의 사상이다.

그는 "십"의 해석에만 치중을 하였지, "장생(長生)"이란 글자는 간과하고 있다. 사실 「십장생도」의 근원은 중국에서 왔다고 봐야 할 것이다. 그 이유는 다음과 같다.

위의 수는 중국의 민간신앙 중의 하나인 「삼성도(三星圖)」이다. 삼성은 복성(福星), 녹성(祿星), 수성(壽星)을 가리키는 것으로, 단원 김 홍도 역시 「삼성도」를 그린 적이 있다.

인간의 복을 관장하는 복성은 대개 아이를 안고 있으며, 높은 모자를 쓴 녹성은 인관의 관록을 관장하는 신이다. 머리가 길쭉한 수성은 남극성(南極星)의 화신으로 대개 복숭아나 영지 혹은 사슴이나 학과 함께 그려진다. 조선에서는 세 신들 중 수성이 가장 많이 그려졌으며, 수성과 더불어 나오는 동물이나 식물은 장생의 표시로 간주되었다. 수성은 일본에서도 많이 그려졌다.

「수성도(壽星圖)」 중 가장 많은 조연을 거느린 일본 그림인데, 수성 이외에도 소나무, 사슴, 돌, 영지, 거북, 대나무 등의 여섯 가지가 더 보인다.

중국의 그림에서 학은 소나무와 한 조가 되어 송학연령(松鶴延齡), 즉 장수의 의미를 나타내고, 바위와 어우러진 대나무도 장수를 의미한다. 대나무 "죽(竹)"과 기원한다는 "축(祝)"의 중국어 읽는 소리가 비슷하고, 바위는 장수를 뜻하기에 그런 의미로 읽는 것이다(조 용진, 1998, 56

쪽, 104쪽). 즉 「십장생도」는 중국 그림에서 사용되는 장수의 상징물들을 우리의 입맛에 맞게 모아 재구성한 지극히 한국적인 그림인 것이다.

나 정태(1995, 56쪽)에 의하면, 십장생 그림은 창작이 어려워서 도화서 화원도 화원으로 등용된 뒤 10년 동안 화법 공부를 하여 제2차 시험에 합격해야 화필을 잡았다고 할 만큼 엄격한 화법과 채색법으로 유명하다고 하였다. 「십장생도」는 민화가 아니라 궁중용 그림이었던 것이다.

이 자수 작품은 길이가 거의 3미터에 다다르는 대형 작품이다. 창덕궁 「십장생도」를 본 따 수를 놓은 작품으로 수 「십장생도」의 전형이라 할 수 있다. 이 「십장생도」는 사실 해, 구름, 바위, 물, 학, 사슴, 거북, 소나무, 불로초, 대나무 이외에 천도(天桃)와 산이 함께 등장하고 있는 「십이장생도」이다. 「십이장생도」는 예부터 군왕만이 사용하였고, 열 가지 이하의 장생이 있는 작품은 사대부가에서 사용하였다는 주장도 있다(http://www.kfac.co.kr/pictures/folkpic/folk19.htm).

위의 「십장생도」가 창덕궁 소장의 「십장생」 병풍을 본뜬 것이라면, 북한의 조선 미술 박물관 소장의 「십장생도」를 저본으로 한 수병도 있다.

　북한에서는 「동산의 봄」이라는, 조금 촌스러운 제목으로 불려지는 이 작품은 원본의 길이가 무려 411㎝에 다다르는 거작으로, 역시 18세기에 도화서에서 그린 궁전용 작품으로 추정된다.

　내용을 보면 해, 물, 돌, 구름, 학, 불로초, 대나무, 영지 등의 「십장생」 원형 여덟 가지에 산, 천도복숭아, 산호 등이 첨가된 것이다. 「십장생도」라고 명명하여도 무방하고, 물과 복숭아와 학이 있으니 「해학반도도(海鶴蟠桃圖)」라고 명명해도 크게 틀린 것은 아니다.

　그림 속의 백학(白鶴)은 천 년; 청학(靑鶴)은 이천 년; 금학(金鶴)은 삼천 년을 산다고 하며(http://www.kfac.co.kr/pictures/folkpic/folk19.htm), 전체 그림에 산과 바다가 있어 "수명은 남산처럼 오래되고, 복은 동해처럼 많아라 「壽比南山, 福如東海」" 라는 의미를 내포하고 있다고 할 수 있다. 작품 전체에 금실과 은실이 상당량 사용된 것으로 보아 혹 궁수(宮繡)가 아닌가 생각된다. 한 영화(1992, 80쪽)는 궁수와 민수를 다음과 같이 구분하였다.

　　조선 시대의 자수는 크게 두 가지로 나눌 수 있다. 곧 궁중에서 사용하는 물품을 만들던 궁수(宮繡)와 사대부 이하 민간에서 만들던 민수(民繡)로 구분된다.
　　궁수는 수방이나 관구 조직에 의해 훌륭한 기술과 시설이 완비되어 있는 바탕에서 출발하였다. 그뿐 아니라 밑그림을 그려주는 전문 화공들이 있었고 여염집에서는 보기조차 어려운 금사와 은사들을 마음껏 사용할 수 있었다. 또 염색을 전문으로 하는 장인까지 갖춰져 있어 빛깔이 청초하고 고운 실을 만들어 냈다. 이러한 좋은 조건에서 조선 시대의 수많은 작품들이 만들어졌다.

그에 견주어 민수는 궁수처럼 그 솜씨가 세련되지는 못했지만 그 대신 내용이 풍부하고 유형이 다양했다. 특히 일반 백성들의 일상생활을 소재로 한 풍속화나 자연의 풍경을 사실적으로 그린 산수화, 서민의 소박한 생활 감정을 나타낸 민화 같은 것이 민수에 많은 영향을 주었다.

당나라의 장 언원(張彦遠)은 『역대명화기(歷代名畫記)』에서 명화를 1등품부터 5등품까지로 나누었는데 "1등품은 자연지품(自然之品)으로 상상품(上上品)이요, 2등품은 신품(神品)으로 상중품(上中品)이요, 3등품은 묘품(妙品)으로 상하품(上下品)이요, 4등품은 정품(精品)으로 중상품(中上品)이요, 5등품은 근세지품(謹細之品)으로 중중품(中中品)이다"라고 하였다. 이 수병 「십장생도」를 2등품인 신품으로 본다면 너무 과장된 것일까?

「십장생도」에서 목원이 이야기한 "해, 구름, 산, 바위, 물, 학, 사슴, 거북, 소나무, 불로초"의 10가지가 다 들어간 경우는 보기 힘들다. 그것보다 많거나 그것보다 적은 경우가 대부분이다.

위의 「군학십장생도(群鶴十長生圖)」는 "해, 사슴, 거북, 불로초"가

빠지고 붉은 매화((혹은 복숭아꽃)), 흰 매화꽃과 군자(君子)의 꽃인 연
꽃이 들어가 있다.

송나라 때의 대학자 주돈이(周敦頤 1017-1073)는 「애련설(愛蓮說)」
에서 연꽃에 대한 사랑을 이렇게 읊고 있다:

> 나는 유독, 진흙에서 나왔으나 더러움에 물들지 않고, 맑고 출렁이는
> 물에 씻겼으나 요염하지 않고, 속은 비었고 밖은 곧으며, 덩굴은 뻗지 않
> 고 가지를 치지 아니하며, 향기는 멀수록 더욱 맑고, 꼿꼿하고 깨끗이 서
> 있어 멀리서 바라볼 수는 있으나 함부로 가지고 놀 수 없는 연꽃을 사랑
> 한다.

우리의 수에는 연꽃이 연달아 귀한 자식을 얻는다는 "연생귀자(連生
貴子)"라는 의미로 많이 쓰였다.

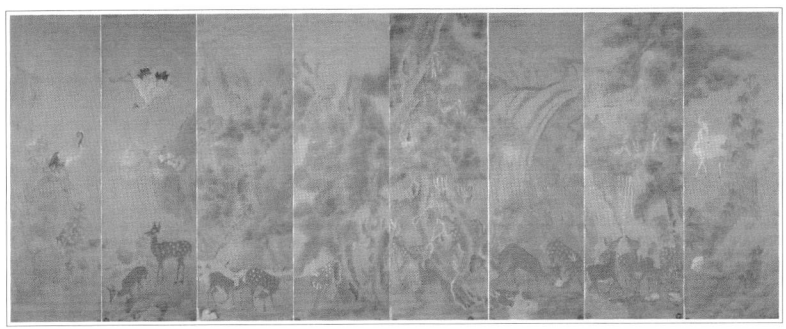

이 병풍은 비록 수병은 아니나, 역시 바탕에 「십장생도」의 "학, 소나
무, 사슴, 영지, 바위, 물, 대나무, 구름" 등의 여덟 가지 소재를 기본으로
삼고 있다. 에덴동산 같은 곳에 이십여 마리의 사슴이 몰려 있어, 『성
경』 잠언 5장 19절의 "그는 사랑스러운 암사슴 같고 아름다운 암노루
같으니 너는 그 품을 항상 족하게 여기며 그 사랑을 항상 연모하라."는

내용을 연상하기 쉬우나, 사슴 무리에 섞여 있는 흰 사슴 "백록(白鹿)" 포인트이다. "백록(白鹿)" 역시 "백록(百祿)"과 동음(同音)으로, 이 병풍은 장수와 작위에 대한 소망을 담고 있다.

「십장생도」는 서북지방에서 혼인시 사용되었던 발댕기나 활옷에도 사용되었으며, 남쪽 지방에서는 베갯머리, 수저주머니 등에 사용되기도 하는 등 그 사용범위가 상당히 광범위한 특징이 있다.

3. 「매학도(梅鶴圖)」

천연기념물 제202호인 학은 두루미라고도 불리는데, 머리꼭대기가 붉고 이마에서 멱·목에 걸친 부위가 검은 것이 학이고, 그렇지 않은 것은 황새이다.

송나라의 대문호 소식(蘇軾)은 「방학정기(放鶴亭記」에서 "대개 학이라는 놈은 청고하고 한적하여 진세(塵世) 밖에 초연히 사는 짐승이라 『주역』과 『시경』에서는 사람으로 말하면 현인, 군자에 비긴 것이다"라고 하였다. 학의 모습에서 군자의 초연함을 찾은 것이었다. 그런 연유인지 청나라나 조선의 문관 일품 흉배에 모두 학을 쓰고 있다.

「십장생도」의 소재였던 학은 또 다른 「십장생도」의 다른 소재들과 함께 어울려 장수 이외의 뜻을 나타내고 있다.

　북송(北宋)의 처사(處士) 임포(林逋, 967-1024)는 항주(杭州) 고산(孤
山)에 은거하여 매화를 심고 학을 기르는 낙으로 평생을 살았다고 한
다. 전설에 의하면 그는 365 그루의 매화를 심어 놓고, 거기에서 난 매
실을 팔아 생계를 이었는데, 매실 판 돈을 365개의 대나무 통 속에 넣
어 놓고, 손님이 오든 안 오든, 손님의 수가 많든 적든 오직 하루에 한
통의 돈만 쓰면서 살았다. 또한 손님이 오면 백학을 시켜 장을 보게
하였다는데, 돈과 필요한 물품을 적은 종이를 주머니에 넣어 백학 목에
걸어 시장으로 보내면, 상인들이 필요한 것들을 백학 편에 보냈다고 한
다. 그가 매화를 아내로 삼고 학을 아들로 삼았다하여 생긴 "매처학자
(梅妻鶴子)"라는 성어는 은일(隱逸)의 대명사가 되었다. 사후 송(宋) 인
종(仁宗)이 "화정선생(和靖先生)"이란 시호를 내려 더욱 유명하여졌다.
　매화와 어울린 학은 고고함의 상징이다. 위의 수병은 매화와 학 이
외에도 「십장생도」의 소재인, 돌, 대나무, 영지를 함께 담고 있다. 장수
와 고귀함에 대한 바람을 함께 표시한 것이라고 할 수 있다. 어찌 보
면 「십장생도」에서 다른 그림으로 파생되어가는 한 과정일 수도 있다.
　2004년 12월 17일 국내 미술사상 최고가로 팔린 청자상감 매죽조문
매병 역시 매화와 대나무 사이에 앉아 있는 새를 상감 기법으로 그려
넣은 작품이다.

조 용진(1998, 102쪽)은 매화꽃 가지에 달이 걸리면 "매화가지 위에 달이 있다「梅梢上月」"가 되며, 이는 비슷한 발음인 "장수한 위에 즐거움까지 떠나지 않는다「眉壽上樂」."라고 해석한다고 한다. "월(月)"이 "yuè"로 되고 이것이 "악(樂) yuè"으로 다시 "락(樂) lè"으로 변환되었다고 할 수 있겠다. 위의 수병 역시 달과 학 두 가지의 「십장생도」소재가 쓰이고 있다.

매화와 학의 어우러짐에서 매화와 다른 새의 어우러짐으로 변한 경우도 있다. 아래 수병은 학 대신 파랑새 한 쌍이 나온 것이다.

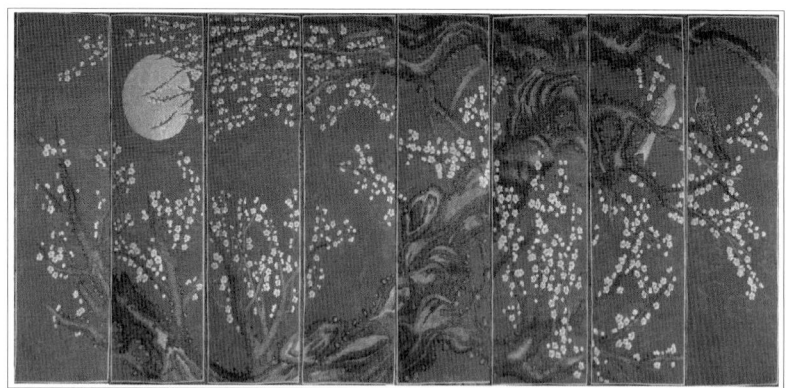

"장수한 위에 즐거움까지 떠나지 않는다「眉壽上樂」."는 의미에 한 쌍의 새로 부부의 좋은 금실을 나타낸다.

4.「화조도(花鳥圖)」

피카소가 유럽을 찾아온 중국의 대화가 장 대천(張大千)에게 "나는 세계에서 네 나라의 예술이 가장 매력적이고 영향력이 크다고 알고 있소. 하나는 이집트요, 또 하나는 인도이며, 나머지는 중국과 일본이요"(楊飛, 2003, 前言)라고 말했다고 한다. 전통적인 중국 그림은 인물, 산수, 화조로 크게 삼분되는데, 「화조도」라고 하여 꼭 새와 꽃만 있는 것은 아니다. 짐승도 들어갈 수 있고 나무, 바위, 채소 등도 다 이 범위에 포함된다.

수병에도 「화조도」가 있다.

첫 번째 그림의 물고기 세 마리 "삼어(三魚)"는 나머지 세 가지의 삼여(三餘)와 발음이 같다. 세 가지 나머지란, 한 해의 나머지인 겨울·낮의 나머지인 밤·맑은 날의 나머지인 흐린 날과 비 오는 날로, 이 때를 이용하여 책을 읽으라는 『삼국지(三國志)·위지(魏志)·왕숙전(王肅傳)』에 나오는 말이다.

두 번째의 국화는 장수의 상징물이며, 세 번째의 매는 날카로운 생김새와 먹이를 낚아채는 습성으로 인해 벽사(辟邪)의 의미가 담겨 있다.

네 번째 그림에서 목련「玉蘭花」은, 해당(海棠)으로 옥당(玉堂)을 뜻하고, 수탉은 벼슬을, 암탉은 매일 알을 낳으므로 자손의 번창을 상징하며, 패랭이꽃「石竹花」으로 장수를 나타내고 있다. 벼슬과 자손과 장수가 집안에 가득함을 원하는 그림이다.

다섯 번째 버드나무 아래의 천둥오리 한 쌍은 버드나무 "류(柳)"를 머무를 "류(留)"로, 오리 "압(鴨)"을 장원 급제를 뜻하는 갑(甲)으로 보아, 소과와 대과 양과에 모두 장원급제하라는 의미이다. 그 의미에 충실하게 어사화로 쓰이는 무궁화 꽃도 함께 하고 있다.

여섯 번째 그림은 십장생 중의 해와 돌, 소나무와 함께 있으며, 이를 축원한다는 대나무「竹=祝」가 보이니, 장수를 축원한다는 내용 같다. 역시 장수를 나타내는 복숭아꽃이 함께 자리 잡고 있다.

아래 「화조도」 8폭 병풍 역시 청춘을 나타내는 장미「長春花」, 장수를 나타내는 소나무와 불로초, 은일(隱逸)과 장수의 상징인 국화, 꽃봉오리가 사내아이의 고추같이 생겼다 하여 아들 낳기를 원하는 원추리, 귀한 아들 연달아 낳으라는 연꽃, 벼슬의 상징인 공작 등을 담고 있다.

5. 「노안도(蘆雁圖)」

『닐스의 모험』에 나오는 기러기 떼들은 꼭 갈대밭에서만 자는 것은 아니었는데, 왜 동양화에 그려진 기러기들은 대부분 갈대밭을 배경으로 하고 있을까?

갈대밭의 기러기 그림, 즉 「노안도(蘆雁圖)」인데, 많은 사람들이 "「노안도」는 갈대 '노(蘆)', 기러기 '안(雁)'과 독음이 같은 노안(老安)의 뜻으로 '노후의 안락'을 기원하는 그림이다"라고 말하고 있다.

현존하는 노안도 중 가장 오래된 것은 북송 휘종(徽宗 1082~1135) 황제가 그린 「유당노안도(柳塘蘆雁圖)」로 알고 있는데, 중국어 발음으로는 "노안(蘆雁)"은 "루이엔"이고 "노안(老安)"은 "라오안"인데, 왜 이 그림이 갑자기 "노후의 안락"을 상징하는 그림으로 변해버렸는지 모르겠다. 「노안도」는 송나라 이후 현재까지 중국 그림에서 자주 등장하는 소재이다.

중국 전한(前漢)의 회남왕(淮南王) 유안(劉安)이 지은 『회남자(淮南子)』에 "무릇 기러기는 바람을 따라 날아 힘을 아끼고, 갈대를 물고 비

상하여 화살을 방비한다."라는 말이 있는데, 기러기의 습성이 갈대밭을
좋아하기 때문에 기러기와 갈대밭을 함께 그리는 것 아닐까? 또한 배
우를 잃어버리면 다시 짝을 구하지 않는다는 기러기의 정절(貞節)을
높이 사서, 기러기 그림을 통해 선비의 고상한 인품을 나타내보고자 함
이 아니었을까? 명나라 문관 4품의 흉배(胸背)에도 「노안도」가 사용되
고 있으니, 그럴 가능성이 농후하다.

만약 「노안도」가 늙어서의 편안함을 뜻한다는 의미로 그려졌다면, 이
는 중국과 달리 우리나라에서 만들어진 의미일 것이다.

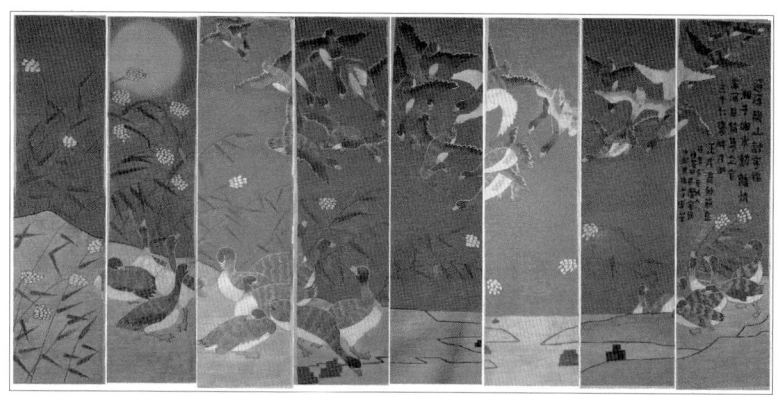

「노안도」에 달이 있으면 "노안락(老安樂)"이라고 읽는다고 한다(조
용진, 1998, 65쪽). 매화에 달이 그려진 것과 같이 달 "월(月)"의 중국
어 발음과 즐길 "락(樂)"의 다른 발음인 풍류 "악(樂)"이 같은 발음이
어서 그럴 것이다.

이 「노안도」는 관재((貫齋) 이도영(李道榮 1884~1933)이 석천(石泉)
이란 호를 가진 사람에게 임술년(壬戌年 1922) 추석(10월 5일 목요일)
에 선물한 것을 수로 놓은 것으로, 둥그런 보름달이 떠 있는 갈대밭에
43마리의 기러기의 생동적인 모습을 보여주고 있으니, 고요함 속에 움

직임이 있고 움직임 속에 고요함이 잘 나타나 있다.

관재는 18세 때 당대 최고의 화가들인 안 중식, 조 석진의 문하생으로 전통 한국화법을 익힌 유명 화가 겸 한국 최초의 만화가이다.

6. 「책가도(冊架圖)」

「책가도」는 「책거리」, 「서가도(書架圖)」, 「문방도(文房圖)」, 「책탁문방도(冊卓文房圖)」등으로 불리며, 중국에서는 찾아보기 힘든 회화 형태였다. 경기대학교 박물관의 설명을 잠시 빌려 보자.

> 형식으로는 커다란 서가에 책과 문방구 또는 여러 가지 기물을 그려 넣은 유형과 서가 없이 책과 기물만 배치한 것으로 나눌 수 있다.
> 전자의 경우 책장 속에 책이 정돈되어 있으며 실제처럼 어둡고 무거운 느낌을 준다. 후자는 상대적으로 책장이 없으므로 소재들이 자유롭게 놓여 있을 뿐만 아니라 색채가 밝고 화려함을 보여주는 특징이 있다.
> (http://museum.kyonggi.ac.kr/dis/dis2_pop0102.jsp)

그럼 이 「책가도」는 왜 그렸는가?

   고매한 학덕을 쌓기 위해 힘쓰는 문인들의 소망을 담고 있으며 학문과
학덕을 상징하는 그림으로 사랑이나 서당에 사용되었다.
(http://www.kyung.org/ga12.htm)
   주로 선비들은 사랑방이나 과거시험 준비에 한창인 자녀들의 공부방을
장식하였고 때때로 자녀의 성공적인 미래를 희망하는 부모들이 갓 태어난
아기방에 걸어놓기도 했다.
(http://www.skyman.co.kr/skku-fine-12.htm)

결국 "공부 잘해라"로 귀착이 되는 그림이다.

   「책가도」수 한 폭을 확대한 사진이다. 꽂꽂이 용
화병이 하나는 국화문 고려청자이고 하나는 철화백자
이다. 보병(寶瓶)으로 평안을 나타낸다. 쌓여진 책더미
위로 위태롭게 놓인 과일 그릇에는 다자(多子)를 상징
하는 석류가 담겨져 있다. 고상한 품위와 장수를 나타
내는 국화꽃, 관운형통의 의미를 지닌 공작 깃, 장수와
관직의 승진을 나타내는 산호 등을 갖춘 것을 보면 세
속의 모든 행복을 갖고 싶어 하는 애처로움이 보인다.

7. 「기명도(器皿圖)」

기명도(器皿圖)란 그릇들을 그린 그림이다. 그릇 가게도 아닌데 그릇

들을 그려서 무엇 하나? 윤 열수(2000, 836-837쪽)은 다음과 같이 말하고 있다.

> 꽃이 꽂힌 화병은 평화로움의 지속을 의미한다. 구리 술잔인 동작(銅爵)은 높은 지위와 조상에 대한 숭앙을 의미한다. 오리 형태로 만든 구리 주전자 부존(鳧尊)은 과음을 경계하는 표시로 쓰인다. 수반 혹은 화반은 아름다움과의 조화를 상징한다. 세 발 달린 구리 향로인 정(鼎)은 제례 용기로 쓰인다. 구리 향로인 정(鼎)은 조상에 대한 숭앙을 나타낸다. 필통은 학문의 성취를 나타낸다.

그리는 사람은 뜻을 담아 그리는 것인데, 보는 사람이 그 뜻을 못 읽는다면 눈으로만 보는 것이지 가슴으로 느끼지 못하는 것이다.

수 놓여진 그릇들은 모두 국보나 보물급 청자들이다. 보물병 즉 "보병(寶甁)"은 평안함을 보장한다는 "보평(保平)"과 발음이 같은데, 그 의미 일까? 이 수를 놓은 이는 부귀, 평안, 장수의 의미로 고려자기를 사용하였다. 이 청자들과 함께 적혀 있는 글들을 보면 그 의문이 풀릴 것이다.

의당부귀(宜當富貴), 연년익수(延年益壽), 연년화장락(延年化長樂), 억년무강지보(億年無疆之寶), 자자손손영보만년용(子子孫孫永寶萬年用) 등

의 글귀로, 부귀와 장수, 그리고 평생 써도 다하지 않는 재물, 자자손
손이 만년 동안 쓸 영원한 재물 등을 내용으로 하고 있다. 이 중 "연
년(延年)"의 글씨체는 한나라 와당(瓦當)에 나타난 글씨체로, 당시 중
국 문화 수입이 상당히 광범위하게 이루어졌음을 알 수 있다.

8. 「평생도(平生圖)」

세 폭은 출생, 결혼, 회혼식 즉 삶에 관한 것이고, 나머지는 장원 급제부터 영의정까지의 벼슬살이에 관한 것으로 이루어진 「평생도」이다.

국립중앙박물관의 『조선시대풍속화』에는 5종류의 평생도가 있다.

그 첫 번째가 도편 23 김 홍도의 「모당 홍이상 평생도」로 '한림겸수찬시', '응방시', '혼인시', '초도호연', '회혼례', '좌의정시', '병조판서시', '송도유수도임식' 8폭으로 되어 있다. 두 번째는 도편 24 필자 미상의 「담와 홍계희 평생도」로 '회혼', '치사', '좌의정행차', '평양감사부임', '수찬행렬', '삼일유가'의 6폭이다. 세 번째는 도편 25 전 김홍도의 「평생도」로 '한림겸수찬', '삼일유가', '혼인식', '초도호연', '회혼례', '정승행차', '판서행차', '관찰사부임'의 8폭으로 「모당 홍이상 평생도」와 그림의 내용이 약간 다르다. 네 번째는 도편 26 필자미상의 「평생도」로 '회혼례', '회방례', '정승행차', '판서행차', '관찰사부임', '한림원수찬시', '삼일유가', '혼인식', '소과응시', '초도호연'의 10폭이다. '소과응시'와 '회방례'가 추가된 것이다; 다섯 번째는 도편 27 필자미상의 「평생도」로 '삼일유가', '혼인식', '서당', '초도호연', '회혼례', '치사', '회갑', '관찰사부임'의 8폭이다.

위의 사실로 보면 「평생도」의 원조는 단원 김 홍도의 「모당 홍이상 평생도」이다. 이 그림의 '회혼식' 상단에는 '신축 9월 사능 화우 와서직중(辛丑九月士能畵于瓦署直中)'이라 적혀 있어, 1781년에 그려졌음을 알 수 있다(국립중앙박물관, 2002, 297쪽). 먼저 그림의 주인공 홍이상의 주요 약력을 살펴보기로 하자.

명종 4년(서기 1549) 홍수의 아들로 태어났으며, 자는 원례, 호는 모당, 본관은 풍산이다. 선조 6년(서기 1573)에 사마시에 합격하였고, 선조 12년(서기1579)에 문과에 장원으로 뽑혔으며, 예조와 호조의 낭관으로부터 정언이 되어 수찬 지제교를 거쳐 호당에 들어가는 은전을 받아 오로지 학업에 전념했다. 집의, 응교, 직제학, 동부승지를 거쳐 특별히 이조참의가 되었다. 임진왜란이 일어나자 예조참의로서 왕을 서경까지 모시고 간 공으로 부제학을 거쳐 병조참의가 되었다. 선조 27년(서기1594)에 성절사로 명나라에 다녀와서 영남지방의 안무사로 나갔다. 또 대사성을 거쳐서 대사헌이 되었다. 선조 40년(서기1607)에 청주목사가 되었다가, 광해군 초에 대사간이 되었으며 이어서 대사헌, 부제학이 되었다. 광해군 4년(서기 1612)에 개성유수가 되었다. 광해군 7년(서기 1615) 67세의 나이로 세상을 떠났다. 뒤에 영의정에 증직되고 문경이라 시호했다.

(http://www.gochungju.co.kr/ch-know/heros/heroes12.html)

홍 이상이 죽고 166년이 지난 후 단원이 부탁을 받고 그의 일생을 그린 것인데, '병조판서', '좌의정', '회혼례'는 사실과 부합되지 않는다. 아마 후손들이 단원에게 준 정보가 약관 과장되었던 것 같다.

이러한 「평생도」가 그림과 수로 여러 판본이 전하고 있으니, 단원의 「모당 홍 이상 평생도」는 홍 이상의 일생을 구체적으로 그렸다기보다는 당시 사대부들의 염원을 홍 이상이라는 인물의 「평생도」를 통해 나타낸 것이라고 보는 것이 더 적당하지 않을까 한다.

공자는 『효경(孝經)』에서 "몸을 세워 도를 행하여 후세까지 이름을 드날림으로써 부모님을 드러나게 하는 것이 효의 마지막이다(立身行道, 揚名於后世, 以顯父母, 孝之終也.)"라고 하고 있다. 그러나 이 「평생도」는 "입신행도(立身行道)" 이야기는 없이 오로지 출세가도를 달려 영의정까지 올라가고자 하는 인생관과 출세관만 보이니, 조선 사대부들의 의식 구조의 한 단면을 보는 것 같아 씁쓸하다.

9. 여론(餘論)

송나라의 구양 수(歐陽修)는 『반거도(盤車圖)』시에서 "옛 그림은 뜻을 그렸지, 형태를 그리지 않았다(古畫畫意不畫形)"이라고 하였다.

위에서 살펴본 바와 같이 수병은 장식용, 은폐용, 방풍용 이외에도 송축이나 기원을 담은 부적의 성격이 있었다. 그 부적의 내용을 읽지 못한다면, 우리는 단지 형태만을 볼 수 있을 뿐이다. 기호를 읽는 방법을 전승 받지 못해, 기호가 존재가치를 상실하게 되었고, 단지 의미 없는 그림으로만 남게 된 것이다.

물론 수병 중에는 송축이나 기원의 의미를 담고 있지 않은 삽병도 있다.

이런 경우는 장식용, 은폐용, 방풍용이라고 봐도 무난할 것이다.

또 하나 지적하고 싶은 것은 중국 문화가 우리에게 들어와서 일정 정도 변화가 있었다는 것이다. 「십장생도」, 「매죽도」, 「매학도」, 「노안도」, 「책가도」, 「보병도」 모두 중국의 원형에서 변화가 일어난 것이고, 「평생도」는 우리만의 창작이라고 할 수 있다. 여기에서는 언급되지 않았지만 「요지연도」 역시 김 영재(1997)의 주장처럼 「군선과해도」와 「해학반도도」,「일월곤륜도」,「십장생도」의 합성이라고 보아야 할 것이다.

팔 폭 비단에 정성스럽게 한 올 한 올 놓여 있는 수를 보며, 자신의
일생과는 상관도 없는 내용을 힘들게 수놓아 양반 집에 가져다 바쳐야
만 했던 조선시대의 아낙들이 너무 가엾다는 생각이 든다. 당나라 시인
두순학(杜筍鶴)은「잠부(蠶婦)」에서 이렇게 읊고 있다:

　　고운 빛 하나 없고 부황 든 기색만 점점 느니
　　어찌 인간 세상 영화로움 알겠는가.
　　해마다 누에치느라 힘들다 말하면서
　　어이하여 자기 몸엔 해진 옷만 걸쳤는가.

【참고문헌】

국립중앙박물관『조선시대풍속화』(서울, 한국박물관회, 2002).

김 영재『귀신먹는 까치호랑이』(서울, 들녘, 1997)

나 정태『민화그리기』(서울, 대원사, 1995)

박 상진「삶의 틀 짜기와 틀의 삶 읽기」,『기호학으로 세상 읽기』(서울, 소명
　　　출판, 2003)

박 여성「매체 기호학」,『기호학으로 세상 읽기』(서울, 소명출판, 2003)

안 정오「기호의 사고, 사고의 기호」,『기호학으로 세상 읽기』(서울, 소명출판,
　　　2003)

유 봉학『한국문화와 역사의식』(서울, 신구문화사, 2005)

윤 열수『민화Ⅱ』(서울, 예경, 2000)

재레드 다이아몬드, 김 정흠 옮김『제3의 침팬지』(서울, 문학사상사, 1996)

조 용진『東洋畵 읽는 법』(서울, 집문당, 1998)

최 태경 『동아새국어사전』(서울, 두산동아, 2002)

한 영화 『전통자수』(서울, 대원사, 1992 제3쇄)

중국어와
중국문화,
어떻게 읽고
가르칠 것인가?

중국 삼국지문화의 성격 고찰

남덕현

1. 서 언

우리나라에는 "삼국지"[1]를 좋아하는 소위 삼국지매니아가 매우 많다고 한다. 이처럼 "삼국지"는 우리나라는 물론이고 중국과 일본 등 동아시아 국가에서 많은 사람들에 의해 끊임없는 사랑을 받고 있다. 이런 열의에 비해 "삼국지"에 대한 학자들의 전문적이고 학술적인 연구가 상대적으로 활발하지는 못하였다. 그 이유는 『삼국지』가 역사소설이라고 말은 하지만 뻔한 역사 속의 인물과 사건을 대상으로 하여 구성된 이야기이기에 중국 고전소설의 여타 대작인 『홍루몽(紅樓夢)』, 『수호전

---

[1] 소설 『삼국지통속연의(三國志通俗演義)』를 중국에서는 『삼국연의(三國演義)』, 우리나라에서는 일반적으로 『삼국지(三國志)』라 통칭하며 널리 사용하고 있다. 그래서 본고에서는 "삼국지"란 일반적 명칭을 그대로 사용하되 역사서 『삼국지(三國志)』와의 혼란을 피하기 위해 소설은 '소설 『삼국지』'로, 역사서는 '역사서 『삼국지』'로 구별하기로 한다.

(水滸傳)』등에 비해볼 때 문학성이 상대적으로 떨어진다는 평가를 받아왔기 때문이다. 이런데도 불구하고 『삼국지』는 독자들에게 시대를 초월하여 그토록 많은 흥미를 주고 널리 읽혀지고 있다. 그 이유는 분명 소설 내적 요인에만 존재하는 것이 아니고 다른 외적 요인에도 그 원인이 있는 듯하다. 우리나라의 소설 『삼국지』에 대한 이해와 연구는 상당한 수준이다. 그러나 대체적으로 소설 『삼국지』의 문학성에만 국한된 이해와 연구인 듯한 느낌이다. 그래서 필자는 외적 요인에 대한 이해와 분석을 위해 실제 삼국지문화 유산의 현장을 찾아 답사를 해보았다.[2]

답사를 통해 중국에는 소설 『삼국지』에만 국한되지 않는 소위 "삼국지문화"라는 것이 형성되어 있음을 알게 되었다. 이 삼국지문화는 크게 역사서 『삼국지』, 소설 『삼국지』, 그리고 민간전설의 세 부분과 관련되어 구성되어 있다. 이와 같은 삼국지문화에 대한 포괄적이고도 전반적인 이해와 인식은 소설 『삼국지』를 바르게 이해하는데 반드시 필요한 한 부분이라 생각했다.

따라서 본고에서 필자는 '삼국지'의 본무대인 중국에서 보편적으로 형성되어 있는 삼국지문화의 내용과 구성을 각종 자료와 답사 경험을 바탕으로 분석하고 그 성격의 본질을 고찰하여 '삼국지' 연구의 토대와 중국문화 이해의 한 부분을 마련해보고자 한다.

---

2)남덕현, 『삼국지문화답사기』, 서울, 미래M&B, 2001년 1월 참조.

2. 삼국지문화의 구성

삼국지문화의 구성은 대체로 역사서 『삼국지』, 소설 『삼국지』, 그리고 민간전설의 세 부분과 관련되어 이루어져 있다. 역사서 『삼국지』에 등장하는 인물과 사건이 기본적 골격이고, 이것이 소설화되어지는 과정에서 정리자가 가미한 허구적 요소가 많은 다양성과 읽을거리를 제공하고 있으며, 일반인들의 바람과 정서가 담겨진 민간의 전설이 전반적으로 삼국지문화의 밑바닥에 깔려 있다.

1) 역사서 『삼국지』

삼국지문화의 기본적 골격은 후한(後漢)말기부터 위(魏)·촉(蜀)·오(吳)로 나뉘어 병립했던 삼국시대[3]의 역사적 사실이 그 토대가 되고 있다. 실제 있었던 역사적 사실과 실존했던 인물이 바탕이 되어 역사소설 『삼국지』의 골간을 이루게 되는 것이다.

소설 『삼국지』에는 당시 하진(何進) 동탁(董卓) 등 기존 호족세력의 발호 및 손견(孫堅) 원소(袁紹) 조조(曹操) 등 각 지역을 토대로 한 신흥 호족세력의 등장, 그들 신구 호족 세력들 간의 갈등과 패권 다툼은 물론이고 신흥세력들 간의 세력다툼의 결과로 조조, 유비(劉備) 손권(孫權)의 삼분천하로 가는 과정이 그려져 있다. 그 과정에서 등장하는 인물과 적벽대전 등의 같은 사건에 대한 묘사와 서술은 모두가 역사서

---

3) 위(魏; 220-265) 촉(蜀; 221-263) 오(吳; 229-280). 陳壽, 『三國志』, 北京, 中華書局, 1985, 卷2 「魏書·文帝紀」, 62쪽. 卷32 「蜀書·先主傳」, 889쪽. 卷47 「吳書·吳主傳」, 1134쪽. 참조.

『삼국지』에 기술된 실제 사실인 것이다.

역사서『삼국지』는 진수(陳壽)4)가 위·촉·오 세 나라의 역사를 기전체(紀傳體) 형식으로 쓴 정식 역사서이다. 다시 말하면 진수가 저술한 이 역사서『삼국지』의 역사적 사실 그 모두가 바로 삼국지문화의 기본적 바탕이 되는 것이다.

2) 소설 『삼국지』

삼국지문화의 핵심적 부분은 사실상 소설『삼국지』의 내용이다. 역사서『삼국지』의 기본적 내용이 이야기 되고 체계적으로 소설화 되는 과정에서 허구성이 가미되어 소설『삼국지』의 주가 된 부분을 살펴보면 두 가지로 나누어진다. 하나는 역사서에는 구체적 기술이 없음에도 불구하고 추측, 확대하여 없는 사실을 꾸며 넣은 것이고, 다른 하나는 작은 역사적 사건을 확대하여 묘사, 서술한 것이다.

(1) 완전한 허구의 가미

첫째, 도원결의(桃園結義) 이야기를 들 수 있겠다. 이 도원결의 이야기를 중국 사람들은 누구나 사실로 믿고 있다. 유비(劉備), 관우(關羽), 장비(張飛)는 삼국시대 촉나라의 중요한 인물들이었다. 역사서『삼국지』를 살펴보면 이 세 사람이 공적으로는 임금과 신하, 사적으로는 형제의 관계로 지냈음을 알 수 있다.5) 역사서 속의 간단한 기술에 바탕한 세

---

4) (233-297), 字 承祚,

5) 『三國志』卷36 「蜀書·關羽傳」, 앞의 책, 939쪽; "先主與二人寢則同床, 恩若兄弟.", 『三國志』卷36 「蜀書·張飛傳」, 앞의 책, 943쪽; "張飛字翼德, 涿郡人也, 少與關羽俱事先主. 羽年長數歲, 飛兄事之.", 『三國志』卷14 「魏書·劉曄傳

사람의 관계가 송(宋) 원대(元代) 이후로 민간문학 분야에서 결의의 이 야기와 함께 감동적인 것으로 미화되어 문학화되기 시작했다. 즉 민간 에서 성행한 각종 공연예술은 물론이고 『삼국지평화(三國志平話)』등의 작품에 이르면 미화와 과장이 첨가되면서 서서히 도원결의의 이야기가 구체적으로 완성되어 갔던 것이다. 둘째, 관우를 치료한 화타(華佗)[6]의 이야기를 들 수 있겠다. 소설 『삼국지』를 보면 천하의 명의 화타가 등 장하여 관우와 조조, 이 두 영웅을 치료한다. 이 중 관우를 치료한 이 야기[7]는 소설에서 꾸며진 완전한 허구이다. 또한 관우가 실제 화살을 맞아 다친 팔은 왼쪽이지만,[8] 소설 속에서는 오른쪽 팔로 묘사되어 있 는 것[9]도 소설에서 완전히 꾸며놓은 것이다.

(2) 역사적 사실의 확대

첫째, 적벽대전(赤壁大戰) 이야기를 들 수 있겠다. 적벽대전에서 조 조가 패배한 원인은 화공이 있었을 뿐만 아니라[10] 당시의 풍토병에 북 방의 군사들이 적응을 하지 못했기 때문이다.[11] 소설에서 묘사한 적벽

」, 앞의 책, 441쪽; "關羽與備, 義爲君臣, 恩猶父子."

6) 『三國志』卷29「魏書·華佗傳」, 앞의 책, 799쪽: "華佗字元化, 沛國譙人也. 一 名旉. 游學徐土, 兼通數經. 沛相陳珪擧孝廉, 太尉黃琬辟, 皆不就. 曉養性之 術, 時人以爲年且百歲而貌有壯容. 又精方藥."

7) 羅貫中, 『三國演義』, 北京, 人民文學出版社, 2001, 75回, 377쪽 참조.

8) 『三國志』卷36「蜀書·關羽傳」, 앞의 책, 941쪽: "羽嘗爲流矢所中, 貫其左臂, 後創雖愈, 每至陰雨, 骨常疼痛."

9) 『三國演義』74回, 앞의 책, 376쪽; "公急勒馬回時, 右臂上中一弩箭, 翻身落 馬.", 『三國演義』75回, 앞의 책, 377쪽; "原來箭頭有藥, 毒已入骨, 右臂靑腫, 不能運動", "某等因見君侯右臂損傷, 恐臨敵致怒, 衝突不便. 衆議可暫班師回 荊州調理."

10) 『三國志』卷54「吳書·周瑜傳」, 앞의 책, 1262-1263쪽; "瑜部將黃蓋曰: '今寇衆我 寡, 難與持久. 然觀操軍船艦首尾相接, 可燒而走也.' ……蓋放諸船, 同時發火."

11) 『三國志』卷1「魏書·武帝紀」, 앞의 책, 31쪽: "公至赤壁, 與備戰, 不利. 於是 大疫吏士多死者, 乃引軍還."

대전은, 기본적으로 역사적 사실과 부합하지만, 사실과 달리 허구적 요소가 적지 않다. 역사서 『삼국지』의 기록[12)]을 살펴보면 "草船借箭"의 주인공은 제갈량(諸葛亮)이 아니고, 손권이었다. 이는 이야기의 흥미로운 전개를 위해 역사적 사실을 확대해놓은 것이라 할 수 있겠다. 이로 인해 오늘날까지도 삼국지문화 속에서는 제갈량을 "草船借箭"의 주인공으로 알고 있는 것이다. 둘째, 청매정(靑梅亭) 이야기를 들 수 있겠다. 사실 역사상엔 조조와 유비가 영웅의 일을 논한 사실이 역사서 『삼국지』에 단지 몇 구절이 있을 뿐이다.[13)] 소설 『삼국지』에서는 이 일을 매우 생동적으로 확대, 묘사하며 그 흥미를 더해주고 있는 것이다.[14)]

  이 외에도 소설 『삼국지』에는 많은 부분에서 역사적 사실을 확대하여 허구화한 수많은 얘기가 있다.[15)] 이는 이야기의 재미를 위해서이거나 또는 인물의 성격을 개성화시키기 위해서이거나, 독자들의 염원을 반영하기 위한 목적에서 작자가 의도적으로 사용한 기술이라고 할 수 있겠다. 이는 바로 역사소설의 소설적 예술성의 장점이자 한계이기도 하다. 소설 『삼국지』의 이러한 부분이 중국 삼국지문화에 고스란히 한 부분으로 남아 큰 틀을 형성하고 있는 것이다.

3) 민간전설

  삼국지문화를 구성하고 있는 또 하나의 요소가 바로 아직까지도 중국의 민간인들 사이에서 존재하고 있는 민간전설이다. 이는 첫째, 소설에

---

12) 『三國志』卷47「吳書 · 吳主傳」, 앞의 책, 1119쪽; "權乘大船來觀軍, 公使弓弩亂發, 箭著其船, 船偏重將覆, 權因迴船, 復以一面受箭, 箭均船平, 乃還."
13) 『三國志』卷32「蜀書 · 先主傳」, 앞의 책, 875쪽; "是時曹公從容謂先主曰 '今天下英雄, 唯使君與操耳. 本初之徒, 不足數也.' 先主方食, 失匕箸."
14) 『三國演義』21回, 앞의 책, 110쪽 참조.
15) 沈伯俊, 『三國漫談』, 巴蜀書社, 1995, 참조.

반영된 민간전설과, 둘째, 역사서 『삼국지』나 소설 『삼국지』의 어느 부분에도 나오지 않으나 중국의 민간인들이 이미 알고 있고, 사실 여부와는 관계없이 그렇다고 믿고 있는 여타의 민간전설들로 구성되어 진다.

(1) 소설 『삼국지』에 반영된 민간전설

① '삼고초려(三顧草廬)'와 관련된 전설

삼국지문화 속에서 제갈량은 소설에서처럼 유비에게 천하의 삼분의 일을 가져다 준 탁월한 능력을 지닌 인물로 알려져 있다. 그러다보니 이들 두 사람의 만남은 세간 사람들의 중요한 관심사이었으며, 이와 관련된 '삼고초려'이야기도 민간에서는 다양한 형태로 전해져오다 자연스레 소설에 반영되어지고 또 오늘날 삼국지문화 속에서도 주요한 사건으로 자리 잡고 있다.

소설에서의 서술과는 달리 민간전설에서는 '제갈량이 유비를 세 번 시험하였다(三試劉備)'는 전설과 '유비가 제갈량에게 세 번 찾아갔다(三請諸葛)'는 전설이 있다. 첫 번째 '三試劉備'전설도 소설에서의 이야기 전개와 유사한 내용의 전설[16]과, 소설과 전혀 다른 이야기의 전설[17] 두 가지가 있다. 두 번째 '三請諸葛'전설도 역시 두 가지 다른 내용이 있다. 그 하나는 장비의 기지로 제갈량을 모셔온다는 내용이고,[18] 또 다른 전설은 유비가 제갈량을 찾아왔을 때 공교롭게도 제갈

---

16) 유비가 융중으로 찾아갈 때 농부들의 노랫소리를 듣는 것이라든지, 최주평(崔州平), 황승언(黃承彦), 석광원(石廣元), 맹공위(孟公威) 등을 만난 내용이라든지, 제갈량의 집 문 앞에서 오래도록 기다린 것 등의 이야기는 소설의 이야기 전개와 비슷하다. 다만 이 모든 사건을 소설과는 달리 제갈량이 주도하였다는 점이 특이하다. 史簡, 『三國人物外傳』, 北京, 中國民間文藝出版社, 1993, 45-48쪽 참조.

17) 전설에서는 소설과 달리 유비 삼형제가 함께 제갈량을 찾아 가는 것이 아니라, 먼저 장비와 관우가 각각 한 번씩 제갈량을 모시러 갔다가 실패한 다음, 유비가 아우들을 데리고 제갈량을 찾아가자 이에 감동하여 제갈량이 따라나서게 되었다고 한다. 史簡, 앞의 책, 49-51쪽 참조.

량이 모친상을 당하여 집밖에 나갈 수 없었기 때문에 세 번이나 찾아오게 되었다는 전설이다.[19]

② 장판파(長板坡) 전투와 관련된 전설

장판파에서 조운(趙雲)이 조조와 일전을 벌이는 부분과 관련된 민간 전설이 있다. 소설에서는 조운이 조조 진영에서 혼자서 분전을 하며 아두(阿斗)를 품에 안고 유비에게로 돌아온다. 이때 아두는 조운의 품에서 곤히 잠들어 있었고 이를 유비에게 건네자 유비는 아이를 땅에 내던지며 "이 어린 녀석 때문에 하마터면 나의 대장군 한 사람을 잃을 뻔했구나"라고 한다. 그러자 조운이 황급히 땅에 던져진 아두를 안아 올리며 유비의 환대에 눈물을 흘리며 감격해하는 것으로 묘사되어 있다.[20]

하지만 민간전설에서는 유비가 조운에게서 아두를 건네받자 "네 녀석 때문에 아까운 장수 하나 잃어버릴 뻔했구나."라고 한 뒤 아두를 땅에 내던지기는 하였으나, 사실 유비의 팔이 무릎 밑으로 내려올 정도로 길었기 때문에 그렇게 심하게 내던진 것이 아니고, 아두가 놀라 울음을 터뜨리자 옆에 있던 감부인이 아이를 안아 올렸다는 것이다. 이 상황을 지켜본 조운을 비롯한 여러 장수들은 유비가 자식보다도 장수들을 더욱 아끼고 사랑한다는 것을 알게 되어 더욱 유비에게 충성을 다하게 되었다는 내용으로 전해지고 있다.[21]

이상의 전설들은 내용상에 다소간 차이가 있긴 하지만 이야기 전개

---

18) 두 번씩이나 허탕을 친 유비 형제들이 다시 융중을 찾았을 때, 제갈량은 자는 척하고 있었다. 한참을 기다리다 지쳐 장비가 불을 지르겠다고 소리치고 윽박지르자 유비가 제지를 하였고, 이를 듣고 있던 제갈량이 그제야 일어나 유비를 맞이하였다. 하지만 그들이 방안에 들어가 국사를 논하자 시간이 길어져 자리를 뜰 줄 모르니 장비가 계책으로 제갈량을 밖으로 유인한 다음 말에 앉히고 신야로 데려갔다는 이야기이다. 史簡, 앞의 책, 52-54쪽 참조.
19) 史簡, 앞의 책, 55-56 참조.
20) 『三國演義』42回, 앞의 책, 214쪽.
21) 史簡, 앞의 책, 67-69쪽 참조.

의 중요한 한 대목으로 소설에 반영되어져 오늘날까지 전해져오고 있는 것이다.

(2) 기타의 민간전설

① 관우의 출생에 관한 전설

관우의 출생에 관한 전설은 세 가지 정도가 있다. 이 세 가지 전설은 내용에 다소 차이가 있으나 모두 관우를 옥황상제의 신하로 묘사하고 있다. 또 이들 세 가지 전설 속에 등장하는 관우의 전신들은 각각 남해용왕, 용, 불의 신이었으나 모두 오로지 백성들을 사랑하는 마음으로 인해 옥황상제의 명을 어기고 백성들을 돕게 된다. 이에 옥황상제의 미움을 사게 되어 결국 인간 세상으로 쫓겨 내려와 관우로 환생한 것이라 한다. 이러한 출생 전설은 개국 신화의 영웅 전설과 매우 흡사하다 할 수 있겠다.[22]

② 탁도천(卓刀泉) 전설

호북성 무한시(武漢市) 탁도천에 남겨진 전설이 있다. 호북성은 삼국시대 위·촉·오 삼국의 접경지이다보니 삼국문화 유적과 그에 얽힌 이야기가 가장 많이 남겨진 지역이다. 지금도 호북성의 수도인 무한시를 가보면 동호 부근의 산기슭에 한 샘물이 있다. 이 샘물에 삼국시대 당시 최고의 명장이었던 관우와 관련된 이야기가 간직되어 전해 내려오고 있다. 관우가 형주지역을 다스리던 시절, 백호의 행패로 인해 강하(江夏)지역 백성들이 겪고 있던 가뭄 문제를 관우가 호랑이를 없애고 이 지역에 샘물이 솟아나게 하여 옥토로 만들어 주었다는 전설이다.[23]

이와 같은 전설들은 소설 속에서 서술되어지지도 않았고, 아무런 역

---

22) 史簡, 앞의 책, 117-124쪽 참조.
23) 蔡遠雄·劉衛祖·陳連生,『三國勝迹湖北多』, 湖北人民出版社, 1985, 166-168참조.

사적 근거는 없지만 오늘날까지도 민간인들의 가슴속에 새겨져 전해져 오고 있으며, 중국 민간인들은 어떠한 의심도 없이 당연히 그러하리라고 여기며 이런 전설을 믿으며 살아가고 있는 것이다. 물론, 이와 같은 민간전설은 어느 날 갑자기 형성된 것이 아니고 수많은 세월을 거친 오랜 역사성을 지니고 있는 것이다. 이 외에도 오늘날 중국의 삼국지문화 속에는 소설 속에 반영되지 않아서 비교적 덜 알려진 수많은 전설이 각 지역을 중심으로 존재하고 있다.24)

3. 삼국지문화의 성격

1) 관우 중심적

관우는 오늘날 중국에서 소설 『삼국지』에서의 모습처럼 용맹이 뛰어나고 지략을 갖춘 훌륭한 한 영웅의 수준을 훨씬 뛰어넘어 신으로 추앙받고 있다. 이토록 관우를 신으로 모시는 현상은 전 중국에 걸친 보편적인 것으로 삼국지문화의 핵심이라 하겠다. 사실 중국의 어지간한 도시나 마을에는 어김없이 관우사당이 있고, 웬만한 상점이나 식당의 입구에는 관우상이 모셔져 있다.

그동안 중국에서는 역사적으로 두 사람이 성인으로 추앙되어왔는데, 한사람은 공자이고 다른 한 사람이 관우이다. 공자는 문성(文聖)으로

---

24) 熊永 編著, 『荊州三國傳說』, 北京, 中國文聯出版社, 2000, 史友仁 孟德善 周進勳 編著, 『許昌三國大觀』, 鄭州, 中州古籍出版社, 1996, 侯學金 主編 『解州關帝廟』, 解州關帝廟文物保管所編, 1998年, 孫侃 選編, 『玉泉寺傳奇』, 當陽, 江河文學社, 1985 등 참조.

관우는 무성(武聖)으로 대접받아왔던 것이다. 공자는 사대부 문인들을 중심으로 성인 대접을 받은 반면에 관우는 공자와 어깨를 나란히 하며 민간인들을 중심으로 성인으로 모셔져왔던 것이다. 중국에서는 성인의 무덤을 림(林)이라고 한다. 그래서 지금까지도 공자의 무덤을 공림(孔林), 관우의 무덤을 관림(關林)이라고 하는 것이다.25) 이런 무성 관우가 언제부터인지 인간의 영역을 뛰어넘어 신의 지위로 격상되었다.

역사 속에서 촉한의 일개 장수에 지나지 않았던 관우는 이미 송나라 때부터 중국의 민간에서 서서히 특별한 존재로 부각되고 있었다. 실제로 관우는 219년 형주에서 죽었고, 관우가 죽자 유비는 그를 장무후(壯繆侯)에 봉하였다. 그러다 약 천 년 후 송대에 이르러 관우는 무안왕(武安王)으로 봉해졌다가, 명대 만력 시기에는 다시 나라를 지키는 충의대제(忠義大帝)에 봉해져, 천자와 동일한 지위에까지 오르게 되는 것이다.26)

관우는 평생 동안 주군 유비를 모시며 충성을 다하였다. 임금의 입장에서는 모든 신하가 관우만큼 충성을 다해준다면 그보다 더 바랄 것이 없었다. 이런 이유로 송대 이후 중국의 봉건통치자들은 정치적인 목적에서 관우를 충의의 화신으로 내세우며 끊임없이 그를 미화하였다.27) 특히 명대에 이르러 본격적으로 신격화되기 시작해 청대에는 절정에 이르게 되어 호국지신(護國之神)이 된다. 이런 과정에서 중국의 민간인들은 관우를 후(侯)에서 왕(王)으로 칭하고, 대제(大帝)로 모시며, 무성인(武聖人)으로 추앙하다, 결국에는 재물과 장사를 관장하는 무신(武神)으로 떠받들며 중국 방방곡곡에 큰 사당을 짓고 그를 기리며 제사를 지내게 된 것이다.28)

---

25) 『三國勝迹遍神州』, 中央人民廣播電台「祖國各地」節目組編, 1985, 127쪽 참조.
26) 박신영, 「三國演義의 關羽형상화가 그 神格化에 끼친 영향」, 부산대 석사논문, 2004, 1-2쪽. 『三國勝迹遍神州』, 앞의 책, 122쪽. 등 참조.
27) 曹大良 編著, 『三國人物風雲榜』, 北京, 農村讀物出版社, 2002, 221쪽. 『三國勝迹遍神州』, 앞의 책, 127쪽. 등 참조.
28) 侯學金 主編, 앞의 책, 66쪽 참조

청대에 이르러 관제묘가 전 중국에 널리 보급되었는데, 그 영향으로 지금 북경지역만 해도 어렵지 않게 관우사당을 만날 수 있다. 명청 이전에는 공자의 문묘가 전국각지에 있었는데, 명청 이후에는 관우의 무묘가 전국의 도시는 물론 향촌에까지 있게 되어 그 규모나 수량이 공자의 문묘를 뛰어넘었다.29) 심지어 중국은 물론 세계 각국에까지 퍼져 있을 정도이다.30)

특히 신으로 추앙받는 것은 관우의 고향인 운성(運城)지역 상인을 비롯한 중국 각지의 상인들과 깊은 관계가 있는 듯하다. 중국 북쪽지방 상권의 중심에 운성지역의 상인들이 있었는데, 이들이 남쪽 지역 상인들과 거래를 하는 과정에서 자연스레 자기 고장 출신인 관우에 대한 추존의 모습을 전하였던 것이다.31) 소설 『삼국지』를 통해 보다 구체적으로 형상화되어져 민간에 알려진 관우의 모습은 평생 신의를 지킨 의인이었다. 이런 까닭에 상거래에 있어 신용을 중시하는 중국의 상인들이 관우를 더 높은 지위에 올렸고, 이후에는 관우가 재물을 관장하는 신이 되어버린다.

삼국지문화 속의 관우와 관련된 여러 이야기가 소설 『삼국지』를 통해 본격적으로 알려진 것이긴 하나 사실 원말 명초에 완성된 소설에 앞서 관우는 이미 그 전에 민간에서 영웅으로 추앙받고 있었다. 당대에 이미 민간에는 『삼국지』와 관련된 여러 이야기가 있었고, 송대에는 민간에서 유행한 각종 연예와 공연예술을 통해 설화인과 기예인들에 의해 '설화(說話)'화 되었다. 이런 바탕 하에 소설 『삼국지』가 구체적 소설의 형태를 갖추며 문학화되는 과정에 편찬자 나관중이 독자들의 염원에 의해 의도적으로 관우의 형상을 더 미화시켰고, 이는 또 다시 더 많은 독자들에게 감동을 자아내 관우가 신격화되는 토대가 되었다.

이처럼 관우의 신격화는 바로 중국 민간인들의 바람이 반영된 것이

---

29) 曲徑 王衛 主編, 『三國人物古今談』, 中國 沈陽, 遼海出版社, 2003, 239쪽 참조.
30) 侯學金 主編, 앞의 책, 267-285쪽 참조.
31) 김문경, 『삼국지의 영광』, 서울, 사계절, 2002, 168-169쪽 참조.

며 오랜 역사성을 지니고 있는 것이다. 이러다보니 자연히 중국 민간인
들의 생각과 모습이 고스란히 반영된 삼국지문화 속에는 관우의 위치
가 절대적일 수밖에 없다. 중국 각지에 퍼져 있는 삼국지문화 유적의
상당수가 관우와 관계된 것이며, 삼국지문화 속의 많은 이야기가 관우
와 관련되어 전해져오고 있고, 동시에 이들을 둘러싼 해설 역시 '관우
신격화' 작업의 차원에서 이루어지고 있는 것이다.

결국 역사 속의 한 인물이 민간인들 가슴 속의 신이 되어 그들의 마
음을 지배하며, 문화현상의 중심에까지 자리하게 된 것이다. 그래서 중
국의 삼국지문화는 관우와 떨어져서 존재할 수 없는 관우중심적인 문
화라고 할 수 있겠다.

2) 촉한 중심적

소설 『삼국지』가 기본적으로 촉한을 중심으로 서술되고 묘사되어져
있고, 삼국지문화의 핵심이 관우이다보니 중국 삼국지문화의 전체적 성
격 역시 촉한을 중심으로 형성되어 있다.[32] 사실 중국 삼국지문화의
삼국시대의 상황에 대한 이해와 인식은 역사적 사실과는 관계없이 소
설 『삼국지』에서 서술된 내용으로부터 가장 많은 영향을 받고 있다.

소설 『삼국지』가 촉한 중심으로 기울게 되는 데는 다음의 몇 가지 요
인이 있었다. 첫째, 역사관의 문제이다. 소설 『삼국지』에 대한 이해와
기술은 여러 가지 관점이 존재할 수 있으나 대체로 위정통론(魏正統論)
과 촉한정통론(蜀漢正統論)이 있다. 소설 『삼국지』를 역사서 『삼국지』
와 비교해보면 상이점을 발견할 수 있는데, 가장 두드러지는 차이는 역

---

32) 여기에서 말하는 '촉한중심'이란 말은 위정통론(魏正統論)에 대한 상대적 개념
   이며, 절대적 개념에서 볼 때 중국의 삼국지문화는 여러 면에서 촉한 중심에서
   벗어나 다양한 문화를 수용하려는 포용적 성격을 보여주고 있다.

사관에 있다. 소설 『삼국지』가 유비의 촉한을 정통 왕조로 내세우는데 반해, 역사서 『삼국지』에서는 소설과는 정반대로 위나라의 임금인 조씨(曹氏) 일가에게만 황제의 호칭을 붙여 천하의 패권이 위에 있었다고 기록하고 있다.33) 이처럼 위정통론에 바탕을 둔 역사서 『삼국지』는 삼국시대 사건에 대한 기술은 비교적 객관성을 지니고 있으나, 인물 평가에 있어서는 촉의 제갈량을 지나치게 폄하34)하는 등 다소 그 객관성을 잃은 듯하다. 또한 기록의 분량에 있어서도 위·촉·오 세 나라 역사 중 촉나라에 대한 서술이 가장 간략하다. 이러한 점은 유가적 가치관을 지니고서 촉한정통론을 중시하는 사람들에게는 지극히 불만스러울 수밖에 없었던 것이다. 둘째, 관우의 신격화이다. 소설 『삼국지』가 원말 명초에 소설로 완성되어가는 소설화과정에서 크게 영향을 받은 또 다른 요인은 바로 당시 독자층의 한 축이었던 민간인들의 분위기였다. 소설 장르의 민간문학적 성격을 볼 때, 당시 민간의 분위기 또한 자연스레 반영되어질 수밖에 없었던 것이다. 이미 민간에서 관우의 인기가 워낙 좋다보니 편찬자로서는 소설화과정에 이런 분위기를 반영하지 않을 수 없었던 것이다. 셋째, 독자층의 성격 변화이다. "삼국지" 이야기가 본격적으로 읽는 소설로 자리 잡게 되는 명대는 이미 정통 주자학이 융성하여 유교적 가치관을 지닌 독자층이 비약적으로 늘어났던 시대였다. 넷째, 상업적 이유이다. 소설책을 유사 역사로 인식시켜 식자층의 구매를 유도하여 부를 축적하려 했던 출판업자들의 욕망이 맞물렸던 것이다.

이러한 시대적, 사회적 요인은 촉한을 중심으로 하는 새로운 "삼국지" 이야기의 출현을 갈망하게 하였고, 결국 소설 『삼국지』의 전체적 기술 방향을 역사적 사실과는 달리 촉한 중심의 촉한정통론으로 기울도록 하였던 것이다. 이러한 시대적 요구에 부응하기 위해 나관중은 역사서 『삼국

---

33) 전홍철, 「황석영삼국지·해제」, 서울, 창작과비평사, 2004, 10권 248쪽 참조.
34) 『三國志』卷35「蜀書·諸葛亮傳」: "可謂識治之良才, 管·蕭之亞匹矣. 然連年動衆, 未能成功, 蓋應變將略, 非有所長歟!"

지』를 진수와 정반대되는 역사관으로 재해석한 바탕 위에서, 오랜 세월 동안 민간의 이야기판 여기저기에 흩어져 있던 『삼국지』 이야기를 한꺼번에 묶어 이전과는 전혀 다른 새로운 소설을 만들었던 것이다.[35]

결국 이 과정에서 소설 『삼국지』는 역사서 『삼국지』와는 달리 유비의 촉한을 정통 왕조로 내세웠던 것이다. 즉 관우추앙적 민간분위기와 새로운 문학의 출현을 기대하는 시대적 요청이 반영되어 촉한중심적으로 서술될 수밖에 없었다. 이는 독자층을 의식하고 사회 분위기를 반영해야만 하는 작가로서의 사명이기도 하다. 이렇다보니 중국의 삼국지문화는 소설의 영향으로 자연스레 역사서 『삼국지』의 위정통론을 벗어나 촉한을 중심으로 형성되어 촉한중심적 성격을 띠게 되었다.

3) 종합적 포용적

중국의 삼국지문화 속에 도교·불교·유교문화가 공존하고 있다는 점은 특이하다. 삼국지문화의 기본적 역사관점은 앞서 살펴본 바와 같이 촉한중심적이다. 허나 민간의 종교 사상적 측면에서 들여다보면 오늘날 존재하고 있는 중국의 삼국지문화는 촉한중심에서 벗어나고 있고 동시에 유교중심에서 벗어나고 있으며 그 전체적 성격이 종합적이고 포용적임을 알 수 있다. 실제 삼국지문화 현장 답사를 통해 확인해 본 바를 살펴보면 잘 알 수 있다.

(1) 허창시(許昌市) 장공사(張公祠)

오늘날 중국 하남성 허창시는 삼국시대 당시 조조의 위나라 수도였

---

35) 전홍철, 앞의 글 참조.

다. 조조의 심장부 허창에 장공사라는 적장 장비의 사당이 있다. 서기 196년, 한나라 헌제(獻帝)가 조조의 강권에 의해 낙양에서 허창으로 도읍을 옮긴 이후, 조조의 아들 조비(曹丕)가 황제의 보위를 빼앗아 다시 낙양으로 도읍을 옮길 때까지 허창은 25년간 한위(漢魏)의 수도였다. 그래서 이 허창 지역에는 지금도 많은 삼국문화 유적이 남겨져 있지만, 그 대부분이 위나라와 관련된 유적들이다.36)

그렇다면 어떻게 위나라의 수도에 적장 장비의 사당이 남아있게 되었을까? 소설 『삼국지』에서는 그 유명한 장판파(長板坡)전투에서 장비가 홀로 당양교(當陽橋)에 서서 조조의 대군을 물리친 부분을 서술하면서 그의 용맹스러운 기개를 사실적으로 잘 묘사하여 형상화하고 있다. 조조의 군사의 수가 많은 것은 둘째치고서라도 이전(李典)·하후돈(夏候惇)·허저(許褚) 등 내로라하는 용맹스런 장수들이 모두 조조의 곁에 있었음에도 장비 한사람의 기세를 이기지 못해 다투어 도망쳤던 것이다.37) 이렇게 세상 사람의 간담을 서늘하게 만들었던 천하의 호걸 장비는 특히 적지인 위나라 사람들에게 더 인상적이었으며, 동시에 그가 본시 북방 연(燕)나라 사람이었기에 그들에게는 장비가 자랑스러운 인물로 생각되었던 것이다. 사실 장비는 소설 『삼국지』에서 부각되어진 묘사38)와는 달리 자세히 살펴보면39) 용맹에다 나름대로 지략을 갖춘 훌륭한 장수이다. 그런 까닭에 지금까지도 조조의 심장부였던 허창에 촉나라 장수 장비를 모셔놓은 사당이 남아 있는 것이다.

이 장공사는 장비와 함께 부처도 모시면서 포청천(包靑天)까지 모셔

---

36) 史友仁 等編, 앞의 책 참조.
37) 『三國演義』42回, 앞의 책, 214-215쪽.
38) 소설 『삼국지』제14회에서 장비는 서주성에서 술을 자제하지 못하고 경계를 게을리 하다 여포(呂布)에게 기습당하였고, 심지어 제81회에서는 결국 술로 인해 그의 생을 비참하게 마감하고만 장수로 묘사되어 있다.
39) 소설 『삼국지』제42회 장판파 전투나, 제63회 사천에서 적장 엄안(嚴顔)을 사로잡는 과정에서는 지략을 갖춘 훌륭한 장수로 묘사되어 있다.

놓은 사당이라는 점이 특이하다. 장공사 안에는 장비를 모신 전각과 함께 부처를 모신 법당과 포청천을 모셔놓은 전각이 너무나 자연스레 나란히 어우러져 있다. 그래서 이 장공사를 포공묘(包公廟)라고 부르기도 한다.

본래 이 사당은 촉나라 장수 장비를 모신 곳이었다. 그러다 어느날 법당이 들어서고 또 청대부터는 당시 민간의 존경을 한 몸에 받던 포청천도 이 곳에 함께 모셔졌다.[40] 즉 삼국 문화에다 위(魏)·진(晉) 이후의 불교 문화, 송대 이후의 포청천에 대한 민간인들의 존경심이 모두 이 한 곳에 어우러진 것이다. 촉나라 장수 장비를 위나라 사람들이 모셔놓은 것이나, 전혀 다른 종교적 이념을 지닌 사당이 같은 곳에 나란히 있는 것 등이 매우 특이한 점이라 하겠다. 중국의 전통 유가·도가·불가 사상이 민간인들의 염원이 담긴 삼국지문화 속에서는 자연스레 함께 수용되어져 왔음을 보여 준다.

(2) 오림촌(烏林村) 조공사(曹公祠)

오늘날 중국 호북성 홍호현의 남동쪽 오림촌에는 조조를 모셔놓은 조공사라는 사당이 있다. 이 곳 오림촌은 적벽대전 전투지로서 조조군의 진영이 있던 곳이다. 전통적으로 오에 속하는 지역이었으나, 적벽대전 당시에는 장강을 사이에 두고 조조군이 유비·손권 연합군과 대치하였던 곳이다. 오림은 전략상 중요한 지역이었다. 조조군의 진영에서 북으로 통하는 길목이었기에 후방 북쪽에서 오는 식량과 보급품을 저장해두는 곳이었다.

조조군은 결국 이 적벽대전 전투에서 대패를 하고 북으로 패주 하였다. 그래서 이 오림은 조조군에게는 참패의 현장이고, 유비·손권 연합군에게는 승리의 장소이다. 이 적벽대전은 오림을 비롯한 주변의 여러

---

40) 史友仁 等編, 앞의 책, 40쪽 참조.

곳에 많은 유적을 남겨놓았다. 오림 지역에는 조조만(曹操灣), 홍혈항(紅血巷), 만인갱(萬人坑) 등의 적벽대전 때의 조조군과 관련된 유적들이 아직 남아있기도 하다.41) 이 중 주목을 끄는 것이 바로 오림촌 조공사인 것이다. 왜냐하면 강대한 조조군이 참담한 패배를 맛본 치욕의 전투장이었고, 오에 속한 지역임에도 불구하고 오늘날까지 대패한 적장 조조를 모시는 사당이 남아 있기 때문이다.

오늘날 이 곳 오림촌에 가보면 끝없이 펼쳐진 들판 가운데 약간 구릉이 져서 부근 지역보다는 다소 높아 보이고, 마을 뒤쪽으로는 짙은 숲이 보이는 전형적인 한적한 시골 마을인데, 마을 입구에 붉은 글씨로 오림채(烏林寨)라고 새겨진 비석이 하나 있다. 이 비석의 우측에 조조를 모신 조공사라는 작은 사당이 있다. 이 사당은 문화대혁명 때 훼손되었다가 최근에 보수된 것이라고 한다.

사실 여부와 관계없이 소설의 영향으로 인해 적벽대전이 지금까지도 세상에 알려지기로는 오의 장수 주유(周瑜)와 방통(龐統) 제갈량 등이 맹활약을 하여, 화공으로 조조의 백만 대군을 불사른 것으로 되어 있다. 그러니 주유, 제갈량 등이 당연히 전쟁영웅으로 떠받들어져야 할 것이다. 물론 오림과 장강을 사이에 두고 북쪽에 위치한 호북성 적벽시 쪽의 적벽대전 유적지에는 적벽공원이 조성되어 커다란 주유의 동상이 세워져 있기는 하다. 하지만 최근 문화대혁명을 거치면서 이 사당이 훼손되어버려 잊어버릴 법도 한데, 민간인들이 다시 보수하여 조상 대대로 계속하여 조조를 모시는 것을 보면 이는 가히 문화적 전통이라 할 수 있겠다.42)

이처럼 위나라 지역에서 적장 장비가 모셔지고 있고, 오나라 지역에서 조조가 모셔지고 있는 것에서 알 수 있듯이 중국의 삼국지문화는

---

41) 蔡遠雄 等, 앞의 책, 123쪽 참조. 남덕현, 앞의 책, 164-166쪽 참조.
42) 오늘날 존재하고 있는 이 사당은 문화대혁명 때에 훼손되었다가 최근에 보수된 것이며, 이 사당을 지키는 사람들은 모두가 증(曾)씨이며 조상 대대로 조조를 숭배해왔다고 한다. 그리고 지금도 하루에 여러 차례 조조에게 제를 올리고 있으며, 그 운영비용도 그들 스스로가 조달한다고 한다.

결코 배타적이지 않고 대단히 종합적이고 포용적이라 하겠다. 역사는
승자의 기록이라고 하지만 승리한 자만을 기리는 것이 아니고, 패배한
적장을 아직까지도 기억하고 제사지내며 모시는 것을 보면 중국의 삼
국지문화가 얼마나 포용적인가를 알 수 있게 해준다.

4) 지역 문화 중심적

오늘날 중국의 삼국지문화는 그 밑바탕에 자신의 지역에 대한 문화
적 자부심이 깔려 있다. 따지고 보면 위·촉·오 삼국이 직접 위치했던
중국의 많은 공간이 삼국지문화유적의 현장이고, 이후 확대되어진 중국
의 모든 영토와 주변이 간접적인 삼국지문화의 영향권이라 할 수 있다.
다시 말해 전 중국이 삼국지문화의 문화적영역권이라 할 수 있는 것이
다. 그래서 중국의 민간인들은 예로부터 자기 고장에 삼국지문화 유적
이 있거나, 삼국지문화 속의 인물이 자기 출신이라는 점에 대해 대단한
자부심을 지녀왔었다. 이런 까닭에 지역별로 자신들의 삼국지문화에 대
한 이해와 인식이 다양하였으며, 자부심 또한 엄청난 수준이었다.

(1) 적벽(赤壁)

먼저 적벽대전의 장소라고 주장하는 중국 각 지방의 문화유적에 대
한 자부심을 살펴보자. 지금 중국에는 두 곳의 적벽이 존재하고 있다.
하나는 삼국시대 최대의 격전장이었던 곳, 오늘날 호북성 적벽시의 적
벽을 가리키는 것이고, 다른 하나의 적벽은 송대 최대의 문호였던 소동
파(蘇東坡)가 유배시절 객과 더불어 배를 띄워 놀며 명문장 적벽부(赤
壁賦)를 지었던, 오늘날 호북성 황강현(黃岡縣)에 있는 적벽을 말한다.

그래서 오늘날 중국인들은 이 소동파가 노닐며 지은 적벽부로 인해서 이 곳을 문적벽(文赤壁)이라 부르고, 『삼국지』 전쟁터였던 적벽시의 적벽을 무적벽(武赤壁)이라고 부른다.43)

그런데 오늘날 중국에서는 전쟁터 무적벽이 바로 자신들의 고장이라고 여러 지역에서 주장을 하고 있다. 사실 '적벽'의 유래는 다음과 같다. 오림과 적벽은 장강 하나를 사이에 두고 마주보고 있다. 당시 장강 남쪽 강변의 산 쪽은 손권과 유비가 군대를 주둔시킨 장소였고, 조조는 강의 북쪽에 있는 오림에 군대를 주둔시켰다. 손권과 유비의 연합군은 화공을 써서 먼저 강에 있는 조조군의 전투선을 불태워버린 다음, 이어 북쪽 강변의 오림에까지 불을 놓았다. 당시 오림 일대는 고목이 하늘 높이 치솟아 있는 원시림이었으나, 그 때 불타 잿더미가 되었다. 당시 활활 타오르던 불이 장강 남쪽 강변의 절벽을 붉게 비추었기 때문에 이 절벽을 적벽이라 부르고 그 산을 적벽산이라 부르게 되었던 것이다.44)

이 적벽대전의 전쟁터가 수당(隋唐) 이래로 내려오면서, 호북성 장강 일대에는 저마다 그 곳이 적벽대전의 장소라고 주장하는 적벽이 한 때는 무려 포기(蒲圻), 무창(武昌), 한천(漢川), 한양(漢陽)과 황주(黃州)의 다섯 곳이나 되었다고 한다.45) 지금은 정부의 주도하에 고증을 통해 포기 지역으로 정하고 아예 적벽시로 행정적 지명정리까지 한 상태이다. 현재 무적벽 유적은 호북성 적벽시의 서북쪽 40㎞ 지점의 장강 남쪽 강변에 적벽공원으로 조성되어져 있다.46) 이처럼 5개의 적벽이 존재하다 적벽시로 정리해야만 할 정도로 중국의 민간인들은 자신의 지역이 삼국지문화와 관계되기를 원하고 있고, 이런 관련성에 대해 대단한 긍지와 자부심을 지니고 또 지니려고 한다.

---

43) 『三國勝迹遍神州』, 앞의 책, 52-53쪽 참조.
44) 蔡遠雄 等, 앞의 책, 119쪽 참조.
45) 『三國勝迹遍神州』, 앞의 책, 52쪽.
46) 남덕현, 앞의 책, 179-182쪽 참조.

(2) 융중(隆中)

중국에는 제갈량의 젊은 시절 거처였던 융중이 두 곳 있다. 하나는 호북성 양번시(襄樊市)의 고융중이고, 다른 하나는 하남성 남양시(南陽市)의 와룡강(臥龍崗)이다.

역사적 기록에 바탕 하여 제갈량의 삶을 살펴보면, 제갈량은 서기 181년 산동성 기수현(沂水縣)에서 태어났다. 어려서 부모가 일찍 죽고 그의 형 제갈근(諸葛瑾), 동생 제갈균(諸葛均) 그리고 두 누이와 함께 숙부 제갈현(諸葛玄)의 부양을 받게 된다. 14세 때 숙부를 따라 양양(襄陽)으로 오게 되고, 17세 때 숙부가 죽자 융중으로 들어가 초가집을 몇 칸 짓고 은거하며 한편으로 밭 갈고 한편으로 책을 읽으며 10년을 살았다고 한다. 어려서부터 재능이 남달랐던 그는 이 기간 동안에 항상 명사와 어울려 학문을 연구하고 토론하였는데, 그의 재능과 학식은 이미 세상 사람의 주목을 끌어 '와룡'의 칭호가 널리 알려져 있었다. 후에 사마휘(司馬徽)와 서서(徐庶)에 의해 유비에게 추천되어 지고, 유비는 그의 지혜를 구하기 위해 여러 차례 융중 초가집으로 찾아갔다. 서기 207년 27세의 나이에 그는 유비의 삼고초려에 감동하여 천하통일의 부푼 꿈을 안고 융중을 나서 파란만장한 그의 정치 생애를 시작했던 것이다. 이 때 세상으로 나와 54세에 오장원(五丈原)에서 병으로 세상을 마치게 된다.[47]

소설 『삼국지』를 보면 제갈량은 정말 세상에 한번 존재할까말까한 정도의 전지전능한 특출한 인물로 묘사되어 있다. 이로 인해 제갈공명은 중국인들의 마음속에 이미 지혜의 화신으로 자리 잡고 있다. 그래서 역사상의 제갈량이란 인물 자체에 대한 관심은 물론이고 그의 발자취가 스쳐간 삶의 유적 등은 예로부터 모든 사람의 관심의 대상이었다. 이 제갈량의 젊은 시절 거처가 바로 융중인데, 지금 중국 호북성 양번

---

47) 蔡遠雄 等, 앞의 책, 1-2쪽. 譚良嘯 主編, 『武侯祠大觀』, 成都, 四川人民出版社, 1988, 224-229쪽 참조.

시 양양(襄陽)의 남쪽에 위치하고 있다.

이 융중은 제갈량이 아름다운 청년시절을 보냈던 곳으로 천하를 손바닥에 두고 움직였던 그의 정치사상은 바로 이 시기에 형성되었다고 할 수 있다. 그래서 후세 중국인들은 그가 머물렀던 융중 시절의 흔적과 자취를 보존해 그를 기리고자 하였다. 이에 융중에는 제갈량이 세상을 떠나고 얼마 되지 않은 진(晋)대부터 기념적 성격의 건축물이 들어서기 시작하여 오늘날까지도 보수를 거듭하며 보존되고 있다.

그러나 흥미 있는 것은 지금 중국에는 또 하나의 융중이 있다는 것이다. 하남성 남양시의 와룡강이 제갈량이 살았던 융중이라고 주장하는 것이다. 제갈량은 그가 유선(劉禪)에게 올린 출사표(出師表)에서 '제가 베옷 입고 남양 땅에서 밭 갈고 있을 적에.'48)라고 했는데, 이 남양 땅이 지금의 하남성 남양시라고 주장하는 것이다. 허나 이 때의 남양 땅은 당시의 남양군(郡)을 가리키는 말이다. 삼국시대의 남양군은 그 관할 지역이 현재의 호북성 북부를 포함하는 대단히 넓은 범위였다. 그 때 이 양양의 융중은 남양군 등현(鄧縣)의 한 산촌이었던 것이다.49) 정확한 사실여부를 알 수는 없으나 옛 문헌 속의 남양은 고대의 남양군 지역을 지칭하는 것으로 오늘날 하남성 남양시를 가리키는 것은 아닌 듯하나 남양시 사람들은 유적지를 조성해놓고 제갈량을 추존하며 삼국지문화 중심지의 하나라고 자부하고 있다.50)

이와 같이 중국인에게 있어 제갈량을 사모하고 기리는 마음은 한 시대 한 지역에 국한되는 것이 아니고 가히 시대와 지역을 초월한 중국 삼국지문화 속의 전반적 문화현상 임을 알 수 있겠다.

---

48) 諸葛亮, 「出師表」: '臣本布衣, 躬耕於南陽"
49) 蔡遠雄 等, 앞의 책, 41쪽.
50) 李中杰 主編, 『名城南陽』, 北京, 經濟日報出版社, 1991 참조.

(3) 관우의 무덤

지금 중국에는 관우의 무덤이 두 개 있다. 하나는 하남성(河南省) 낙양시(洛陽市)에 있는 관림(關林)이고, 다른 하나는 호북성(湖北省) 당양시(當陽市)의 관릉(關陵)이다. 관림은 관우의 머리가 묻힌 곳이고, 관릉은 관우의 머리 없는 시신이 묻힌 곳이다.

관우의 죽음과 그의 시신 처리에 관한 당시의 역사적 기록을 살펴보면 대략 다음과 같다. 서기 219년, 건안(建安) 24년에 손권이 형주를 공격하여 강릉을 차지하고 장수들을 보내 관우를 공격하여 당양까지 추격하게 하였다. 관우와 그 아들 관평(關平)을 사로잡은 다음 그들을 지금 원안현(遠安縣)의 서쪽인 임저(臨沮)에서 참하고는 유비가 군대를 일으켜 보복할까 두려워 한편으로 관우의 머리를 조조에게 바쳐 화를 그에게 떠넘기려하였고, 또 한편으로는 제후의 예를 갖추어 장사지내고 그의 시신을 당양 고장향(古漳鄕)에 묻어 주었다. 한편 관우의 머리를 받은 조조는 동오의 이러한 계략을 파악하고는 이에 말려들지 않으려 했다. 그래서 그도 제후의 예를 갖추어 장사지낸 다음 관우의 머리를 낙양의 남문 밖 명당 자리에다 묻어 주어 유비와의 불필요한 충돌을 피했던 것이다. 이렇게 하여 관우는 손권과 조조에 의해 그 무덤이 두 개가 되어 버렸다.[51]

지금 호북성 당양시의 서쪽 편에 그 유명한 전쟁터 장판파가 있고, 이 곳의 서쪽 약 3㎞지점에 규모가 상당히 큰 관릉이 있다. 바로 이 곳이 관우의 몸뚱이가 묻힌 곳이다. 그리고 중국 하남성 낙양시의 남쪽에는 관우의 머리가 묻힌 무덤 관림이 있다. 옛날 중국에서는 제왕의 무덤을 릉(陵)이라 하고 왕후의 무덤은 총(冢), 일반 백성의 무덤은 분(墳), 성인의 무덤을 림(林)이라고 불렀다.[52] 그래서 이 곳의 관우 무덤을 관림이라 부르는 것이다.

---

51) 蔡遠雄 等, 앞의 책, 48-49쪽 참조,
52) 『三國勝迹遍神州』, 앞의 책, 127쪽.

(4) 도원결의 장소

같은 지역이라 하더라도 서로가 정통이라고 주장하는 곳이 있다. 바로 소설 『삼국지』에서 삼국지문화 속으로 삽입된 도원결의 장소를 두고 하남성 탁주시내에 있는 두 장소가 서로 도원결의의 장소라고 주장하고 있는 것이다.53) 탁주시의 '삼의궁(三義宮)'과 '충의점(忠義店)'이 바로 그 곳이다.

유비, 관우, 장비의 도원결의 이야기는 소설 『삼국지』의 영향으로 인해 중국의 민간에서는 의심할 여지가 없는 사실로 간주되어 왔다. 소설 『삼국지』 1회를 보면 장비의 집 뒤쪽의 도원에서 결의를 한 것으로 되어 있다. 유비와 장비의 고향은 지금 중국의 하북성 탁주시(涿州市)이다. 이 탁주시 루상묘촌(樓桑廟村)에 가면 수(隋)대 때 건립되었다고 하는 '삼의궁(三義宮)'이라는 곳이 있는데, 널찍한 도원은 물론이고 도원결의 기념비까지 세워놓고서 이 곳이 바로 도원결의의 장소라고 주장하고 있다.

그러나 같은 지역인 탁주시 서남쪽에 있는 장비의 고향마을 충의점촌(忠義店村)에는 장비의 집을 복원하여 뜰에 삼형제가 결의하는 조각상까지 마련해놓고는 도원결의의 장소가 이 곳이라고 주장하고 있기도 하다. 왜냐하면 소설 『삼국지』에 분명히 장비의 집 뒤쪽 도원이라고 되어있기 때문에 사실 여부에 관계없이 당연히 장비의 고향집이 도원결의의 장소라는 것이다.

이 또한 중국인들의 고장 마을 문화에 대한 자부심에 바탕 하는 것으로 서로가 이야기의 허구성 여부와는 관계없이 그 이야기가 중국 민간인들의 삼국지문화 속에 존재하는 한 그 장소는 각기 자기마을이어야 한다는 것이다.

---

53) 桂郁 主編, 『樓桑三義宮』, 涿州歷史文化叢書, 2001年9月 참조.

(5) 삼국지문화의 중심지

심지어 삼국지문화의 중심이 어디가 되어야 하는 점에 대해서도 한 치의 양보도 없는 두 곳이 있다. 삼국지문화의 핵심인 관우문화와의 관련성을 내세운 호북성 형주시(荊州市)와 산서성(山西省) 운성(運城)이 바로 그것이다.

삼국연의 120회 중에서 형주에서 진행되거나 형주가 언급되거나 형주와 관련된 곳이 82회나 되며, 관우가 10년간이나 형주를 지켰다는 점으로 인해 뭐니 뭐니 해도 삼국지문화의 중심은 형주라는 것이다.

소설 『삼국지』를 읽어보면 결국 제갈량의 아이디어에 의해 유비는 동오로부터 형주를 빌리는데 성공하게 된다. 이 때부터 사실상 형주는 촉의 관할이 되었으며, 유비는 이 형주를 빌려 토대로 삼아 천하를 삼분하게 된다. 유비가 사천지역을 얻어 완전히 천하를 삼분하게 된 후 이 형주는 유비의 오른팔인 관우에게 맡겨진다. 관우는 형주를 10년간 지키게 되는데 이 때 형주성이 지어지게 된다. 이 형주 지역에는 크고 작은 많은 삼국지문화 유적이 있는데, 오랜 세월을 지나는 동안 역사서 혹은 민간인들의 가슴속에 그 이름과 전설만을 남긴 채 사라져 갔다. 그러나 오늘날까지도 관제묘(關帝廟), 행군과(行軍鍋), 석마조(石馬槽), 춘추각(春秋閣), 괄골료독처(刮骨療毒處) 등의 여러 유적이 남아 있다.[54] 이것들이 모두 관우와 관계있는 유적들이니 형주와 관우는 보통 인연이 아니며, 이런 까닭에 이 지역 사람들의 관우사랑은 남다를 수밖에 없는 것이다.

또한 관우사랑과 관우문화에 대한 자부심은 그의 고향사람들에게는 당연히 남다를 수밖에 없다. 그래서 중국 민간인들의 신으로 떠받들어지고 있는 관우의 고향인 운성이 당연히 삼국지문화의 중심이고 관우사랑의 본고장이 되어야 한다는 주장이다. 사실 운성은 관우의 출생지

---

54) 남덕현, 앞의 책, 99-121쪽 참조.

이다. 소설 『삼국지』에서 관우가 유비에게 자신의 고향을 하동 해량이라고 소개하고 있다.55) 이 하동이 바로 지금의 산서성 운성을 가리키는 것이다. 즉 지금 중국의 산서성 운성시 해주진(解州鎭) 상평촌(常平村)이 관우의 고향이다. 이 곳은 운성시 동남쪽 10㎞지점에 위치해 있다.56) 사실 관우는 189년에 고향을 떠나 219년 58세로 당양에서 생을 마감할 때까지 끝내 고향 땅을 다시 밟지 못하였다. 실제로 중국에는 관림과 관릉이라는 두 개의 관우 무덤이 있다. 그러나 이 곳 관우의 고향 운성사람들은 관우의 무덤이 세 개라고 주장한다. 즉 몸은 당양에 묻히고, 머리는 하남성 낙양에 묻혔으나, 관우의 영혼은 이곳 산서성 운성의 고향으로 돌아와 묻혔다고 생각한다.57)

이 운성사람들은 온 중국 사람들이 떠받들어 모시는 관우신이 바로 이 고장출신이라는 것에 대해 그야말로 특별한 자부심을 지니고 있다. 그래서 이 운성에는 두 개의 의미 있는 관우 사당이 일찍부터 지어졌다. 하나는 그의 고향 마을에 있는 상평관제묘이고, 다른 하나는 해주관제묘이다. 상평관제묘는 관우는 물론이고 그 집안 조상까지 모셔놓은 관우 집안 사당이다. 해주관제묘는 중국의 수많은 관우사당 중 가장 규모가 큰 관제묘이다.58)

이렇듯 운성사람들의 관우사랑은 특별한 것이며, 이러하다보니 운성사람들은 삼국지문화의 중심이 당연히 운성이 되어야만 한다는 것이다.

---

55) 『三國演義』1回, 앞의 책, 3쪽; "吾姓關, 名羽, 字長生, 後改雲長, 河東解良人也."
56) 侯學金 主編, 앞의 책, 1쪽 참조.
57) 蔡遠雄 等, 앞의 책, 48쪽 참조.
58) 侯學金 主編, 앞의 책, 1쪽 참조.

4. 결 어

최근 온 중국이 경제개발로 분주하다. 그러다보니 삼국지문화와 관련된 지역 역시 상당수 지역이 최근에 개발을 이미 마쳤거나 아니면 한창 개발 중임을 볼 수 있다. 심지어 경제개발보다 우선적으로 삼국지문화를 가꾸는 곳도 적지 않다. 이는 중국의 신이 된 관우의 영향 때문이다. 이상에서 삼국지문화 유적지에 대한 현장답사와 자료를 통해 관우 추존 문화의 근원인 삼국지문화의 구성과 성격에 대해 살펴보았다.

중국의 삼국지문화는 삼국시대의 역사적 상황에 바탕 하여 구성된 소설 『삼국지』와 민간전설이 그 골간을 이루고 있었다. 관우가 어떤 위대한 영웅들보다 높은 신으로서 추앙받고 있다는 점, 정사 『삼국지』와는 달리 촉한중심의 역사관을 지니고 있는 점, 유교·불교·도교문화가 종합적이고도 포용적으로 공존하고 있다는 점, 지역별로 삼국지문화와 인물에 대한 대단한 자부심을 지니고 있다는 점 등을 알 수 있었다.

이러한 중국 삼국지문화의 성격은 이미 대단히 폭넓게 현실생활의 일부분으로 자리 잡은, 일종의 전통적 역사성을 지닌 문화현상이라 할 수 있겠다. 따라서 문학내적인 분야에 치중해온 우리의 소설 『삼국지』에 대한 연구도 이러한 중국의 삼국지문화에 대한 새로운 이해와 인식이 더해진다면 보다 더 깊은 연구결과가 있을 것으로 생각된다.

【참고문헌】

陳　壽, 『三國志』, 北京, 中華書局, 1985

황석영, 『삼국지』, 서울, 창작과비평사, 2004

沈伯俊, 『三國漫談』, 成都, 巴蜀書社, 1995

김문경, 『삼국지의 영광』, 서울, 사계절, 2002

남덕현 『삼국지문화답사기』, 서울, 미래M&B, 2001년 1월

中央人民廣播電台 「祖國各地」節目組編, 『三國勝迹遍神州』1985年

蔡遠雄 劉衛祖 陳連生, 『三國勝迹湖北多』, 湖北人民出版社, 1985

曲徑 王衛 主編, 『三國人物古今談』, 沈陽, 遼海出版社, 2003

曹大良 編著, 『三國人物風雲榜』, 北京, 農村讀物出版社, 2002年 9月

桂郁 主編, 『樓桑三義宮』, 涿州歷史文化叢書, 2001年9月

熊永 編著, 『荊州三國傳說』, 北京, 中國文聯出版社, 2000년 2월

侯學金 主編 『解州關帝廟』, 解州關帝廟文物保管所編, 1998年 10月

史友仁 孟德善 周進勳 編著, 『許昌三國大觀』, 鄭州, 中州古籍出版社, 1996

孫侃 選編, 『玉泉寺傳奇』, 當陽, 江河文學社, 1985年 10月

譚良嘯 主編, 『武侯祠大觀』, 成都, 四川人民出版社, 1988年 4月

李中杰 主編, 『名城南陽』, 北京, 經濟日報出版社, 1991年 6月

史簡, 『三國人物外傳』, 北京, 中國民間文藝出版社, 1993年 3月

박신영, 「三國演義의 關羽형상화가 그 神格化에 끼친 영향」, 부산대석사논문,
　　　2004년 2월

III

중국어와 중국 문화 교육의 방법들

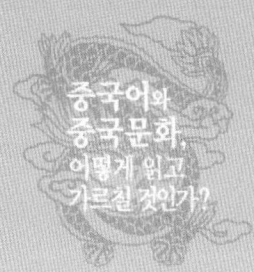

중국어와
중국문화,
어떻게 읽고
가르칠 것인가?

효율적인 간체자(簡體字) 지도방안

박흥수

1. 서 언

이 글은 중국어 교육에 있어서 간체자 교육의 효율적인 방안을 제시하는데 목적을 두고 작성되었다. 간체자는 正字(중국에서는 繁體字로 칭함)를 간화하여 만든 것으로 우리나라 학습자들에게 한자 학습의 이중적 부담이 되고 있다. 그러나 한자 간화의 이치를 파악하면 기존에 알고 있던 正字가 어떻게 변화되었는지 쉽게 알 수 있다. 따라서 이 글이 중국어 학습자들의 간체자 학습에 도움이 되기를 바라는 마음이다.

졸고 「六書의 관점에서 본 간체자」1)의 경우 전통적인 한자이론을 통해 간체자를 분석해봄으로써 한자의 구조변화를 살펴보는 데 목적이 있었다. 그러나 간화된 현대한자는 전통적인 한자와는 달리 육서로서 분석한 결과로는 설명할 수 없는 많은 차이점을 가지고 있었다. 따라서 본 연구는 한자의 간화방법의 유형을 분류해봄으로써 기 연구의 결과

---

1) 중국문학연구 제23집(2001년 12월)

를 보완할 수 있을 것으로 기대된다.

한자는 신중국의 성립 이후 정부의 한자개혁과 맞물려 큰 변화를 겪게 된다. 각 조대마다 민간에 속자가 만들어져 사용되었으나 이 시기에 와서는 정부의 정책에 따라 한자의 병음화와 한자개혁이 강력하게 추진된 것이다. 이때 한자는 繁體字를 폐지하고 簡化字를 正體로 사용하는 혁신적인 변화를 겪게 된다. 이러한 변화과정에서 한자는 전통적인 조자방법과는 다른 방법에 의해서 換骨奪胎하게 된다.

한자의 간화방법에 관해서는 여러 가지 설이 존재하는데, 이 설들을 종합해보면 대개 7내지 9개 정도의 방법으로 귀납된다. 李大隧는 한자의 간화방법을 ① 초서와 행서의 正體化, ② 古字의 채용, ③ 偏旁의 교환, ④ 일부의 생략, ⑤ 대체(가차), ⑥ 새로운 글자의 창제, ⑦ 편방의 유추 등 7가지로 제시하고 있다.2)

1922년 錢玄同은 「減省現行漢字的筆劃案」에서 8가지 방안을 제기하였는데 구체적으로 살펴보면 ① 전체적으로 생략하고 대략적인 윤곽만을 갖춤, ② 고유의 草書를 채용함, ③ 原字의 일부분을 씀, ④ 간단한 필획으로 원래의 편방을 대체함, ⑤ 古體를 채용함, ⑥ 音符의 필획을 감소시킴, ⑦ 다른 간체자를 만듦, ⑧ 假借 등이다.3) 이 방법은 이대수의 방법보다 먼저 제시된 방법으로 두 학자의 설은 몇 가지 세부항목에서 차이를 보이고 있을 뿐이다. 최근에 발간된 『중국문자학개론』에서는 9가지 한자의 간화방법을 제시하고 있는데 위에서 소개된 방법과 약간의 차이를 보이고 있다. 내용을 살펴보면 ① 편방의 간화, ② 동음대체, ③ 초서의 正體化, ④ 간단한 부호로 바꿔 씀, ⑤ 일부 편방 혹은 필획을 생략하고 특징 혹은 윤곽만 남김, ⑥ 새 形聲字 혹은 會意字를 구성함, ⑦ 古字를 사용함, ⑧ 고대에 이미 사용되었던 異體字를 취함, ⑨고대에 이미 사용되었던 俗體字를 취함 등이다4)

---

2) 李大隧, 『速學簡體字』(語文出版社, 1997), 3쪽
3) 張玉金 夏中華, 『漢字學概論』(廣西教育出版社, 2001), 243쪽

이에 본 논문에서는 기존의 분류를 인정하되 공통점을 찾아서 합병할 수 있는 항목은 합병하고 분리할 것은 분리하여 5가지 유형으로 나누어 논술하기로 한다.

2. 다른 字體를 채용한 것

다른 자체를 채용한 방법에는 草書, 行書, 古體의 채용을 들 수 있다. 서론에서 인용한 학자들은 이 서체들을 각각 분리하여 제시하였으나 본 논문에서는 이미 존재하던 서체를 채용했다는 점에서 공통적인 성질을 띠고 있다고 보고 같은 유형으로 합병하여 설명하기로 한다.

1) 草書·行書의 채용

다른 자체를 채용한 부류 중 하나는 기존에 존재하던 草書와 行書를 채용하는 것이다.

草書는 한자 자체의 하나로 章草·今草·狂草로 분류된다. 草는 '거칠다(草率)'는 의미이다. 따라서 초서는 필획을 간략히 하여 서사속도를 높일 수 있는 보조자체이다. 章草는 隸書의 보조자체이고, 今草는 楷書의 보조자체이며, 狂草는 서예작품으로서 예술적 가치를 가지고 있을 뿐 실용적으로 사용될 수 없는 자체이다. 草書는 주로 초고의 작성, 필기 혹은 서신 등에 사용되었다. 초고, 필기, 서신은 비공식적인

---

4) 張玉金 夏中華, 같은 책, 244쪽

것이고 빨리 쓸수록 좋기 때문에 거칠게 흘려 쓰는 것도 가능했다. 따라서 초서에 능하지 않은 일반인들의 기록에도 다소 흘려 쓴 글자가 섞여 있는 것이 일반적이다.

行書는 楷書와 草書의 중간 자체라고 할 수 있다. 行書는 楷書보다 빨리 쓸 수 있고 자형이 초서보다 명확하였기 때문에 사람들이 일상생활에서 가장 선호하는 자체가 되었다. 행서가 상대적으로 빨리 쓰일 수 있던 까닭은 필획이 연결되거나 생략될 수도 있었기 때문이다. 따라서 행서는 간체자의 근원 중 하나가 될 수 있었다. 필획이 간단한 초서나 행서가 일찍이 문자 생활에 널리 응용되기는 하였지만 正體의 위치에 오르지는 못하였다.

처음으로 초서와 행서를 정체로 삼자고 주장한 사람은 錢玄同이다. 그는 "객관적인 사실로 말하자면 서예가, 학자, 상인들을 막론하고……보급하고 응용한 것은 모두 행서와 초서였다. 행서와 초서의 필세는 한자가 가장 편리하고 가장 쓰기에 적합한 필세라는 것을 증명할 수 있다. (『與黎錦熙汪怡論朶選簡字書』國語週刊 176期) 그는 또 "앞으로 정체를 쓸 때에는 반드시 획마다 끊어 써서 완전히 초서의 正體化 단계까지 완성해야 한다."고 주장했다.5) 전현동은 『簡體字譜』를 초안할 때 초서를 간체자의 주요 근원으로 삼았는데 그가 참고한 10여 종의 서적 가운데 7종이 초서 서적이었다. 그가 선택한 간체자는 초서에서 비롯된 것이 가장 많다. 容庚이 편찬한 『簡體字典』의 4,445자는 모두 초서에 근거한 것이다. 행서는 필획을 생략한 것이 적기 때문에 정체화 된 이후 간화된 효과가 크지 않다. 따라서 행서의 정체화는 초서의 정체화에 크게 못 미친다. 전현동은 『간체자보』를 초안할 때 "행서의 필획은 초서보다 번다하고 해서보다 약간 간략할 뿐이다."라고 하였는데 이로 볼 때 행서는 정체화의 과정에서 초서의 보조적인 위치에 있었음을

---

5) 李大遂, 같은 책, 14쪽

알 수 있다.6) 일부 행서와 초서의 정체화는 역사상 선례가 있기는 하나 대량의 정체화는 1950년대 漢字簡化運動의 실행 중에 있었다. 1980년 臺灣에서는 中華文化復興運動推進委員會 標準行書研究委員會에서 『標準行書範本』을 편찬하여, 필사체의 규범으로 삼았는데 학교를 중심으로 일반 사회에서도 실행한바 일정한 성과를 거두었다.

초서와 행서가 정체화된 간체자는 모두 간화된 정도에 따라 전체간화와 부분간화 두 부류로 나눌 수 있다.

(1) 전체간화

書-书, 韋-韦, 專-专, 麥-麦, 長-长, 農-农, 車-车, 東-东, 樂-乐, 門-门, 爲-为, 寫-写, 馬-马, 烏-乌, 鳥-鸟, 黽-黾, 龜-龟, 畫-画, 歲-岁, 發-发, 戔-戋, 齊-齐, 齋-斋, 盡-尽, 莊-庄, 芻-刍, 頭-斗, 買-买, 賣-卖, 蘭-兰, 見-见, 貝-贝, 頁-页, 兩-两

(2) 부분간화

亞-亚, 壺-壶, 濕-湿, 辦-办, 脅-胁, 協-协, 蘇-苏, 魚-鱼, 單-单, 喪-丧, 嗇-啬, 夾-夹, 來-来, 傘-伞, 淵-渊, 肅-肃, 壽-寿, 導-导, 豈-岂, 堯-尧, 婁-娄, 盖-盖, 養-养, 喬-乔, 參-参, 愛-爱, 層-层, 晝-昼, 質-质, 慶-庆, 應-应, 儉-俭, 倉-仓, 侖-仑, 會-会, 嘗-尝, 興-兴, 譽-誉, 擧-举, 當-当, 歸-归, 帥-帅, 師-师, 臨-临, 監-监, 鹽-盐, 聯-联, 繼-继, 斷-断, 練-练, 鍊-炼, 揀-拣, 報-报, 執-执, 熱-热, 勢-势, 褻-亵, 狀-状, 粧-妆, 壯-壮, 裝-装, 將-将, 獎-奖, 漿-浆,

---

6) 李大隆, 같은 책, 15쪽

槳-桨, 醬-酱, 寢-寝, 實-实, 帶-带, 牽-牵, 顧-顾, 獲-获,
孫-孙, 時-时, 過-过, 這-这, 區-区, 風-风, 鳳-凤, 圖-图,
稱-称, 穩-稳, 隱-隐, 陸-陆, 鄭-郑, 傷-伤, 棗-枣, 攙-搀,
讒-谗, 饞-馋,

2) 古字의 채용

한자는 表意性을 특징으로 한 문자체계로서 圖畫와 假定性 符號에
서 기원되었다. 일반적으로 가장 먼저 발명된 조자방법은 상형과 지사
이고 이어서 발명된 것이 회의이다. 초기 한자의 표의는 전체자형의 象
形, 象事를 특징으로 하는데, 예를 들면 '雲'은 '云'으로, '從'은 '從'으
로 표현되었다.

그러나 한자의 발전은 곧 다음과 같은 몇 가지 변화에 직면하게 된
다. 첫째는 문자의 형체가 점점 부호화되고 상형적인 색채가 점점 약해
지면서 전체 자형의 표의적 특성이 약화된다. 둘째, 문자의 사용과정
중 引伸義, 假借義가 출현하고 '一字兼多詞'7)와 '一詞借用多字'8) 현
상이 상당히 보편화되면서 문자사용에 혼란이 생기기 시작한다.

위와 같은 현상을 극복하기 위한 대안으로 한자의 표의성을 강화하
고 문자의 의미 분담을 명확하게 하기 위하여 사람들은 원래 글자에
表意偏旁을 첨가하는 조자방법을 발명하게 된다. 예를 들면 '云'이 부
호화되어 '말하다'라는 의미로 가차되자 표의작용을 명확하게 하기 위

---

7) '一字兼多詞'란 한 자가 여러 개의 단어를 기록하는 현상으로, 예를 들면 '云'
　의 경우 본의는 '구름'이나 후에 '말하다'라는 단어까지 겸하여 기록하는 것을
　말한다.
8) '一詞借用多字'란 한 개의 단어가 여러 자를 借用하는 현상으로, 예를 들면
　猶豫-猶預-猶與-由豫-由與 등으로 쓰인 것을 말한다. 裘錫圭, 『文字學槪
　要』(商務印書館, 1990), 193쪽

하여 표의편방 '雨'를 첨가하여 '雲'자를 만들어서 본래의미를 표현하게 하였다. 이렇게 만들어진 문자를 '後起字', 원래의 문자를 '本字'라고 한다. 또 본자와 후기자를 합하여 '古今字'라고 부르기도 한다. 또 어떤 이들은 轉注에 의해서 만들어진 글자라고 하기도 한다.

원래의 본자에 표의편방을 첨가하여 후기자를 만드는 방법은 한자의 파생능력을 제고시키고 한자 形·音·義 체계의 형성을 촉진시키고 한자의 표의성을 강화시키는 등의 방면에서 아주 훌륭한 역할을 했다. 그러나 현대에는 복음절어가 대량으로 사용되면서 후기자의 표의편방의 유무는 그리 중요하지 않게 되었다. 따라서 표의 작용에 영향을 주지 않는 범위 내에서 후기자의 표의편방을 제거하는 것은 한자의 간화를 촉진시키는 역할을 할 수 있다. 그러므로 형체가 간단한 고 본자를 사용하는 것은 한자 간화의 방법이 되는 것이다. 이외에 『說文解字』 등에서 古異體字라고 지칭된 것들, 예를 들면 '禮'의 고자 '礼' 등도 형체가 간단하기 때문에 간화자로 채용되었다. 이와 같이 고자를 채용한 간화자는 한자 간화를 추진한 지식인들이 읽은 四書五經 등의 고서에서 사용된 고자들이다. 지식인들에게는 이런 고자들이 낯설지 않으나 어린이나 문맹자들에게는 고자나 금자가 모두 생경하기 때문에 오히려 간단한 고자가 학습효율을 높일 수 있는 것이다. 고자를 채용한 간화자의 예로는 다음과 같은 것들이 있다.

從-从, 衆-众, 氣-气, 電-电, 雲-云, 鹵-卤, 複-复, 硃-朱, 殺-杀, 鞦-秋, 韆-千, 纔-才, 個-个, 鬍-胡, 鬚-须, 迴-回, 睏-困, 網-网, 響-响, 傢-家, 捲-卷, 閤-合, 捨-舍, 誇-夸, 號-号, 憑-凭, 儘-尽, 窪-洼, 塗-涂, 製-制, 緻-致, 無-无, 禮-礼, 踴-踊, 處-处, 隊-队

3. 편방을 활용한 것

편방을 활용한 유형은 편방의 교체와 편방을 이용한 유추 두 가지로 분류하여 설명할 수 있다. 학자들의 설에 의하면 두 가지를 서로 나누어 설명하고 있으나 필자의 견해로는 모두 편방을 활용하여 간체자를 만든다는 공통점을 가지고 있기 때문에 한 항목에 합병하여 설명하기로 한다.

1) 편방의 교체

한자는 구조상 獨體와 合體 두 부류로 나눌 수 있으며, 전자는 약 5%, 후자는 약 95%를 차지한다. 獨體字는 필획이 결합되어 구성된 것이고, 合體字는 편방이 결합되어 구성된 것이다.[9] 한자의 편방은 역할에 따라 표의편방과 표음편방 그리고 구조편방으로 나누어진다. 한자발전사에서 편방의 표의작용이나 표음작용이 명확하지 않기 때문에 교체되는 현상들이 종종 발생한다. 예를 들면 '砲'는 후에 '炮'로 변화하게 되는데 이는 표의작용을 명확하게 하기 위한 것이다. 또한 '袴'는 '褲'로 변화되는데 이는 편방의 표음작용을 명확하게 하기 위한 것이다.

표의 또는 표음작용의 불명확 이외에도 편방이 복잡하여 교체한 현상도 매우 보편화되었는데 간체자는 바로 이런 방법으로 만들어진 것

---

9) '獨體字'란 '合體字'와 상대되는 개념으로 한자가 하나의 형체로 구성되어 있어 두 개 혹은 두 개 이상의 형체로 분석할 수 없는 자를 말하며, 象形字와 指事字가 이에 속한다. 合體字는 두 개 혹은 두 개 이상의 獨體字로 구성된 자를 말하며 會意字, 形聲字가 이에 속한다. 馬文熙 등, 『古漢語知識詳解辭典』(中華書局, 1996), 38쪽

이다. 편방을 교체한 간체자는 세 부류로 나눌 수 있다. 첫째, 표음편방을 교체한 것으로 예를 들면 '糧'을 '糧'으로, '燈'을 '燈'으로 교체한 것이다. 둘째, 표의편방을 교체한 것으로 '鹹'을 '鹹'으로 교체한 것, '塵'을 '塵'으로 교체한 것이다. 셋째, 필획이 간단한 구조편방을 이용하여 복잡한 편방을 교체한 것이다. '趙'를 '趙'로, '動'을 '動'으로 교체한 것이다.

일반적으로 편방을 교체할 때 간화된 자형을 고려하는 동시에 편방의 표음작용과 표의작용을 최대한 고려해야 한다. 예를 들면, '戰'을 '戰'으로 간화하면 표음이 정확해지고, '塵'을 '塵'으로 간화하면 표의작용이 더욱 명확해졌다.

그러나 어떤 경우 한자를 간화하기 위하여 표음작용을 약화시키기도 한다. 예를 들면 '億', '憶'은 '億', '憶'으로 간화된 후 편방의 표음작용이 약화된 경우이다. 또 '筆'을 '筆'로 간화하면 필획도 간단해지고 의미도 명확해지지만 표음성분이 소실되는 결과를 초래한다. 순수한 구조편방을 사용하여 복잡한 편방을 대체하는 경우 그 대가는 더욱 크다. 이런 간화자는 원래 편방이 가진 표음작용과 표의작용을 상실하기 때문에 한자의 구조체계에 혼란을 가져오기도 한다. 예를 들면 '鄧'을 '鄧'으로, '燈'을 '燈'으로 간화하였으나, 蹬, 瞪, 凳, 簦, 澄 등의 자는 간화하지 않았고, 對, 樹, 僅, 艱, 漢, 嘆, 難, 歡, 勸, 權, 鷄, 戲 등을 각각 對, 樹, 僅, 艱, 漢, 嘆, 難, 歡, 勸, 權, 鷄, 戲 등으로 간화한 것은 각각 다른 편방을 동일한 부호화하는 모순을 드러낸 것이라 할 수 있다.

(1) 표음편방을 교체한 것

億-亿, 憶-忆, 遼-辽, 療-疗, 殲-歼, 纖-纤, 遷-迁, 襖-袄, 躍-跃, 優-优, 猶-犹, 獻-献, 園-园, 遠-远, 運-运, 醞-酝, 釀-酿, 糧-粮, 膚-肤, 腫-肿, 鐘-钟, 構-构, 購-购, 滬-沪,

蘆-芦, 盧-庐, 爐-炉, 驢-驴, 贓-赃, 臟-脏, 椿-椿, 劇-剧,
據-据, 攔-拦, 欄-栏, 爛-烂, 燦-灿, 燈-灯, 蝦-虾, 讓-让,
認-认, 擁-拥, 癱-痈, 癢-痒, 癤-疖, 爺-爷, 憲-宪, 選-选,
進-进, 講-讲, 隣-邻, 戰-战, 氈-毡, 擬-拟, 礙-碍, 達-达,
遲-迟, 遞-递, 補-补, 襯-衬, 竊-窃, 竅-窍, 竄-窜, 賓-宾,
審-审, 廟-庙, 階-阶, 態-态, 懲-惩, 徹-彻, 積-积, 犧-牺,
礎-础, 礬-矾, 墳-坟, 塊-块, 瓊-琼, 聰-聪, 艦-舰, 償-偿,
幫-帮, 斃-毙, 懼-惧, 曬-晒, 觸-触, 獨-独, 燭-烛, 濁-浊

(2) 표의편방을 교체한 것

鹼-硷, 罷-罢, 筆-笔, 辭-辞, 塵-尘, 陽-阳, 陰-阴, 國-国

(3) 복잡한 편방을 간단한 순수 구조편방으로 교체한 것

幣-币, 趙-赵, 岡-冈, 團-团, 漢-汉, 嘆-叹, 艱-艰, 難-难,
歡-欢, 勸-劝, 觀-观, 權-权, 鷄-鸡, 戲-戏, 鄧-邓, 僅-仅,
對-对, 樹-树, 轟-轰, 聶-聂, 劉-刘, 邊-边, 窮-穷, 壇-坛,
動-动, 羅-罗, 夢-梦, 還-还, 環-环, 亂-乱, 敵-敌

2) 편방을 이용한 類推

『簡化字總表』[10] 1, 2는 간화자의 기초가 되는 동시에 상대적으로 배

---

10) 1964년 중국문자개혁위원회에서 편집 출판한 것으로 3개의 표로 구성되어 있
다. 제1표는 편방으로 사용되지 않는 간화자 352자가 수록되어 있다. 제2표에
는 편방으로 사용될 수 있는 간화자 132자와 단독으로는 사용될 수 없지만 편

우기 어려운 것들이면서도 상대적으로 사용빈도가 가장 높은 상용자이다. 제2표의 132개 간화자와 14개 간화편방은 또 다른 간화자를 만드는데 사용될 수 있다. 이것들이 어려운 이유는 특별히 자체를 규정하였을 뿐 내부적인 어떤 규칙도 없기 때문이다. 본 절에서 말하는 간화자는 『간화자총표』 제3표에서 수록한 것으로 1,755자이며, 모두 제2표의 간화자와 간화편방에서 유추하여 만든 것이다. 본 절에서 다루는 유추간화란 이미 간화된 편방을 편방으로 하여 만든 통용한자로 그 편방은 어느 위치에 처하든지 모두 똑같이 간화된다. 예를 들면 '鳥'는 '鸟'로 간화되는데, 鳥를 편방으로 한 鴨, 鵝, 鴉, 鴿, 鶴, 鳴…… 등의 통용자는 모두 鸭, 鹅, 鸦, 鸽, 鹤, 鸣…… 등으로 간화된다. 따라서 제2표의 간화자와 간화편방을 익히면 비교적 수월하게 제3표의 1,755자를 이해할 수 있다.

편방 유추간화는 주로 행서와 초서에서 기원한다. 행서와 초서 가운데 많은 편방은 사회적인 약속에 의하여 사용된 필법이다. 이런 간화자들은 한자의 간화 이전에 일상생활 가운데 광범위하게 사용되었으므로 그다지 생소하지 않다. 이런 방법을 최초로 사용한 사람은 錢玄同으로 그는 1934년 『搜采固有而較適用的簡體字案』에서 표준간체자를 규정한 것을 제기했고, 그것을 이용해 편방을 만들고 새로운 배합을 통하여 간체자를 대대적으로 증가시키자는 주장을 했으며, 이에 근거하여 2,300여 자의 『簡體字譜』를 편찬했다.[11] 1960년대 『간화자총표』의 제정과 추진과정에서 전현동의 이런 주장이 실현되었다. 1980년대 대만에서 출판된 『標準行書範本』에서 수록한 4,000여 개의 행서는 대부분 대륙의 편방유추간화자와 필법이 같다. 예를 들면 '門'자는 '门'으로, '金'자의 편방은 '钅'으로, '喬'자의 편방은 '乔'로, '堯'자의 편방은 '尧'로 썼다. 그러나 이런 글자들은 臺灣에서 수기자의 규범자였을

방으로 사용되는 간화편방 14개가 수록되어 있다. 제3표에는 제2표를 응용하여 간화한 1754개의 간화자가 수록되어 있다.

11) 李大隆, 같은 책, 161쪽

뿐 인쇄체의 규범자로 쓰이지는 않았다.

『간화자총표』제3표에서 수록한 간체자의 범위는 기본적으로 『新華字典』을 표준으로 삼았기 때문에 일부 벽자를 포함하기도 한다. 『간화자총표』제3표는 전체적으로 편방의 독음순서에 따라 배열하였으며, 매 편방에 속하는 간화자는 필획의 다소와 첫 획의 필형에 따라 배열하였다. 본 장에서는 14개 간화편방에서 유추된 간화자 673개와 132개 간화자에서 유추된 간화자 1231개를 나누어서 서술하기로 한다. 전자의 배열순서는 편방의 형체의 유사성에 근거하였고, 후자의 경우 편방 구성자의 다소에 따라 배열하였다.

(1) 14개 간화편방을 이용한 유추

① 言 - 讠

편방 言의 경우 좌 또는 중에 위치할 때 초서의 필법인 讠으로 썼으며, 言을 편방으로 하는 간화자는 모두 이로부터 유추, 간화되었다. 예를 들면 计, 订, 讣, 记, 议, 讨, 讧, 谏, 讥, 讯, 训, 访, 讶, 讳 등이 이에 속한다.

② 食 - 饣

편방 食이 좌측에 위치할 때 초서의 필법인 饣으로 쓰이며 食을 편방으로 한 간화자는 모두 이로부터 유추, 간화되었다. 예를 들면 饥, 饨, 饮, 饭, 饲, 饺, 饵, 饿, 馆, 馒 등이 이에 속한다.

③ 金 - 钅

편방 金은 좌, 중에 위치할 때 행, 초서 钅으로 쓰며, 이를 편방으로 한 간화자는 모두 이로부터 유추되었다. 예를 들면 钉, 针, 钏, 钫, 钙, 锦, 钧, 鉴, 钱, 锡 등이 이에 속한다.

④ 糸－纟

편방 糸는 행, 초서와 유사한 纟으로 쓰며 糸를 편방으로 하는 한자
는 이로부터 유추되었다. 예를 들면 丝, 纠, 纣, 红, 绮, 约, 级, 纯,
纹, 纬, 纯 등이 이에 속한다.

⑤ 昜－𠃓

편방 昜은 행, 초서의 필법에 따라 昜으로 간화되었으며 昜을 편방
으로 하는 간화자들은 모두 이로부터 유추, 간화되었다. 다만 예외적으
로 陽은 阳으로 傷은 伤으로 간화된다. 예를 들면 汤, 烫, 杨, 肠, 炀,
畅, 旸, 觞, 扬, 荡 등이 이에 속한다.

⑥ 巠－𢀖

편방 巠은 행, 초서에서 𢀖으로 쓰며, 현행 간화자 중 巠을 편방으
로 하는 한자는 모두 이로부터 유추, 간화되었다. 예를 들면 径, 劲,
径, 胫, 茎, 迳, 颈, 刭, 泾, 痉, 经 등이 이에 속한다.

⑦ 睪－𡄀

편방 睪은 행, 초서에서 𡄀으로 쓰며 간화자 중 睪을 편방으로 하는
한자는 모두 이로부터 유추, 간화되었다. 예를 들면 译, 择, 绎, 泽, 铎,
箨, 驿, 峄, 怿, 释 등이 이에 속한다.

⑧ 咼－呙

편방 咼－ㅣ는 행, 초서에서 呙로 쓰며 간화자 중 咼를 편방으로 하
는 한자는 모두 이로부터 유추, 간화되었다. 예를 들면 锅, 剐, 窝, 娲,
腡, 埚, 涡, 煱, 蜗 등이 있다.

⑨ 識－只

편방 識－言는 只와 동음이다. 識를 只로 간화한 것은 동음대체이며, 戠를 편방으로 한 한자로 보면 편방유추를 통해 간화한 것이며, 표음편방을 교체한 것으로도 볼 수 있다. 예를 들면 识, 帜, 织, 炽, 职 등이 있다.

⑩ 臤－㐄

편방 臤은 행, 초서에서 㐄으로 쓰며 현대 한자에서는 이를 이용하여 유추, 간화하였다. 예를 들면 坚, 悭, 铿, 鲣, 贤, 肾, 竖, 紧 등이 있다.

⑪ 臨－㑇

편방 臨은 監의 변체로 초서에서 㑇으로 쓰며 臨을 편방으로 한 한자는 모두 이로부터 유추, 간화되었다. 예를 들면 览, 揽, 缆, 榄, 鉴 등이 있다.

⑫ 䜌－亦

편방 䜌은 초서에서 亦으로 쓰이며, 䜌을 편방으로 하는 한자는 모두 이로부터 유추 간화되었다. 예를 들면 变, 弯, 栾, 鸾, 銮, 恋, 滦, 峦, 脔, 湾 등이 있다.

⑬ 熒－荧

편방 熒은 燊의 변체로서 행, 초서에서는 艹으로 쓰며 현재는 艹으로 쓴다. 熒을 편방으로 하는 한자는 모두 이로부터 유추, 간화 되었다. 예를 들면 劳, 涝, 崂, 捞, 唠, 痨, 铹, 耢, 茔, 荣 등이 있다.

⑭ 臾－䒑

편방 臾은 學의 변체로 볼 수 있으며 현재는 행, 초서를 따라서 䒑,

으로 쓴다. ⺍을 편방으로 하는 한자는 모두 이로부터 유추, 간화되었
다. 예를 들면 学, 觉, 搅, 营, 鲎, 黉 등이 있다.

(2) 32개의 편방의 간화자로부터 유추된 간화자

이 부분에서 소개하는 한자는 일일이 나열하지 않고 편방(예자) 식으
로 소개하기로 한다.

貝-贝(侦, 贞), 魚-鱼(鲂, 渔), 鳥-鸟(岛, 枭), 車-车(军, 挥),
門-门(们, 闪), 馬-马(吗, 妈), 頁-页(顶, 倾), 見-见(览, 觉), 婁-娄
(楼, 褛), 龍-龙(珑, 泷), 韋-韦(苇, 讳), 堯-尧(烧, 饶), 區-区(岖,
躯), 倉-仓(创, 沧), 僉-佥(俭, 剑), 夾-夹(挟, 浃), 風-风(讽, 枫),
單-单(箪, 郸), 會-会(绘, 浍), 齒-齿(龇, 龈), 戔-戋(浅, 钱), 喬-乔
(峤, 侨), 齊-齐(剂, 济), 賓-宾(滨, 槟), 賣-卖(读, 续), 豈-岂(凯,
铠), 兩-两(俩, 辆), 萬-万(励, 砺), 參-参(渗, 惨), 芻-刍(雏, 皱),
盧-卢(泸, 栌), 長-长(张, 伥), 亞-亚(哑, 掗), 壽-寿(畴, 煮), 侖-仑
(论, 伦), 幾-几(讥, 玑), 歷-历(呖, 枥), 廣-广(纩, 扩), 麗-丽(俪,
骊), 羅-罗(啰, 椤), 聶-聂(摄, 慑), 來-来(涞, 崃), 執-执(挚, 贽),
監-监(滥, 褴), 專-专(传, 转), 寧-宁(咛, 拧), 東-东(冻, 栋), 樂-乐
(泺, 砾), 岡-冈(刚, 岗), 華-华(铧, 骅), 厭-厌(餍, 魇), 無-无(怃,
抚), 黽-黾(渑, 绳), 愛-爱(嗳, 媛), 薔-啬(樯, 蔷), 從-从(纵, 怂),
肅-肃(箫, 萧), 達-达(挞, 闼), 爾-尔(玺, 弥), 難-难(滩, 摊), 師-师
(狮, 蛳), 雲-云(芸, 昙), 尋-寻(浔, 鲟), 當-当(挡, 档), 農-农(侬,
浓), 發-发(泼, 废), 畢-毕(哔, 跸), 烏-乌(呜, 坞), 國-国(掴, 帼),
盡-尽(浕, 烬), 爲-为(伪, 沩), 豐-丰(沣, 艳), 條-条(涤, 鲦), 罷-罢
(摆, 罴), 歲-岁(秽, 哕), 竄-窜(蹿, 撺), 黨-党(傥, 谠), 產-产(浐,
铲), 時-时(埘, 鲥), 義-义(议, 仪), 孫-孙(荪, 逊), 與-与(欤, 屿),

氣-气(忾, 饩), 質-质(鑕, 躓), 屬-属(嘱, 瞩), 聖-圣(怪, 虫+圣),
麥-麦(唛, 麸), 嚴-严(俨, 酽), 慮-虑(滤, 摅), 將-将(蒋, 锵), 鄭-郑
(踯, 掷), 離-离(篱, 漓), 審-审(谉, 婶), 鄕-乡(芗, 飨), 蟲-虫(蛊),
龜-龟(閫), 筆-笔(滗), 藝-艺(呓), 節-节(栉), 薦-荐(鞯), 匯-汇
(扌+汇), 畫-画(女+画), 備-备(惫), 殺-杀(铩), 親-亲(榇), 寫-写
(泻), 窮-穷(藭), 買-买(荬), 殼-壳(悫), 嘗-尝(鱨), 擧-举(榉), 帶-带
(滞), 歸-归(岿), 靈-灵(棂), 錄-汆(籙), 業-业(邺), 虜-虏(掳),
鹵-卤(鹾), 雙-双(攥), 對-对(怼), 動-动(恸), 遷-迁(跹), 進-进
(琎), 過-过(挝), 邊-边(笾), 隊-队(坠), 陰-阴(荫), 隱-隐(瘾),
劉-刘(浏), 斷-断(簖), 猶-犹(莸), 獻-献(谳)

4. 대체법을 사용한 것

대체법이란 필획이 간단한 자를 가지고 한개 혹은 몇 개의 복잡한
자를 대체하는 방법으로 이미 널리 사용되던 방법이다. 고대에는 일종
의 동음 혹은 음이 비슷한 別字12)를 쓰던 방법이었다. 대체법은 글자
그대로 창졸지간에 부득이하게 사용하던 방법으로 일시적인 대체방법
이었던 것이다. 물론 어떤 자들은 일부 사람들에 의해 차용되어 本字
를 대체하는 通用字13)가 되기도 하였다.

---

12) 속칭 '白字'라고도 하며 '正字'와 상대되는 개념이다. 誤寫 혹은 誤讀된 글자
를 말한다. 예를 들면 '重複'의 '複'을 '夏'으로, '無奈'의 '奈'를 '耐'로 쓰는
경우이다. 馬文熙 등, 같은 책, 65쪽

13) 문자의 사용과정 중에서 서로 바꾸어 사용할 수 있는 한자를 말하며 고서에서
자주 보이는 방법이다. 세 가지 유형이 있는데 첫째는 同音通用으로 同音字
혹은 近音字를 사용하여 다른 한자를 대체하는 방법이다. 이는 통상 이야기하

현대 한자의 대체법은 고대의 대체법과 다음과 같은 점에서 차이점을 가지고 있다. 첫째, 일종의 철저한 대체로서 어떤 것이 어떤 것을 대체하든지 법령으로 규정된 것이라는 점이다. 정식으로 공포된 날부터 대체자는 피대체자의 유일한 통용자로서 피대체자는 통용무대에서 퇴출되는 것이다. 둘째, 동음대체 뿐 아니라 근음대체와 이음대체도 있다는 점이다.

동음대체는 성모, 운모, 성조가 완전히 같은 형체가 간단한 자를 빌려서 원래 형체가 복잡한 자를 대체하는 것을 가리킨다. 예를 들면 '醜'로 '醜'를 '丑'으로 '豐'을 대체하는 것이다. 근음대체는 독음이 비슷한(성모, 운모가 같거나, 혹은 성모가 같거나, 혹은 운모가 같은 것) 형체가 간단한 자를 가지고 원래 형체가 복잡한 자를 대체하는 것이다. 예를 들면 '几(ji1)'를 가지고 '幾(ji3)'를, '叶(xie2)'를 가지고 '葉(ye4)'를 대체하는 것이다. 이음대체는 독음이 다른 형체가 간단한 자를 가지고 원래 형체가 복잡한 상용자를 대체하는 것을 가리킨다. 예를 들면 '體(ben4)'를 가지고 '體(ti3)'를, '聽(yin3)'을 가지고 '聽(ting1)'을 대체하는 것이다.

대체법을 이용한 간화방법은 두 가지 장점이 있다. 하나는 일부 형체가 복잡한 자가 간화되는 것이요, 다른 하나는 통용자의 수량을 감소시키는 것이다. 그러나 대체자의 독음과 의미를 증가시켜서 많은 多音多義字를 발생시키는 문제점도 발견된다. 만일 대체자가 이미 다음다의자인 경우 거기에다 새로운 독음과 의미를 부여한다면 문자의 사용을 더욱 복잡하게 하는 상황을 초래하게 된다. 대체법은 사실상 한자학습과 사용의 부담을 전이하는 작용을 한다. 그래서 이런 방법이 이미

는 通假字와 같은 개념이다. 둘째는 同意通用인데 두 글자가 발음이 같을 뿐 아니라 의미가 같을 때 사용하는 방법이다. 예를 들면 '才'와 '材'는 '재능'이란 의미에서 자주 통용된다. 셋째는 古今通用으로 두 글자가 古今字 관계에 있을 때 일반적으로 今字를 사용하나 어떤 때에는 古字를 사용하는 방법이다. 예를 들면 '획득하다'라는 의미에서 '禽'이 古字이고 '擒'이 今字이나 古字를 사용하는 것이다. 馬文熙 등, 같은 책, 65쪽

존재했음에도 불구하고 사람들이 이런 방법을 사용할 때 신중하고 사용범위를 넓히지 않았던 것이다. 전현동이 초기에 간체자를 주장할 때 假借法을 한자간화 방법 중 하나로 나열하였으나 30년대 간체자를 초안할 때 別字를 채용하지 않은 것은 이러한 고려에서 비롯된 것이다.

대체법의 병폐를 감소시키기 위하여 이 방법을 사용할 때 다음과 같은 두 가지를 조심하여야 한다. 첫째, 音·義가 간단한 자를 선택하여 대체자로 삼는다. 둘째, 잘 사용하지 않는 이음대체자를 선용할 때 편방과 피대체자 사이의 音·義관계에 주의한다.

대체법은 또 합병법이라고 하기도 하는데 이는 두 개 혹은 두 개 이상의 동음, 근음 혹은 이음자가 나타내는 의미를 한 자에 합병하기 때문이다. 어떤 이들은 가차법이라고 지칭하기도 한다. 육서의 가차는 "본래 그 글자가 없어 음성에 의지하여 개념을 기탁하는(本無其字, 依聲托事) 것으로 조자하지 않는 조자법인데, 간화방법의 가차법은 본래 복잡한 자가 있으나 간단한 자로 복잡한 자를 대체하고 복잡한 자를 폐지하는 것으로 법정 用字假借라고 할 수 있다.

1) 동음대체

瞭-了, 豐-丰, 餘-余, 鼕-冬, 錶-表, 錄-录, 穀-谷 後-后, 醜-丑, 齣-出, 裏-里, 纍-累, 麵-面, 麯-曲, 舊-旧, 噹-当, 鹹-咸, 願-愿, 薑-姜, 簾-帘, 壩-坝, 確-确, 闢-辟, 嶺-岭, 衝-冲, 彙-汇, 潘-浑, 溝-沟, 溝-沟, 剋-克, 黨-党, 鞏-巩, 築-筑, 籤-签, 藝-艺, 蘋-苹, 囁-呫, 巇-篾, 矇-蒙, 懞-蒙, 穫-获, 範-范, 藉-藉, 夥-伙, 徵-徵, 禦-御, 摺-摺, 撲-扑, 鬆-松, 闆-板, 極-极, 鬱-郁, 郵-邮, 颳-刮, 證-证, 鑰-钥,

鏇-镟, 幾-几, 乾-干, 複-复, 係-系, 臺-台, 糰-团, 罎-罈,
爾-尔, 薦-荐, 藥-药, 壘-垒, 與-与, 祇-祇

2) 근음대체

隻(zhi1)-只(zhi3), 術(shu4)-術(zhu2), 髮(fa4)-髮(fa1), 鬥(dou4)-斗
(dou3), 幹(gan4)-干(gan1), 蔔(bo)-卜(bu3), 樸(pu3)-朴(po4), 僕
(pu2)-仆(pu1), 價(jia4)-价(jie4), 傭(yong1)-佣(yong4), 葉(ye4)-叶
(xie2), 籲(yu4)-吁(xu4), 嚇(he4)-嚇(ha4), 癥(zheng1)-症(zheng4), 勝
(sheng4)-胜(xing1), 髒(zang1)-臟(zang4), 肮(ang1)-肮(gang1), 膠
(jiao1)-膠(xiao2), 膽(dan3)-膽(tan2), 擔(dan1)-擔(dan3), 憂(you1)-憂
(you3), 憐(lian2)-憐(ling2), 懺(chan4)-懺(qian3), 彆(bie4)-別(bie2),
劃(hua4)-劃(hua2), 潔(jie2)-潔(ji2), 樣(yang4)-樣(yang2), 種(zhong3,
zhong4)-種(chong2), 襪(wa4)-袜(mo4), 鑽(zuan1, zuan4)-鑽(chan1),
鐵(tie3)-鐵(zhi2)

3) 이음대체

驚(jing1)-驚(liang2), 懷(huai2)-懷(fu4), 壞(huai4)-壞(pi1), 體(ti3)-體
(ben4), 蟲(chong2)-虫(hui1), 繭(jian3)-茧(chong2), 蠟(la4)-蠟(qu1),
獵(lie4)-獵(xi1), 擾(rao3)-擾(you1), 櫃(gui4)-櫃(ju3), 灑(sa3)-灑
(xi3), 適(shi4)-适(kuo4), 趕(gan3)-赶(qian2), 聽(ting1)-聽(yin4), 廣
(guang3)-廣(an1), 廠(chang3)-廠(han3), 麼(me)-么(yao1), 寧(ning2,
ning4)-寧(zhu4), 兒(er2)-兒(ren2), 聖(sheng4)-聖(ku1),

5. 原字의 일부를 생략 혹은 변화시킨 것

한자의 간화는 原字의 자형을 기초로 일부의 필획을 감소시키는 것이므로 자형을 고친 것은 주요한 유형 중 하나가 되었다. 어떻게 생략하고 고치는가에 따라 다음과 같은 4가지 유형으로 나눌 수 있다. 첫째, 편방의 일부분을 삭제하는 것으로 예를 들면 '標'를 '标'로, '墾'을 '垦'으로 고친 것이다. 둘째, 일부분을 생략하고 원자의 특정부분을 남기는 것으로 '飛'를 '飞'로, '業'을 '业'으로 고치는 것이다. 셋째, 일부분을 생략하고 윤곽만을 남기는 것으로 '奮'을 '奋'으로, '齒'를 '齿'로 고치는 것이다. 넷째, 일부분을 삭제하고 나머지 부분을 고치는 것으로 '縣'을 '县'으로, '麗'를 '丽'로 고치는 것이다.

1) 편방의 일부분을 생략한 것

標-标, 際-际, 墾-垦, 懇-恳, 噸-吨, 盤-盘, 婦-妇, 掃-扫,
糶-粜, 糴-籴, 隨-随, 墮-堕, 橢-椭

2) 일부분을 생략하고 특징부분을 보류한 것

競-竞, 虧-亏, 雖-虽, 總-总, 離-离, 務-务, 霧-雾, 條-条,
親-亲, 畝-亩, 隸-隶, 啓-启, 備-备, 譽-誉, 飛-飞, 關-关,
開-开, 聲-声, 産-产, 習-习, 醫-医, 滅-灭, 鄕-乡, 業-业

3) 일부분을 생략하고 윤곽을 남긴 것

尋-寻, 奪-夺, 奮-奋, 糞-粪, 痲-疟, 虜-虏, 慮-虑, 齒-齿,
鹵-卤, 匯-汇, 澀-涩, 厭-厌, 纏-缠

4) 일부분을 생략하고 개조를 가한 것

壓-压, 嚴-严, 盧-卢, 惱-恼, 腦-脑, 類-类, 獸-兽, 雜-杂,
縣-县, 懸-悬, 鑿-凿, 擊-击, 麗-丽, 點-点, 寶-宝, 殼-壳,
準-准

6. 새 글자를 창제한 것

일반적으로 간화자는 原字를 기초로 변화를 가한다. 상술한 몇 가지 방법은 모두 이미 존재하던 자에 생략 또는 변화를 주어 만들어졌다. 그러나 어떤 자는 원래 존재하던 자를 변화시켜 만들기 어려우므로 새로운 자를 만들기도 한다. 이것은 세 부류로 나눌 수 있다. 첫째, 형성자로 '華'의 간화자 '华', '叢'의 간화자 '丛'을 예로 들 수 있다. 둘째, 회의자로 '竈'의 간화자 '灶', '蠶'의 간화자 '蚕'을 들 수 있다. 셋째, 기호자로 '龍'의 간화자 '龙', '衛'의 간화자 '卫'를 예로 들 수 있다. 원자가 이미 통용되고 있기 때문에 신자는 반드시 합리적으로 만들어져야만 통용될 수 있다. 따라서 완전히 새로 만들어진 간화자는 수량이 많지 않다.

衛-衛, 萬-萬, 龍-龍, 靈-靈, 釁-釁, 竈-竈, 雙-双, 叢-叢,
義-義, 護-護, 蠶-蠶, 廳-廳, 歷 曆-歷, 屬-屬, 黴-霉, 響-響,
畢-畢, 華-華, 節-節

7. 결 어

본 논문에서는 간화자의 유형을 다른 자체를 채용한 것, 편방을 활
용한 것, 대체법을 사용한 것, 원자의 일부를 생략 혹은 변화시킨 것,
새 글자를 창제한 것 등 5가지로 분류하여 살펴보았다. 이와 같이 분
류한 것은 기존의 학자들이 분류한 방법이 각각의 항목을 통폐합 할
수 있는 여지가 있기 때문이다. 연구 결과 다음과 같은 결론을 내릴
수 있다.

첫째, 간화자는 이미 존재하던 초서와 행서, 그리고 고체자를 채용한
유형이 많았다. 그 이유는 한자 간화의 목적이 필획을 감소시켜 학습자
의 학습부담을 덜어주는 데 있기 때문이다. 민간에서 이미 사용되던 초
서와 행서는 필기, 서신 등에 쉽게 사용될 수 있도록 간략한 자체를
사용하였다. 이런 점에서 처서와 행서는 한자 간화의 목적에 부합하는
것이었다. 고대에 쓰이다가 폐지된 고자의 경우도 역시 간단한 필법을
가지고 있었으므로 한자를 쉽게 쓰게 하려는 간화자 제정 목적에 부합
되었다. 따라서 기존의 필체 중 초서, 행서, 고체는 많은 자가 간화자
의 근원이 되었다.

둘째, 한자의 간화 과정에서 복잡한 편방을 간단한 편방으로 교체하
거나, 간화된 편방을 기준으로 한자를 유추해낸 유형이 많았다. 편방을

교체한 것은 표음편방을 교체한 것, 표의편방을 교체한 것, 복잡한 편방을 간단한 구조편방으로 교체한 것으로 분류할 수 있다. 편방을 이용한 유추는 『간화자총표』제2표에 나오는 14개의 간화편방을 이용하여 간화자를 유추해낸 것과 132개 간화자를 기준으로 유추해낸 간화자로 나눌 수 있다.

셋째, 대체법을 사용한 유형은 고대 한자의 가차방법에 상당하는 데, 가차와 다른 점이 있다면 대체법은 동음대체 뿐 아니라 근음대체와 이음대체도 존재한다는 점이다. 대체법을 사용한 간화는 형체가 복잡한 글자를 간화한다는 것과 통용자의 수량을 감소시킨다는 장점이 있는 반면 대체자의 독음과 의미를 증가시켜 많은 다음다의자를 발생시키는 문제점도 발견된다. 따라서 대체법의 사용시 음의가 간단한 자를 선택하여 대체자로 삼는 것과 편방과 피대체자의 음의관계에 주의하는 것이 필요하다.

넷째, 원자의 일부를 생략하거나 변화시킨 유형이다. 이 방법은 다시 편방의 일부를 생략한 것, 일부분을 생략하고 특징부분을 보류한 것, 일부분을 생략하고 윤곽을 남긴 것, 일부분을 생략하고 개조를 가한 것 등 4부류로 나눌 수 있다.

다섯째, 새 글자를 창제한 것이다. 다른 방법이 기존의 글자를 채용하거나 기존의 글자에 변화를 가하는 것에 비해 이 방법은 새로운 글자를 만드는 것이다. 여기에는 형성을 이용한 것, 회의를 이용한 것, 기호자를 만든 것 등이 있다.

【참고문헌】

傅永和,『規範漢字』, 語文出版社, 1994

高更生 등,『現代漢語知識大詞典』, 山東教育出版社, 1995

古敬恒 劉利,『新編說文解字』, 中國鑛業大學出版社, 1992

何九盈 胡雙寶 張猛,『中國漢字文化大觀』, 北京大學出版社, 1995

李大遂,『簡明實用漢字學』, 北京大學出版社, 1993

李大遂,『速學簡體字』, 語文出版社, 1997

李樂毅,『簡化字源』, 華語教學出版社, 1996

劉誌誠,『漢字與華夏文化』, 巴蜀書社, 1995

馬文熙 등,『古漢語知識詳解辭典』, 中華書局, 1996

裘錫圭,『文字學概要』, 商務印書館, 1990

蘇培成,『現代漢字學綱要』, 北京大學出版社, 1994

王鳳陽,『漢字學』, 吉林文史出版社, 1992

王立軍 宋繼華 陳淑梅,『漢字應用通則』, 春風文藝出版社, 1999

許 愼,『說文解字』, 中華書局, 1992

張靜賢,『現代漢字教程』, 現代出版社, 1992

張書岩等,『簡化字溯源』, 語文出版社, 1997

張玉金 夏中華,『漢字學概論』, 廣西教育出版社, 2001

朱駿聲(1983),『說文通訓定聲』, 中華書局

『語言文字規範手冊1997年重排本』(1998), 語文出版社

朴興洙,「六書의 관점에서 본 簡體字」, 中國文學 25집, 韓國中文學會, 2001

박흥수,「한자의 표의성과 표음성에 관한 고찰」, 언어와 언어학 28집, 한국외
　　　대 언어연구소, 2001

중국어 교재와 문화교육

연동숙

1. 서 론

외국어 교육과 학습의 목표는 해당 외국어를 모국어로 하는 원어민과의 자유로운 의사소통 능력1)을 배양하는 것이다. 이러한 의사소통 능력은 지금까지 강조되어온 언어의 4기능(듣기, 말하기, 읽기, 쓰기) 학습 외에도 목표어를 사용하는 국가나 민족의 문화에 대한 이해가 따

---

1) Dell Hymes(1972)는 그의 '사회언어학 이론'(socio-linguistic theory)에서 Chomsky 의 언어능력과 구별하여 의사소통 능력(communicative competence)라는 용어를 사용하였고 박경자·강복남·장복명(1994:22)에서는 언어능력을 다시 언어학적 능력, 의사소통 능력, 문화적 능력으로 구분하였다. 여기서 언어학적 능력이란 언어의 이해기능(듣기, 읽기)과 산출기능(말하기, 쓰기)을 사용할 수 있는 능력 으로 음운론, 철자법, 문법, 어휘론, 의미론, 담화론을 포함하는 능력이다. 또한 의사소통 능력이란 누구에게, 언제, 어디에서, 무엇을 말할 것인지를 아는 능력 을 말하며 문화적 능력은 중류 정도의 교육을 받은 모국어 화자가 갖는 문화 와 문명의 지식을 말한다. 박경자·강복남·장복명(1994)의 분류에 따라서 외국 어 학습자와 목표어 원어민과의 대화는 다음과 같이 진행된다.

라야만 완전해질 수 있다. 외국어 교육 전문가들은 의사소통 중의 오류를 언어적 오류와 문화적 오류로 구분한다. 일반적으로 모국어 화자들은 외국인과의 접촉에서 그들의 발음이나 문법상의 오류는 쉽게 용인하지만 문화적 오류, 즉 말하기 법칙을 위반하는 것은 예의가 없다고 여기게 된다.(戚雨村 1997:238) 이처럼 중국어를 듣고 말하고 읽고 쓸 줄 알아도 중국의 문화에 대한 이해가 수반되지 않는다면 의사소통이 성공적으로 이루어지기 어려울 것이다. 예를 들어 중국인에게서 "你挣多少錢?"이라는 질문을 받았을 때 대부분의 한국인들은 당황하게 되고 이런 질문을 한 중국인을 이상하다고 여긴다. 우리는 가까운 사이를 제외하고는 상대방의 경제 상황을 직접적으로 묻는 것을 매우 무례하다고 보기 때문이다. 이렇게 중국인의 생활방식이나 행동양식을 이해하지 못한 상태에서 우리의 기준으로만 판단한다면 자유롭고 자연스러운 의사소통이 이루어질 수 없다.

외국어 학습에 있어서 좋은 교재는 좋은 교사와 더불어 절대적인 요소 가운데 하나라고 할 때 중국어 교재가 대표성과 보편성을 가진 중국의 문화를 학습할 수 있는 내용이어야 한다는 점에는 이미 공감대가 형성되어 있다. 이와 아울러 교재는 중국의 문화를 소개하고 전달해야 할 뿐만 아니라 학습자의 흥미와 관심을 높이고 학습동기를 유발할 수

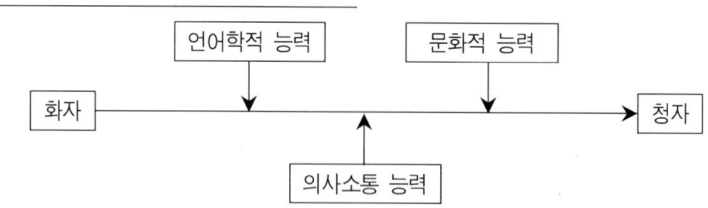

그러나 본 논문에서는 의사소통 능력을 위의 책에서 말한 언어학적 능력, 즉 언어구사 능력과 문화적 능력(목표어 문화에 대한 이해력)을 모두 포괄하는 개념으로 파악한다. Hymes(1972)가 보는 의사소통 능력이 화자가 실제상황에서 적절하고 효과적인 메시지를 생성하는 능력을 말한다면 이러한 파악이 보다 정확하다고 판단된다.

있는 내용이 되어야 한다.

본 논문에서는 현재 한국의 중국어 학습자들이 접할 수 있는 중국어 교재를 문화 교육이라는 관점에서 살펴보고 앞으로의 개선방향을 제시해보고자 한다. 여기에서 말하는 문화교육이란 문화 자체에 대한 교육[2]이 아니라 외국어 학습의 과정에서 성공적인 이문화간 의사소통을 위해서 필요한 문화 항목에 대한 교육, 즉 언어에 무게중심을 둔 문화 교육을 말한다. 또한 본 논문에서 다루는 중국어 교재는 아동을 위한 교재나 고등학교 중국어 교과서가 아니라 대학생이나 성인 학습자들이 일반적으로 접하는 교재를 대상으로 하고 있다.[3] 물론 대학에서 중국어를 전공으로 하는 학습자와 그렇지 않은 학습자, 학생과 일반인, 특수한 목적을 가진 학습자와 일반적인 의사소통 능력 획득을 목표로 하는 학습자가 필요로 하는 교재가 모두 같을 수는 없다. 가장 이상적인 교재는 다양한 학습자들의 서로 다른 수요에 따라 편찬된 '맞춤형 교재'일 것이다. 그러나 실질적으로 현재 우리가 접할 수 있는 중국어 교재들은 각 학습자들의 수요를 충족시켜 줄 수 있을 만큼 다양하지 못하다.[4] 그러나 학습자가 처한 상황과 목표가 서로 다르더라도 기본적

2) 문화자체에 대한 교육은 예컨대 대학의 '중국문화개론'이라든지, '중국의 사상', '중국의 종교' 등의 과목에서 다루어지는 것이다. 그리고 중한 민족이나 국가의 문화 자체에 대한 연구, 예를 들면 중국 문화에 대한 연구, 한국 문화에 대한 연구는 중국학(漢學), 또는 韓國學의 연구 범주에 속한다.

3) 고등학교 교과서의 문화교육 현황에 대한 연구로는 다음과 같은 논문들이 있다.
    정은주, 1998, 현행 고등학교 중국어교과서의 문화내용 분석과 개선방안, 경희대 석사논문
    서정진, 1998, 현행 고등학교 중국어교과서 문화내용 분석, 한국외대 석사논문

4) 영어 교재가 6000권 이상(영풍문고 6259권, 종로서적 4643권), 일본어 교재도 2000권 이상(영풍문고 2041권, 종로서적 1906권)이 출판되어 있는데 비해 중국어는 영어나 일본어보다 늦게 주목을 받았고 또 시장도 두 언어만큼 크지 않은 등 여러 가지 이유로 인해 질적이나 양적으로 크게 뒤떨어진 상태이다. 현재 출판되어 있는 중국어 교재는 600권이 채 되지 않는다(영풍문고 525권, 종로서적 481권).
    다음은 국내 최대 서점인 교보문고에 나와 있는 중국어 관련 도서를 분야별로 분석해놓은 표이다.

으로 학습해야 하는 문화 내용의 공통분모는 분명히 있을 것이다. 그러므로 본 논문의 제2장에서는 우선 그러한 공통분모, 즉 문화교육의 범위와 구체적인 내용을 살펴보고 제3장에서는 중국어 학습자의 대략적인 수준에 따라 중국어 초급, 중급, 고급 교재에서 나타난 문화적 요소를 살펴보겠다. 제4장에서는 문화교육의 관점에서 현재 중국어 교재들의 문제점을 되짚어보고 제5장에서는 제4장에서 지적된 문제점들을 보완한 교재의 예를 들어 개선방향을 모색해보고자 한다.

2. 문화교육의 범위와 내용

1) 문화와 언어

(1) 문화란 무엇인가

문화교육을 논하기 이전에 우선 '문화란 무엇인가'에 대한 고찰이 필요하다. 문화란 인간의 삶의 모든 것을 담은 총체적인 것을 말하기 때문에 문화를 간단히 정의하기는 어렵다. 인류학자인 Alfred Kroeber와 Clyde Kluckhohn의 조사에 의하면 문화에 대한 정의는 무려 154가지

분 야	수 량	분 야	수 량
독해·회화·청취	428권	사 전	44권
음운·문자	33권	문 법	29권
어 휘	18권	작 문	13권
			총 565권

에 이른다.(이상철 1986:25) 학자에 따라서, 그리고 기준과 속성에 따라서 문화는 매우 다양하게 분류된다.『한국문화와 한국인』(1998:10)에서는 유형적인 것(물질문화)과 무형적인 것(비물질문화)으로 분류하였다. 유형적이라 함은 과거와 현대의 모든 문화 유적을 포함해서 예술 문화 혹은 일상적인 삶의 도구 등을 말한다. 반면 무형적 문화는 종교, 사상이나 유형적인 문화 밑에 깔려 있는 원리가 포함됨은 물론 사람들이 견지하고 있는 세계관이나 가치관, 인간관, 시간관 등이 대단히 중요한 부분을 이룬다.

(2) 문화와 언어

언어 형식과 문화의 관계에 대한 관심은 19세기 독일의 언어학자인 Humbolt에게서 시작되었다고 할 수 있는 데 그에 의하면 언어마다 실제 세계를 범주화하는 방법이 각기 다른 것은 우리가 가진 지식을 구조화하는 정신적 방법이 다르기 때문에 언어의 다양성은 소리나 기호의 다양성이 아니라 세계를 조망하는 관점의 다양성 때문에 받아들여야 한다고 했다. 20세기 들어 미국의 언어학자인 Sapir와 Whorf는 '언어적 상대성의 가설'을 제기하면서 문화와 언어의 밀접한 관계를 지적했다.[5] 이 가설에 의하면 인간은 그들이 사용하는 언어가 다르기 때문

---

5) Whorf는 영어의 '눈'과 에스키모어를 비교한 예를 들었다. 즉 영어에는 '눈'이라는 의미를 나타내는 단어가 하나뿐인데 에스키모어에는 '가루눈', '녹은 눈', '큰 눈', '지금 내리고 있는 눈', '땅위에 쌓인 눈', '얼음처럼 굳은 눈' 등 여러 가지 단어로 구별된다는 것이다. Whorf는 에스키모인들에게 눈이란 대단히 중요한 문화적 항목이기 때문에 그에 대한 개념도 복잡하게 발달했고 이를 표현하는 방법도 그에 따라 복잡하게 발달했을 것이라고 설명했다.(김진우 1996)김진우(1996:183)는 종전에 문화가 언어에 미치는 영향에만 주목했던 이론을 '구이론(문화우위론)'으로, 언어가 사회에 미치는 영향을 연구하는 쪽을 '신이론(언어우위론)'으로 하여 다음과 같은 그림으로 표현하였다.

에 사고방식이나 지식체계도 달라지며 궁극적으로 문화양식도 달라진다.[6] 외부에 존재하는 객관적 세계는 동일할 지라도 그것을 경험하는 주관적 세계가 다른 것은 서로 다른 언어로 세계를 바라보기 때문이라는 것이다(국제한국학회 1998).[7]

언어와 문화의 관계를 어떻게 파악하건 간에 '문화'가 '일상생활의 방식, 사고방식, 세계관' 등을 말하는 것으로 언어를 배운다는 것은 그

<구이론>   <신이론>

김진우(1996)는 현재 언어와 문화의 관계를 설명할 수 있는 방법은 구이론과 신이론의 두 가지밖에 없다고 하였으나 언어가 문화의 일부라는 사실을 부인하지 못하는 한 누구라도 문화우위론의 타당성을 어느 정도까지는 인정하지 않을 수 없기 때문에 신이론은 다음과 같이 수정되어야 할 것으로 보인다.

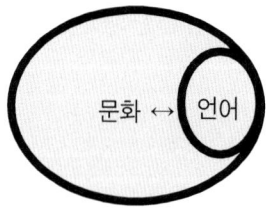

6) Whorf는 다음과 같이 말했다. "한 개인의 사고형태는 본인 자신은 전혀 의식을 못하고 있는 어느 확고한 유형적 법칙에 의하여 통제를 받고 있다. 이들 유형이란 곧 그 사람 자신의 복잡한 언어체계들인데 이것 역시 본인은 잘 인식하지 못하고 있다. 이런 언어체계의 특징은 다른 언어, 특히 상이한 어족의 언어와의 명쾌한 비교와 대조에 의해서 즉각적으로 알 수 있게 된다. 그 사람의 사고 자체는 한 언어 속에 있는 것이다. 즉 영어와 산스크리트어와 중국어 속에 있는 것이다."(김진우 1996)
7) p.15 참고

언어가 사용되는 사회의 문화를 함께 배운다는 것을 의미한다는 데는
이견이 없을 것이다. 특히 1970년대에 이르러 '언어능력'의 문제를 '문
법적 능력'에서 '의사소통의 능력(communicative competence)'으로 이
해하기 시작하면서 언어 교수 분야에서도 문화에 대한 관심이 크게 높
아졌다.[8] 의사소통의 능력은 궁극적으로 사회 문화적인 맥락에 대한
이해 없이는 불가능한 것이라는 인식에서 문화를 가르치는 일에 대한
주목하게 된 것이다.

2) 문화교육의 목표와 범위

앞에서도 말했듯이 언어를 배운다는 것은 그 사회의 문화를 함께 배
운다는 것을 의미한다. 모국어 습득의 경우에는 어린아이가 모국어를
습득하는 과정에서 자연스럽게 그 문화에 동화되지만 외국어 학습자의
경우에는 의식적인 학습이 필요하다.[9] 특히 이미 자국문화에 동화되어
고정된 사고의 틀을 가진 성인 학습자는 문화적 상황의 이해에서도 모
국어의 내재화된 규칙의 영향을 크게 받는다. 그러므로 교사나 교재는

---

8) 60년대 중반부터 외국어 교수에서 문화의 중요성을 인식하기 시작했다. 예를
들어 Lado는 『Language Teaching: A Scientific Approach』(1964)에서 다음과
같이 지적했다. "우리가 문화적 배경을 알지 못하면 언어를 잘 가르칠 수 없
다. 언어는 문화의 일부분이므로 문화의 유형과 규범을 이해하지 않고서는 진
정으로 언어를 배울 수 없다."(胡春洞·王才仁 1996:85)
9) 제2언어 학습 프로그램에서 문화가 중요하다는 사실은 다음과 같은 학자들의
주장에서도 알 수 있다.
Fries(1955): 문화란 제2언어 프로그램에서 부속물이 아니라, 제2언어 교육의
모든 단계에서 필수적인 요소이다.
Nostrand(1966): 언어를 전체적으로 이해하기 위해서는 언어가 일부분을 구성
하고 있는 문화와 언어가 중재하고 있는 사회적인 관계를 알아야 한다.
Tucker와 Lambert(1973): 언어와 문화는 상호의존적이다. 문화가 없는 언어는
학습동기를 감소시키고 언어가 없는 문화는 의사소통이 불가능하다. 따라서 언
어와 문화는 동시에 학습되어야 한다. (박경자·강복남·장복명 1994)

자국 문화와 목표어 문화를 대조하여 학습효과를 높여야 한다. 효과적인 문화교육을 위해서는 우선 문화교육을 통해 어떤 결과를 얻어야 하는지, 즉 문화목표가 어떠한 것들인지에 대한 검토와 더불어 광범위하게 이해되고 있는 '문화' 가운데 외국어 학습에서 필요한 부분은 어디까지인지 살펴보아야 한다.

(1) 문화교육의 목표

Light(1987)에 실린 "중국어 능력 표준(초안)"은 말하기, 읽기, 듣기, 쓰기에 이어 문화 능력 표준을 초급, 중급, 고급, 최고급, 중국인에 근접한 수준, 중국인과 같은 수준의 여섯 단계로 나누고 있다. 여기서 제시된 마지막 단계는 중국 언어문화 환경 속에서 성장하고 교육을 받은 중국인과 구분할 수 없는 수준을 말한다. 외국어 교육학자들은 문화교육의 문제에 크게 관심을 쏟으면서 그들은 외국어를 학습하는 과정이 외국문화에 동화되는 과정으로 보았고 Brown (1980)은 문화적 동화를 다음과 같은 4단계로 제시하였다(박경자·강복남·장복명 1994).

제1단계 호기심, 흥분, 행복	→	제2단계 문화적 충격	→	제3단계 가치혼란과 점진적 발전	→	제4단계 문화적 동화, 적응

김진우(1996)는 일반적으로 간접적인 환경에서 문화적 동화과정이 이뤄지는 경우, 그 부분적이고 산만한 방법에 의하여 동화가 이루어지기 때문에 학습자가 심리적으로 4단계 이론에서 말하고 있는 것과 같은 과정을 밟지 않을 수도 있다고 보았다. 그러나 우리가 문화교육에서 "중국어 능력 표준(초안)"에 제시된 제6단계나 Brown (1980)이 말한 제4단계, 즉 문화적으로 동화, 적응된 단계를 목표점으로 삼고 이를 지

향해야 하는지에 대해서는 의문이 제기될 수 있다. 만약 외국어 학습자가 목표어 문화권에서 생활을 해야 하는 상황, 즉 이민 등의 상황에서는 외국어 학습의 과정이 문화적 동화과정이라는 볼 수 있다. 그러나 한국에서 중국어를 배우는 대다수의 학습자들이 중국 문화에 동화될 필요는 없다. 다만 학습자가 중국인의 생활 방식과 행동 양식, 가치관과 세계관 등을 이해하여 문화적인 차이에서 오는 오해나 갈등을 피하고 성공적인 의사소통을 할 수 있도록 하는 것을 문화교육의 목표로 삼아야 할 것이다. 박경자·강복남·장복명(1994:377)도 목표어 문화를 지도하는 데 있어서 그 문화를 이해하는 것이 중요한 것이고 그 문화를 그대로 수행하기를 요구해서는 안 된다고 보았다. 즉 사람들은 이중언어적으로 될 수는 있으나 이중문화적으로 될 수는 없다는 것이다. 예를 들어 중국어 교육에서 문화교육은 중국인이 "你掙多少錢?"이라는 질문을 했을 때 당황하거나 상대방이 무례하다고 생각하지 않도록 하는 정도면 된다. 학습자가 문화적으로 동화되어 이러한 질문을 하도록 교육할 필요는 없다. 그렇다면 이런 질문을 받았을 때 학습자는 어떻게 대답해야 할까. 학습자가 문화교육을 통해서 중국인의 문화를 이해한다고 하더라도 심리적으로 이런 질문에 대답하기를 꺼려할 수 있다. 다음은 그런 경우에 적절히 대응하는 예이다.

    <在候廳室里 >
    哈里: 你好, 我叫哈里, 請問您貴姓?
    陳剛: 我姓陳, 叫陳剛. 你去哪兒?
    哈里: 去北京, 你呢?
    陳剛: 眞好了, 我們同路, 你的漢語說得很棒. 你是哪國人?
    哈里: 我是加拿大人. 你是北京人嗎?
    陳剛: 不, 我是江蘇人. 我到北京去開會. 你在加拿大干什麼工作的? 到
        中國來玩嗎?
    哈里: 我是個學生, 到中國來學習的

陳剛: 在哪一個大學啊? 你才二十多歲吧?
哈里: 在北京語言學院. 你也很年輕啊. 在什麼地方工作?
陳剛: 我已經三十歲了. 大學畢業後在工廠當工程師. 是學電子計算機的.
哈里: 這工作不錯啊.
陳剛: 是的. 這工作掙錢可不少. 我每月有四五百元. 當然啦, 比不上你.
哈里: 那不一定. 你看他們指指點點地圍在那兒看什麼呢?
陳剛: 別管它, 我最不喜歡圍觀了.(이하 생략) 『說漢語 談文化』(31-32)

위에서 '哈里'는 연령이나 경제적 능력을 묻는 중국인의 질문에 직접적으로 대답하지 않으면서도 대화를 자연스럽게 이끌고 있다.

박경자·강복남·장복명(1994)은 문화교육의 방법을 논하면서 여러 가지 문화적 활동을 제시하였다. 그리고 그러한 활동을 통해서 아래와 같은 다섯 가지 사항들이 학습자에게 발달되었다면 그 계획은 긍정적으로 평가될 수 있다고 보았다. 우리는 이 다섯 가지 사항을 문화교육의 구체적인 목표로 설정할 수 있을 것이다.

① 모국어 화자의 상이한 행동을 이해하는 태도
② 공통된 상황에서 행동하는 양식에 대한 수행적 지식
③ 제2 문화에 대해서 공통적으로 알려진 사실에 대한 인지적 지식
④ 제2 문화의 예술적 성취에 대한 이해
⑤ 제2 문화와 그 민족에 대한 긍정적 태도

(2) 문화교육의 범위

1970년 Oswalt가 문화를 대문화(문학, 역사, 철학, 정치 등)와 소문화(일반적 사회습관, 사람들의 생활방식)로 구분한 후 그때까지 문화교육을 '예술, 문학, 역사, 지리' 등에 국한시켰던 외국어 교육의 전통적 관

념이 바뀌게 되었다. 이제 '시시각각으로 많은 사람들의 생활에 관련된 문화내용'이라는 인류문화학의 분류가 외국어 교육계에 받아들여진 것이다.(張占一 1992)

박경자·강복남·장복명(1994:370-372)은 문화를 정보문화, 행동문화, 성취문화로 구분하였다. 여기서 정보문화란 평균적인 교육을 받은 모국어 화자들이 그들의 사회, 지리, 역사, 영웅 등에 대해서 알고 있는 정보와 사실을 의미하고 행동문화란 한 사회 속에서 전형적으로 나타나는 행동양식을 말한다. 또한 성취문화란 목표어 문화의 성취업적을 가리키는 데 제2언어 교육에서는 정보문화와 성취문화에 대한 인식을 기초로 해서 행동문화를 발달시키는 것이 중요하다고 보았다. 특히 초급단계와 중급단계에서는 행동문화를 강조해야 한다고 주장했다.

중국에서는 1980년대 들어 문화교육에 주목하면서 외국어 교육의 실제 상황에 부합된 문화교육 항목을 어떻게 나누어야 하는가에 관심을 갖게 되었다. 張占一(1983)은 "기능적 관점에서 볼 때 언어교육 중의 문화 배경지식은 문화 자체에 대한 지식(知識文化)과 의사소통에 필요한 문화지식(交際文化)으로 나누어야 한다."10)고 지적했다. 그는 서로 다른 문화적 배경을 가진 사람들 간의 의사소통 과정(이문화간 의사소통)에서 어떤 단어, 어떤 문장의 문화 배경지식의 결핍으로 오해가 발생할 수 있는 데 이렇게 의사소통에 직접적으로 영향을 주는 문화지식을 의사소통에 필요한 문화지식이라고 하였다. 반면 문화자체에 대한 지식은 이문화간 의사소통에 직접적인 영향을 미치지 않는 것이다(Light 『現代外語敎學法－理論與實踐』 188-198쪽 재인용). 후에 張占一은 『試議交際文化和知識文化』(1990)에서 이 둘에 대한 정의를 수정하였다.

소위 의사소통에 필요한 문화지식(交際文化)이란 문화배경이 다른 두

---

10) "言語敎學中的文化背景知識, 從其功能角度來看, 應分爲兩種－知識文化和交際文化."

사람이 의사소통을 할 때 직접적으로 정보의 정확한 전달에 영향을 미치는(즉 편차나 오해를 일으키는) 언어적, 비언어적 문화요소이다.[11]

張占一은 또한 異文化간의 문화대조를 통해서만 '의사소통에 필요한 문화지식'을 밝힐 수 있다고 말했다. 張占一의 이러한 분류는 중국 내에서 많은 지지를 받고 있다. 張占一(1990)은 중국의 수도, 하천, 고적, 건축, 4대 발명, 경극 등 문화자체에 대한 지식도 학습자의 언어능력 향상에 중요한 작용을 하기 때문에 의사소통에 필요한 문화지식만을 강조하고 문화자체에 대한 지식을 소홀히 해서는 안 된다고 지적했다. 그는 중국어 학습의 초급 단계에서는 의사소통에 필요한 문화지식을 주로 다루게 되지만 학습자의 수준이 향상됨에 따라서 의사소통의 장애도 감소하게 되며 문화자체 지식의 비중도 증가된다고 보았다. 于從揚(1987)은 학습자의 언어수준에 따라 의사소통에 필요한 문화지식도 단순히 생활습관을 반영하는 범위(초급단계)에서 '문화적 색채가 농후한 어휘', 즉 성어, 경구, 격언, 신조어, 은유, 축약어 및 중국문화의 특수한 심미관 등으로 확대되기 때문에 중급, 고급 단계에서도 이러한 문화지식을 지속적으로 학습해야 한다고 말했다.(張占一 1990)

盛炎은 『語言教學原理』에서 "문화자체에 대한 지식은 주로 경제, 정치, 지리학, 문예 등을 말하고 의사소통에 필요한 문화지식이란 언어 내에 내포되어 있는 문화적 요소를 가리킨다. ……前者를 이해하지 못해도 의사소통이 가능하지만 後者를 이해하지 못하면 의사소통에 직접적으로 영향을 받게 된다."고 지적했다.

張占一을 비롯한 중국학자들이 말한 '문화자체에 대한 지식'은 박경자·강복남·장복명(1994)에서 분류한 '정보문화'와 '성취문화'에 해당하며 '의사소통에 필요한 문화지식'은 '행동문화'에 해당한다고 볼 수 있

---

11) "所謂交際文化, 指的是那種兩個文化背景不動的人進行交際時, 直接影響信息準確傳遞的語言和非語言的文化因素."

다. 앞에서도 밝혔듯이 외국어 교육의 목표는 해당 외국어를 모국어로
하는 원어민과의 자유로운 의사소통 능력을 배양하는 것이라고 한다면
중국어 교육에서 있어서 문화교육이 '의사소통에 필요한 문화지식'에 중
점을 두고 진행되어야 함은 자명해진다. 그러나 '문화'를 간단히 정의할
수 없듯이 '문화교육의 범위'도 명확히 확정지을 수 없다. 張占一이 말
한 '의사소통에 필요한 문화지식'의 범위도 학습자의 모국어 문화와 목
표어 문화의 근접성 정도에 따라, 그리고 학습자 자신의 언어능력에 따
라 可變性을 지니기 때문이다. 그렇기 때문에 중국과 한국, 양국 문화
대조를 통한, 한국의 중국어 학습자들을 위한 '의사소통에 필요한 문화
지식'의 범위 확정이 요구되는 것이다. 張占一은 문화지식의 범위 확정
에서 이문화간 의사소통 時 '편차나 오류'의 발생여부에 중점을 두고
있지만 '자연스러운 의사소통을 가로막는 요인'을 주목해본다면 문화교
육의 범위는 더 확대되어야 할 것이다. 우리는 학습자와 목표어 화자 간
의 의사소통을 일방적으로 목표어 화자가 말을 하고 학습자가 이를 이
해하는 상황으로 설정해서는 안 된다. 학습자가 모국의 문화내용에 대한
메시지를 목표어 화자에게 전달하고자 하나 어떻게 말해야 할지 몰라서
당황하는 경우가 있다. 이런 때 학습자는 화제회피 전략을 쓰거나 아예
메시지 전달을 포기한다.12) 이 역시 자연스러운 의사소통에 영향을 주
는 원인이 된다. 실제로 필자가 중급 중국어 강독 수업을 듣는 학생 50
명을 대상으로 한 설문조사에 따르면 중국인과 직접 대화를 나누어 본
학생들(총29명) 가운데 84%(25명)가 "한국에서는 어떻습니까.", 혹은
"한국인들은 어떻게 합니까."라는 류의 질문을 받아본 적이 있다고 했
다. 그리고 그 가운데 88%가 한국의 문화를 어떻게 중국어로 말해야 할

---

12) 회피는 의사소통 전략(Communication Strategies) 가운데 하나이다. 의사소통 전
략에는 바꾸어 말하기(近似語사용, 造語, 우회적 표현), 차용(직역, 언어전환), 도
움 호소, 無言表示, 회피(화제회피, 메시지 포기) 등이 있다.(H.Douglas Brown.
1997.『외국어 교수·학습의 원리』. 제3판. 신성철 옮김. 서울: 한신문화사)

지 몰라서 당황한 경험이 있다고 응답했다. 물론 한국의 문화를 중국어로 표현하는 법을 배우는 것은 엄격히 말하면 문화교육의 범위에 해당하지 않는다. 학습자가 이미 이해하고 있는 한국의 문화를 단지 어떻게 중국어로 표현할 것인가를 알려준다면 이것은 순수한 언어능력의 범위에 속하기 때문이다. 그러나 우리가 말하는 문화교육이 '언어 중심의 문화교육'이고 그 내용이 학습자의 흥미와 학습동기를 유발할 수 있는 것이어야 하며 외국어 학습의 최종 목표가 외국문화를 이해하고 바르게 수용할 뿐만 아니라 우리의 문화를 외국인에게 말이나 글로 소개할 수 있도록 하는 것이라면 중국어 교육이나 교재에서 중국과 우리의 문화를 대조하여 설명하고 우리 문화 요소에 대한 설명을 덧붙이는 것은 꼭 필요한 부분일 것이다. 물론 중국 문화에 대한 교육이 주가 되어야 하고 또 그 출발점은 '의사소통에 필요한 문화지식' 교육이 되어야 한다.

3) 문화교육의 구체적 항목

미국의 Chastain(1976)은 외국어 교육에서 문화내용은 협의의 문화에서 시작해서 점차 광의의 문화로 확대되어야한다고 주장하고 44가지 항목을 들었다(『外語教育語言學』 p.86-86에서 재인용).

학생생활	청 년	부 모	가 정	친 척	친 구
연애, 결혼	교 육	직 업	성 취	快 樂	음 식
오 락	금 전	사회제도	경제제도	정치활동	애국주의
사회문제	환경오염	인 구	종 교	법 률	신 문
광 고	사 망	기 율	휴 가	의 복	교 통
예절어	신체언어 등				

張占一(1992)은 자신이 제기한 '의사소통에 필요한 문화지식'의 구체적인 내용을 언어적 비언어적 요소로 나누어서 제시하였다.

(1) 언 어

① 時間詞

시간구분: 연령, 연도   시간표시: 연월일

시간단위   時間詞의 사용

사회적 시간: 절기, 가치, 사회규약

시간배치: 휴일

② 姓 名

姓: 호칭   名: 항렬, 별명, 소개 등

③ 색채어

④ 친족호칭

친족 호칭의 특수한 기능: 친밀표시, 욕설

⑤ 見面語

a. 인사말: 친한 사람 간의 인사, 처음 만났을 때

b. 소개: 자기소개, 다른 사람을 소개할 때

c. 헤어질 때: 주인, 손님

⑥ 금기와 완곡 표현

a. 어휘: 죽음, 장소, 물품, 신체부위, 일상행위, 성행위, 여성의 특수한 생리 현상, 장애, 직업, 신분, 정치, 군사

b. 금기 화제, 관심표현, 외모, 겸손, 경로 등

(2) 비언어

① 몸짓: 자세, 동작, 다리, 머리, 손, 얼굴, 눈, 몸의 방향, 예절 행위

② 시　간
③ 공간: 신체 간의 거리, 영역 등

張占一은 위에 열거한 항목을 표층적 내용으로 보고 심층적 내용, 즉 의사소통에 오해를 일으키는 원인으로 의사소통 장소, 사회적 습관이나 풍습, 가치관, 도덕관, 옳고 그름의 기준, 심리적 경형, 사유의 특징 등을 들었다.

孟子敏(1992)은 이밖에도 적극적 문화행위로 경어와 겸양어, 상투적 인사말을 들고, 중급 고급 단계에서는 강조되는 문화적 어휘로 성어, 헐후어, 관용어, 속어 등을 들었다. 비언어적 측면에서도 선물하기, 초대하기, 방문하기, 약속 등의 사회적 예절과 물건사기, 지불하기 등의 일상생활을 포함시켰다.

趙賢州는 이러한 문화 항목을 12가지 방면의 내용으로 개괄하였다. (『外語敎學語言學』 87쪽에서 재인용)

1) 사회 문화 배경이 달라서 對譯할 수 없는 어휘
2) 사회 문화 배경이 달라서 생기는, 어떤 측면의 의미가 다른 어휘
3) 사회 문화 배경이 달라서 생기는 어휘 사용 상황의 상이성
4) 사회 문화가 달라서 생기는 어휘의 褒貶 의미의 차이
5) 사회 문화가 달라서 생기는 잠재적 관념의 차이
6) 언어정보가 문화적 배경의 차이로 생기는 차이
7) 민족의 특수한 문화전통의 정보를 함유한 어휘
8) 성어, 명언, 경구 등
9) 단어에 반영된 풍습과 문화 정보
10) 특정한 문화배경의 의미를 지닌 어휘
11) 서로 다른 문화 배경이 낳은 언어 구조의 차이
12) 가치관, 심리적 요소, 사회적 관습이 낳은 문화 차이

3. 중국어 교재에 나타난 문화적 요소

1) 직접적 형태와 간접적 형태

중국어 교재에서 문화교육은 크게 직접적인 형태와 간접적인 형태로 이루어진다. 교재 전체가 중국 문화를 다루는 내용으로 되어있거나 본문의 읽기 자료가 중국문화를 소개하는 내용인 경우, 또는 본문에서 나온 문화 항목에 대해 중국어나 한국어로 해설을 하는 경우는 직접적인 형태로 볼 수 있다. 北京語言文化大學에서 나온 『中國文化』(1999)는 이런 직접적인 방법을 채택한 문화교재로서 대표적인 중국문화를 소개하고 있다. 이 교재는 『漢語水平等級標準和等級大綱』(試行)의 3급 단계의 학생13)을 대상으로 '문화자체에 대한 지식' 범주의 교재이다.

간접적인 형태란 교재에 나오는 어휘나 대화 내용, 본문 속에 간접적으로 문화내용이 들어가 있는 경우를 말한다. 많은 경우 문화의 심층적 부분, 즉 가치관이나 세계관, 사고방식 등은 특별히 지적해주기 전

---

13) 현재 중국에서 가장 객관적인 평가 기준이 되는 것이 漢語水平考試(HSK)이다. 다음은 HSK와 『漢語水平等級標準和等級大綱』의 대응관계를 보여주는 표이다.

『等級標準』	『詞匯大綱』	『語法大綱』	HSK適用範圍	HSK答對率
一級	甲級詞 (1011)	甲級語法 (133項)	1年級上 (약 400時間)	약 20-40%
二級	乙級詞 (2017)	乙級語法 (249點)	1年級下 (약 400시간)	약 40-70%
三級	丙級詞 (2140)	丙級語法 (207點)	2年級 (약 800시간)	약 70-95%
四級	丁級詞 (暫缺)	丁級語法 (暫缺)	三年級	
五級			四年級	

에는 모국어 화자나 학습자 모두 인식하기 어렵다. 예를 들어 '太太', '先生'이란 말은 '愛人'으로 대체가 되었는데 이는 중국인의 남녀평등 사상이 투영된 것이다. '同志' 또한 사회적으로 모든 사람이 평등하다는 사상이 반영된 것이다. 반면 '您'이란 단어는 중국인의 경로사상을 반영하고 있다. "你穿得太少了, 別感冒了", "慢點走, 天黑了, 別摔着" 등의 말은 가까운 사이에 관심을 표하는 중국인의 습관을 보여준다.

2) 단계별 교재에서 나타난 문화적 요소[14]

(1) 초급 교재

『베이징중국어40 기초』에 나타난 문화적 요소를 살펴보았다. 초급 교재에서는 간접적인 형태로만 나타나고 있었다.

① 인사법·소개법   제1과 你好, 제2과 您貴姓?
② 예절어   제6과 打撓你了
③ 물건사기   제7과 多少錢?
④ 식사   제9과 還要別的嗎? 제10과 吃好了嗎?

(2) 중급 교재

『뉴캠퍼스중국어2』에 나타난 문화적 요소를 살펴보았다. 이 교재는 중국에 있는 서양 유학생이 느끼는 문화적 차이를 회화 위주로 담고 독해연습을 통해서 중국 문화를 소개하는 직접적 형태가 간접적 형태

---

14) 여기에서 말하는 문화적 요소란 '문화자체에 대한 지식'과 '의사소통에 필요한 문화지식'을 모두 포괄하는 넓은 개념으로 문화내용이나 문화항목을 가리킨다.

와 함께 나타나고 있었다.

① 선생님에 대한 동서양 학생의 태도 차이	제 3 과 我也想練習口語
② 물건사기	제 5 과 你的服務態度眞好
③ 방문	제 8 과 下星期六我一定去
④ 음식문화	제11과 味道好極了
⑤ 중국의 가족제도	제13과 我們家是四世同堂
⑥ 가족 내의 평등	제14과 我們兩完全平等
⑦ 중국문화에 대한 충격	제18과 她想研究中國民俗

(3) 고 급

『說漢語談文化』는 乙級 어휘와 문법을 자유롭게 활용할 수 있는 수준의 학습자를 대상으로 하고 있다. 乙級은 학습 시간이 총 800시간 가량으로 『等級標準』의 중급 정도의 수준이다. 그러나 이 책은 학습자가 체계적으로 중국인의 일상생활에서 나타나는 '의사소통에 필요한 표층적 문화지식'과 이와 관련된 '심층적 심리, 습관, 사유방식, 전통관념' 등을 학습하도록 하는 것을 첫째 목표로 삼고 있다. 즉 '어떻게 말해야 하는가'를 알려주는 동시에 '왜 그렇게 말하는가'를 이해하도록 하고 있다. 사실상 고급단계에서는 위에서 예를 든 『中國文化』나, 『中國的 風俗習慣』과 같이 '문화자체에 대한 지식'을 전달하는데 중점을 두어 온 데 반해 이 책은 '의사소통에 필요한 표층적, 심층적 문화지식'을 학습자가 흥미를 느낄 수 있는 소재로 소개하고 있다. 또한 11과부터 20과까지의 내용은 고급 학습자들의 수준에서도 필요한 부분으로 생각된다. 아래에서는 1과부터 20과까지의 내용을 소개하겠다.

제 1 과 客套和禮節	제 2 과 常見的話題
제 3 과 自謙和敬人	제 4 과 人情和關係

제 5 과 含蓄的人們　　　　제 6 과 自尊的人們

제 7 과 言不及利　　　　제 8 과 意在言外

제 9 과 精神的力量　　　　제10과 等級觀念

제11과 同一觀念　　　　제12과 家庭觀念

제13과 鄕土觀念　　　　제14과 忍讓的人們

제15과 敬老的社會　　　　제16과 忌諱的話題

제17과 生活的節奏　　　　제18과 向前看

제19과 協調和均衡　　　　제20과 手勢和體態

4. 문화교육의 관점에서 본 중국어 교재의 문제점

1) 문화적 요소의 비중이 적고 다양하지 못하다

전 세계적으로 70년대부터, 중국에서는 80년대 중반 이후 문화교육의 중요성이 부각이 되었음에도 불구하고 현재 대다수의 중국어 교재에서 문화적 요소의 비중은 그리 크지 않다. 특히 초급단계에서는 간접적 형태의 문화 요소만 나타날 뿐 직접적 형태는 거의 보이지 않는다. 또 교재에 실린 문화 관련 내용은 거의가 음식문화, 물건사기, 몇몇 명승지 등으로 천편일률적이다. 좀더 다양하고 자세한 소개가 필요하다. 예를 들어 중국인에게 초대를 받아 함께 저녁식사를 하는 경우 자리는 어떻게 앉아야 하는지, 음식은 대개 무엇부터 나오는지, 언제 음식을 먹기 시작하고 또 끝내야 하는지 등 학습자가 부딪칠 수 있는 다양한 상황의 설정이 필요하다.

2) 번역서가 대부분이다

그 원인은 아직까지 국내에서 개발된 교재보다는 중국 교재 번역서가 훨씬 많기 때문이다. 중국에서 개발된 교재는 중국어 학습자를 대개 서양인으로 설정하고 있기 때문에 '의사소통에 필요한 문화지식'의 항목도 우리와는 일치하지 않는다. 예를 들어 다음은 중국인 친구와 함께 서점에 갔다가 중국인 친구의 이전 이웃이었던 아이와 할아버지를 만나서 나누는 대화의 일부분이다.

> <管閑事?>
> 王大偉: (對麥克爾)這是我以前的隣居小胖.
> 小　胖: 叔叔好!
> 麥克爾: (愣了一下)哦, 你……你好! (『說漢語談文化』 p.17)

여기에서 麥克爾이 당황하는 이유는 아저씨라는 호칭의 문화적 차이 때문이지만 한국인에게는 이런 문제가 발생하지 않는다. 한국인은 나이를 따져서 본래 가족의 호칭인 '언니', '오빠', '형' 등의 호칭을 쓰기도 하고 나이가 한 살이라도 위인 상대에게는 직접 이름을 부르지 않는 등 연령의 서열을 상당히 중시한다. 그러나 중국에서는 나이 차이가 약간 나도 서로 이름을 부르고 부부 간에도 이름을 직접 부른다. 우리가 나이를 따져서 중국인에게 '哥哥'라는 호칭을 쓴다면 중국인은 오히려 불편해 할 것이다. 또 우리는 친구의 부모님께도 '아버님', '어머님'이라는 호칭을 쓰지만 중국인들은 친구의 부모님이나 부모님 또래의 윗사람에게 '伯父', '伯母'라는 호칭을 쓴다. 우리는 음식을 대접받을 때 남김없이 다 먹는 것이 예의지만 중국인들은 손님이 그릇을 깨끗이 비운 것을 보면 음식 준비가 부족하지는 않았나, 하고 걱정한다. 이렇게 중국과 우리의 문화는 공통점도 많지만 상이점도 많다. 그렇기 때문에 양국 문화 대조를 통해서 한국인 중국어 학습자와 중국인과의 의사소통에서 필요한 문화항목을 찾아내고 이런 바탕 위에서 우리를 위한 중국어 교재를 개발하는 것이 중요하다. 문화대조에서는 상이점과 함께 공통점도 밝혀지게 되는데 교재는 문화적 상이점에만 중점을 두지 말고 더 많은 공통점이 있음을 학습자에게 주지시켜서 목표어 문화를 편안하고 가깝게 느낄 수 있도록 해야 할 것이다.

3) 중국문화에 대한 소개에만 치중된 일방적 문화교육

2.2에서 강조한 바와 같이 학습자가 모국의 문화내용에 대한 메시지를 목표어 화자에게 전달하고자 하나 어떻게 말해야 할지 몰라서 당황하는 경우가 있다. 학습자의 언어수준이 높아질수록 의사소통 과정에서 더욱 다양한 화제를 다루게 되고 심도 있는 대화를 나누게 되고 자국 문화는 자연스럽게 화제에 오른다. 한국인 학습자가 중국 요리에 대해서는 8대 요리의 특성까지 다 알고 있으면서 정작 한국 음식이 어떠냐는 질문에 아무 대답도 못한다고 가정해보자. 그러므로 중국어 교육이나 교재는 중국과 우리의 문화를 대조하여 설명하고 우리 문화 요소에 대한 설명도 덧붙이는 양방향적인 것이 되어야 한다.

4) 학습자들의 시각적 욕구를 충족시키지 못한다

대다수의 교재들이 사진이나 그림 등 시각적 효과를 거둘 수 있는 부분이 결핍되어 있다. 사진 등이 있더라도 명승지, 문화유물 등의 사진이 대부분이다. 물론 그런 사진들도 필요하지만 본문의 내용에 부합되는, 중국인의 실제 생활상을 보여주는 다양한 사진이 들어가서 학습자들의 시각적 욕구를 충족시키고 아울러 학습 효과와 흥미를 높일 수 있도록 해야 한다.

5. 개선방향

여기서는 제5장에서 제기한 문제점들을 보완한 교재의 예를 들어보겠다.

1) 초 급

다음은 『문화중국어Ⅰ』의 제9과의 내용이다. 제목에서도 알 수 있듯이 이 교재는 1과에서 5과까지 기본적인 인사말 등을 다룬 뒤 6과부터는 중국의 음식문화, 경극, 선물주기, 차 문화 그리고 명승지 등을 소개하는 내용으로 되어 있다. 무엇보다도 한국인 학습자를 대상으로 하고 있고 초급단계에서 한국과 중국의 문화대조를 했다는 점을 평가할 수 있다. 또한 사진 등을 많이 소개해서 흥미를 유발시키고 있다. 그러나 초급단계에서 더욱 필요한 생활방식 등에 대한 소개보다는 만리장성, 소림사, 南京 등 명승지 소개를 주내용으로 하고 있고 중국여행을 배경으로 하고 있다는 점이 특징이자 단점이다.

<跟韓國不一樣－喝酒的規矩>

朴先生: 小王, 給我介紹介紹中國人喝酒的規矩好嗎?

王　華: 好的. 中國人在一起喝酒的時候, 先給長輩或者年紀大的人斟酒,
　　　　最後給自己斟酒.

朴先生: 這跟韓國不一樣. 韓國人在一起喝酒的時候, 不給自己斟酒.

王　華: 另外, 中國人喝酒的時候, 互相不交換酒杯.

朴先生: 這跟韓國也不一樣.

王　華: 但是, 中國人喝酒的時候, 常常互相碰杯, 干杯, 這跟韓國大概
　　　　是一樣的.

朴先生: 對.

2) 중 급

교재는 중국어 학습자와 중국인 사이의 대화에서 나타날 수 있는 화제와 상황을 다양하게 설정하고 학습자가 중국문화를 학습할 수 있도록 하는 한편 한국 문화의 요소도 의사소통 과정에서 필요한 만큼 표현할 수 있도록 도와야 한다. 아래의 대화 <不一樣的辣>는 한국인과 중국인이 한국 식당에서 실제 나눌 수 있는 대화를 가정해서 작성한 것이다. 또 【中國菜系】와 【韓國的飮食】은 이러한 상황에서 의사소통을 성공적으로 진행하기 위해 필요한 배경지식을 읽기 자료로 교재에서 함께 제시한 예이다.

<不一樣的辣>

(在韓國餐廳)

朴美京: 王小姐, 你以前吃過韓國菜嗎?

王　玲: 是啊, 我很喜歡吃. 我家附近有一家韓國餐廳, 我跟我愛人常去
　　　　那兒吃韓國烤肉.

朴美京: 韓國人一般吃烤肉以後, 再點冷面當主食.

王　玲: 我覺得冷面的湯太凉.

朴美京: 冷面有兩種, 一種是'水冷面', 另外一種是拌冷面'. 如果你不喜
　　　　歡冷面的湯, 也可以吃拌冷面. 不過那是用辣椒醬調味的, 你恐
　　　　怕吃不了, 太辣.

王　玲: 你可別忘了我是個老四川.

朴美京: 啊, 對了! 聽說川荣也很辣, 很合韓國人的口味.

王　玲: 可是這是不一樣的辣, 川荣的辣是一種麻辣.

朴美京: 不管它怎麽辣, 川荣是中國四大荣系之一, 我得找機會嘗嘗看.

【中國荣系】(『中國文化』 p.150에서 인용)

中國民族衆多, 由于氣候, 物産和生活習慣的差別, 人們的口味就不相
同了. 一般來說, 南方人愛吃甛的, 做荣放糖比較多; 北方人愛吃辣的, 做
荣少不了鹽; 山東, 四川, 湖南人愛吃辣的, 荣里常有辣椒; 山西人愛吃酸
的, 做荣離不開醋. 所以, 中國歷來有"南甛, 北咸, 東辣, 西酸"的說法.

【韓國的飮食】

最有名的韓國荣是'泡荣'. 包括白荣泡荣, 有百餘種泡荣. 材料主要是羅
卜, 黃瓜等各種蔬荣. 韓國最受歡迎的荣是烤牛肉和烤牛排. 參鷄湯和韓
國式拌飯(特別是石碗拌飯)也是具有代表性的韓國荣.

6. 결　론

본 논문의 제2장에서는 문화와 언어의 관계를 통해서 외국어 학습에
있어서 문화교육의 중요성을 강조하고 문화교육의 목표와 범위를 설정
하는 한편 그 설정에 따른 구체적인 문화교육 항목들을 살펴보았다. 제
3장에서는 현재 우리가 접할 수 있는 중국어 교재에서 문화적 요소들

이 어떻게 나타나고 있는가를 대략적으로 찾아보았다. 그리고 그런 과정을 통해서 제4장에서는 현재 중국어 교재에서 부족한 부분을 문화교육의 관점에서 4가지로 요약하고 제5장에서는 4장에서 밝힌 부족한 부분을 보완한 교재의 예를 초급과 중급의 두 가지로 들었다. 이와 같이 중국문화를 일방적으로 소개하고 설명하는 것보다는 양국 문화를 대조하고 중국문화의 소개와 함께 우리문화에 대한 중국어 설명도 곁들이는 교재가 학습자가 실제로 부딪칠 수 있는 중국인과의 의사소통 과정에서 더욱 유용하게 활용될 수 있을 것으로 보인다. 그리고 이상적인 교재의 개발을 위해서는 우선 이문화간 의사소통에 영향을 미치는 문화적 요소에 대한 대조 연구가 선행되어야 할 것이다.

【참고문헌】

김진우. 1996. 『언어와 문화』. 중앙대학교 출판부

박경자·강복남·장복명. 1994. 『언어교수학』. 박영사

국제한국학회. 1998. 『한국문화와 한국인』. 사계절

H.Douglas Brown. 1997. 『외국어 교수·학습의 원리』. 제3판. 신성철 옮김. 한신문화사

胡春洞·王才仁. 1996. 『外語教育語言學』. 廣西教育出版

戚雨村. 1997. 『現代語言學的特點和發展趨勢』. 上海外語教育出版社

盛　炎. 1990. 『語言教學原理』. 重慶出版社.

周思源 主編. 1997. 『對外漢語教學與文化』.

孟子敏. 1992. 交際文化與對外漢語教學, 『語言教學與研究』 第1期

張占一. 1990. 試議交際文化和知識文化. 『語言教學與研究』 第3期

張占一. 1992. 交際文化瑣談. 『語言教學與研究』 第4期

T.Light. 1987. 『現代外語敎學법-理論與實踐』. 北京語言學院出版社

郭志良·楊惠元·高彦德. 1998. 『뉴캠퍼스 중국어 2』. 이익희 편저. SISA Education

北京外交人員文化中心. 1996. 『베이징 중국어 기초 1』. SISA Education

董明·田桂民·宋瑋圭·鄭基銀. 1998. 『문화중국어 Ⅰ』. 동양문고

吳曉露. 1994. 『說漢語 談文化』. 北京語言學院出版社

韓鑒堂. 1999. 『中國文化』. 北京語言文化大學出版社

중국어와
중국문화,
어떻게 읽고
가르칠 것인가?

한자문화학의 정체성

박흥수 · 남종호

1. 서 언

漢字文化學은 19세기 말 20세기 초의 "以字考史" "說文證史"의 전통
에서 비롯되었으나 1980년대에 이르러 구체적으로 제기되었을 정도로 일
천한 역사를 가지고 있다. 하나의 학문이 형성되어 일정한 체계가 성립되
기까지 수십 년 혹은 수백 년의 시간이 소요되는 것을 생각하면 20여 년
의 짧은 기간 동안 연구된 漢字文化學의 역사는 일천하기 그지없다.

짧은 역사에도 불구하고 漢字文化學에 대한 연구노력은 전문연구서
의 편찬과 적지 않은 연구논문의 발표로 나타났다. 그럼에도 불구하고
漢字文化學이란 무엇이며, 무엇을 연구대상으로 하며, 다른 학문영역과
는 어떤 관계가 있는가에 관한 초보적인 질문들에 대한 해답은 구체적
이고 체계적으로 제시되고 있지는 않은 것 같다. 따라서 본 논문에서는
이러한 질문에 대한 대답으로 漢字와 漢字文化, 漢字文化學의 의미,

漢字文化學의 임무 및 漢字文化學과 타학문과의 관계에 대하여 살펴봄으로써 漢字文化學의 정체성을 탐구하는 데 그 목적을 둔다.

2. 한자문화학의 의미

漢字文化學의 정체성을 탐구하려면 우선 그 용어가 갖는 정확한 의미를 파악할 필요가 있다. 漢字文化學은 漢字 / 漢字文化 / 漢字文化學 등으로 분석할 수 있는 데 각각에 대한 설명 및 含意는 다음과 같다.

1) 한 자

우선 漢字에 대하여 살펴보기로 하자. "漢字는 漢族 인민이 옛날부터 줄곧 漢語를 기록하고 사상을 교류하는 데 사용한 도구로서 漢族 조상이 생산노동과 생산실천 가운데 창조해낸 것이다."[1] 이를 통해 볼 때 漢字는 漢語를 기록하는 도구임을 알 수 있다. 漢字가 漢語를 기록한 목적은 음성언어인 漢語가 갖는 시간적 공간적 한계를 극복하고, 漢語가 보유한 내용을 타지역 혹은 후대의 사람들에게 전달하는 데 있을 것이다.

위와 같은 漢字의 기본적인 기능 외에 사실 漢字는 상당한 文化적 기능을 내포하고 있다. 漢字가 한어를 기록한다는 것은 단순한 음성언어의 기록 차원을 뛰어넘어 그 속에 담긴 文化적인 내용을 기록한다는 것을

---

1) 中國大百科全書出版社編輯部, 『中國大百科全書-語言文字』, (北京: 中國大百科全書出版社, 1986), 195쪽

의미한다. 그래서 훈고학자 沈兼士는 "현대훈고학의 기준으로 볼 때 한 漢字의 해석은 바로 하나의 文化사라고 할 수 있다."[2]라고 말한 것이다. 漢字는 表意性이 강한 문자이기 때문에 각각의 漢字는 기타 표음문자와 달리 文化적인 요소를 담고 있는 것이다.[3] 사실 고대 중국인들이 甲骨, 陶器, 靑銅器, 簡帛 등에 남긴 漢字는 모두 文化적인 화석이라고 할 수 있다. 이런 화석들은 漢字의 文化적 성격 및 중국文化를 이해하는 데 있어 문헌의 기록과 견줄 만큼 중요한 가치를 지니고 있는 것이다.

2) 한자문화

우선 文化는 두 가지 방향에서 설명할 수 있다. 첫 번째는 중국의 전적에 나타난 文化의 개념이다. 중국의 전통적인 의미의 文化는 "文治 와 敎化"를 가리킨다. 漢代 劉向의 『說苑·指武』: "성인이 천하를 다스 리는 데는 먼저 文德으로 하고 후에 武力으로 하였다. 무릇 무력의 발 흥은 不服 때문이다. 文化로서 고치지 않으면 연후에 誅罰하였다. 무릇 아래 사람이 어리석음을 고치지 않으며, 덕으로서 변화시킬 수 없으면 후에 무력을 가하는 것이다."[4] 여기서 "文化로서 고치지 않는다."는 말 은 文治와 敎化로서 상대방을 변화시킬 수 없음을 말하는 것이다.[5]

두 번째는 영어의 culture를 번역한 일본 漢字어 文化의 의미이다. 사실 우리가 일반적으로 알고 있는 文化의 개념은 경작, 재배의 의미 를 가진 라틴어의 Cultura에서 비롯된 말이다. 이 말은 본래 인류 자신

---

2) 沈兼士, 『沈兼士學術論文集』, (北京: 中華書局, 1986), 202쪽
3) 漢字의 표음성 및 표의성에 관한 논의는 박홍수, <漢字의 표의성과 표음성에 관한 고찰>, (언어와 언어학 28집, 2001)을 참고하기 바람
4) 漢·劉向『說苑·指武』: "聖人之治天下也, 先文德而後武力. 凡武之興, 爲不服 也, 文化不改, 然後加誅. 夫下愚不移, 純德之所不能化, 而後武力加焉."
5) 劉志誠, 『漢字與華夏文化』, (成都: 巴蜀書社, 1996), 1쪽

의 물질적 수요를 만족시키기 위해 진행한 의식주 생산 활동을 가리켰
으나, 18세기 이후에는 의미가 확대되어 인류의 정신활동, 즉 사회적
지식, 개인적 교양, 저작 등을 포함하고 한 걸음 더 나아가 사회의 모
든 생활양식을 가리키게 되었다.

　文化에 대한 정의는 여러 가지 설이 있다. 『브리태니커백과사전』의
통계에 의하면 文化의 정의는 160여 가지가 있다고 한다. 이러한 정의
는 개념의 外延으로 분류한다면 크게 세 가지로 나눌 수 있다. 첫째는
인류의 정신활동방면으로 제한한 것, 둘째는 물질문명과 정신문명 두
가지를 모두 포괄한 것, 셋째는 인류사회의 모든 활동을 가리키는 것
등이다. 미국의 인류학자 C.Kluckholn (1905-1960)과 W.H.Kelly가 공저
한 『文化의 개념』에서 "文化는 역사상 창조된 생존양식체계로 드러나
는 형식을 포함할 뿐 아니라 숨겨진 형식도 포함한다. 그것은 전체 群
體를 위해서 함께 향유하는 경향이 있거나 혹은 일정한 시기에 群體의
특정부분이 함께 향유하는 것이다." 라고 하였다. 이 견해가 포함하는
범위는 매우 넓어서 인류역사가 창조한 것은 모두 이 범위 안에 포함
되며 물질방면, 정신방면, 각종관계 등을 모두 포괄한다. 이러한 관점에
서 보면 漢字文化學은 漢字文化에 대하여 연구하는 학문으로 漢字와
관계된 모든 부분을 포괄한다고 보면 될 것이다.[6]

　결국 文化체계의 각도에서 볼 때 '漢字文化'는 한文化[7]의 하위체계
로 한文化의 일부분이라고 할 수 있다. 위에서 설명한 漢字와 文化의
관계를 연결해볼 때 漢字文化는 한文化 중 漢字와 관계된 물질적, 정
신적 산물을 포함하는 文化적 영역이 될 것이다.

---

6) 박흥수 남종호, 『漢字文化學 시론』, (중국언어연구 12집, 2001), 4쪽
7) 중국이 다민족으로 구성된 국가이기 때문에 중국어를 한어라고 호칭하는 것과
　마찬가지로 최근에는 중국文化를 한족의 文化라는 의미에서 한文化라고 칭하
　는 경향이 있다.

3) 한자문화학

漢字文化學은 두 가지 분할법이 있다. 하나는 漢字 / 文化學이요, 다른 하나는 漢字文化 / 學(漢字 / 文化)이다. 전자는 성립될 수 없는 데 그 이유는 漢字 자체의 文化적 특성을 체현할 수 없기 때문이다. 후자는 두 가지 분할법이 있는데 모두 漢字文化의 정체성과 상관성을 잘 체현하고 있다. 漢字文化學이 연구하는 것은 "漢字文化"의 학문이지 "漢字"에 "文化학"을 더한 것이 아니다.[8]

漢字의 체계로 보면 漢字文化學은 漢字學의 한 가지이다. 그래서 漢字文化學은 다른 구조방식, 즉 文化 / 漢字學(文化 / 漢字 / 學)으로 분할할 수 있다. 이 개념의 장점은 첫 번째 개념에서 文化와 漢字學의 관계를 나타낼 수 있고, 漢字學이 중심어라는 데 있다. 결점은 文化와 漢字가 동일한 층차에 있지 못하다는 것이다. 이것은 형식상의 분할일 뿐 "漢字文化學"과 "文化漢字學"은 내용상 실질적인 구분은 없다. "漢字文化學"이라는 개념이 문어형식에 출현한지 이미 10여 년의 세월이 흘렀고, 학자들의 동의를 얻었으므로 명칭을 바꾸어 새로운 개념 논쟁을 불러일으킬 필요가 없다.[9] 何九盈은 이런 설명 후 자신은 "文化漢字學"이라는 용어를 사용하는 데 반대하지 않는다고 밝히고 있다.

劉志誠은 文化文字學이라는 용어를 소개하면서 文化文字學이란 文字와 文化의 주변학문이라고 소개하고 있다.[10] 그가 실질적으로 설명하고 있는 내용을 보면 文字文化學이란 文字와 文化의 관계를 연구하되, 文化의 각도에서 文字를 연구하고, 문자의 각도에서 文化를 연구한다는 것이다. 이는 漢字를 文字로 설명할 뿐 漢字文化學에서 제시

---

8) 何九盈, 『漢字文化學』, (瀋陽: 遼寧人民出版社, 2000), 47-48쪽
9) 何九盈, 같은 책, 48-49쪽
10) 劉志誠, 같은 책, 6쪽

하고 있는 연구방법과 다름이 없다.

　필자의 견해로는 용어의 사용이 중요한 문제이기는 하나 위에서 소개한 세 가지 용어가 실질적인 차이점을 가지고 있지 않고 있기 때문에 모두 사용이 가능하다고 생각된다. 하지만 용어의 통일 및 학문의 정체성 확립을 위해서는 다수의 사람들이 이미 사용하고 있는 漢字文化學이라는 용어를 사용하는 것이 바람직하다고 생각된다.

　이상에서 漢字, 漢字文化, 漢字文化學의 정의 및 용어가 갖는 의미에 대하여 토론해보았다. "漢字文化學"은 "漢字文化"를 기초로 한다. "漢字文化"의 심층적 의미는 漢字"와"文化 그리고 漢字"의"文化를 겸한다고 볼 수 있다. "漢字"는 구체적이어서 볼 수 있고 쓸 수 있지만 "文化"는 반드시 구체적 사물을 통해서만이 표현될 수 있다. 따라서 우리가 漢字와 文化의 관계를 설명할 때 실제적으로 말하는 것은 개별 漢字 및 漢字가 하나의 체계로서 내포하고 있는 文化내용이다. "漢字文化"가 가리키는 것은 漢字의 文化적 내함이다. 漢字는 모든 사물과 관계되기 때문에 漢字文化 또한 모든 사물과 관계가 있다고 할 수 있다.

3. 한자문화학의 임무

　하나의 학문이 성립되기 위해서는 해당 학문의 임무를 확실하게 설정하는 것이 매우 중요하다. 漢字文化學의 임무에 대해서 우선 何九盈 胡雙寶 張猛의 견해를 살펴보자.

"漢字文化學은 漢字를 핵심으로 하면서 여러 주변학문이 교차하는 학문이다. 연구 작업이 더 깊이 진행되어야 함에도 불구하고 이 학문의 임무는 매우 분명하다. 첫째는 漢字를 하나의 부호체계, 정보체계로 간주하고, 그 자신이 가지고 있는 文化적 의미를 천명하는 것이요, 둘째는 漢字와 중국文化의 관계를 탐구하는 것이다. 곧 漢字로부터 시작하여 중국文化를 연구하고, 文化學의 각도에서 漢字를 연구하는 것이다."

"漢字文化學是一門以漢字爲核心的多邊緣交叉學科. 管硏究工作還有待于深入, 但這門學科的總任務已非常明確. 一是闡明漢字作爲一个符號系統、信息系統, 它自身所具有的文化意義; 二是探討漢字與中國文化的關系. 就是從漢字入手硏究中國文化, 從文化學的角度硏究漢字."[11]

이들의 주장에서 알 수 있듯이 漢字文化學의 임무는 漢字 자체가 가지고 있는 文化적 의미와 漢字와 중국文化와의 관계를 연구하는 데 있다. 이런 관점에서 그들이 함께 편찬한 『漢字文化大觀』에서는 漢字의 역사와 특징, 漢字를 載體로 한 찬란한 문명, 漢字의 연구와 교육에 대하여 체계적으로 소개하고 있는데, 이는 漢字文化의 다양한 내용을 포괄하고 있는 것이다. 이 설명을 보면 漢字文化에 대한 정의와 외연이 상당히 넓고 내용이 상당히 풍부함을 알 수 있다.

사실 漢字가 내포하고 있는 文化的 범위 및 내용은 제1장에서 서술한 바와 같이 漢字와 관계된 모든 文化영역을 포괄한다. 필자는 漢字가 포함하는 文化적 내용을 몇몇 학술서의 목차를 통해서 고찰해본 바 있는데[12] 이는 현재까지 연구된 漢字文化學의 연구범위일 뿐 아니라 漢字文化學의 임무라고 볼 수도 있는 것이다.

이번에는 王寧의 견해를 살펴보자.

"이런 연구(필자 주: 漢字文化學의 연구)는 두 가지 각도에서 의미가

---

11) 何九盈 胡雙寶 張猛, 『漢字文化大觀』, (北京: 北京大學出版社, 1995), 5쪽
12) 박흥수, 『漢字所反映的中國文化』, (중국어문학 36집, 2000), 13쪽

있다. 첫째는 文化의 각도에서 漢字를 연구한다는 것인데, 文化的 안목으로 漢字를 관찰하고 해석하는 것이다. 예를 들면 漢字구조가 층차에 따라 둘씩 합병된 모양이 형성된 文化的 원인에 대한 탐구, 漢字구조모형이 형성된 文化的 원인에 대한 연구, 漢字의 각종 서체 발생과 성숙의 역사 사회적 배경에 대한 연구 등등이다. 결론적으로 漢字를 文化의 큰 체계 중 하나의 文化항목으로 보고 그것과 기타 文化항목 간의 촉진과 억제에 따라서 증명할 수 있는 관계를 탐구하는 것이다. 다른 방면으로는 漢字의 구조가 가지고 있는 文化的 정보에 대해 분석하는 것인데, 이런 분석은 개체 字符에 대한 분석이 있을 뿐 아니라 총체적 체계에 대한 분석도 있다."

"這種硏究有兩方面的意義: 一方面是從文化的角度看漢字, 用文化的眼光來觀察漢字、解釋漢字. 例如, 對漢字構形依層次兩兩拼合的格局形成的文化原因的探討; 對漢字構形模式形成的文化原因的探討; 對漢字各種書體産生和成熟的歷史社會背景的探討等等. 總之, 是把漢字視爲一項文化巨系統中的文化項, 探討它與其他文化項的互促、互抑因而能互證的關系. 另一方面, 是對漢字構形中所携帶的文化信息的分析, 這種分析旣有對個體字符的分析, 又有對總體系統的分析."[13]

王寧의 견해에 따르면 漢字文化學의 연구는 역시 文化的 각도에서 漢字를 연구하는 것과 漢字가 가지고 있는 文化的 정보내용을 분석하는 두 가지 관점이 있다는 것을 설명하고 있다. 이런 점에서 何九盈 등이 위에서 주장한 漢字文化學의 두 가지 임무와 일치한다고 볼 수 있다.

何九盈은 『漢字文化學』에서 위와 같은 내용을 본체론과 관계론이라는 용어를 사용하여 설명하고 있다.[14] 본체론이란 漢字文化의 내부문제, 즉 漢字 자체의 형·음·의 자료를 운용하여 그것이 내포하고 있는 文化的 요소를 연구한다면, 관계론은 漢字文化의 외부관계를 연구하는

---

13) 何九盈, 같은 책, 6쪽
14) 何九盈, 같은 책, 52쪽

것을 목표로 삼는다. 그렇게 함으로써 漢字文化에 대한 종적인 연구와 횡적인 연구를 할 수 있다는 것이다.

1) 본체론

본체론은 漢字의 내부적 요소로 구성된다. 漢字의 내부적 요소란 漢字가 가지고 있는 형·음·의이다. 자음과 자의 특히 자의는 직접 언어의 부분까지 관계가 되기 때문에 언어의 문제가 되기도 하며, 많은 내용이 문자의 부분까지 침투하여 고대한어, 서면언어를 연구하는 데 있어서는 문자라는 載體를 논외로 할 수 없다.[15]

『漢字文化大觀』에 나타난 목차를 가지고 설명한다면 漢字의 기원, 漢字 형체의 변천, 漢字의 서사도구와 載體, 漢字의 특징, 漢字의 규범화·주음 및 簡化, 漢字의 연구와 응용 등이 漢字文化學 연구의 본체론에 속한다고 할 수 있다.

위에서 예로 든 항목들은 漢字가 가지고 있는 형·음·의 관계 및 漢字 자체가 하나의 文化항목으로서 갖고 있는 文化적인 내용들이다. 이런 관점에서 볼 때 박홍수의 <육서의 관점에서 본 간체자>(중국문학연구 23집)는 漢字의 簡化 문제를 집중적으로 분석한 본체론적인 논문이라고 할 수 있다.

2) 관계론

본체론의 연구가 漢字文化의 내부문제, 즉 漢字 자체의 형·음·의 자

---

15) 何九盈, 같은 책, 52쪽

료를 가지고 그 안에 포함된 文化적 요소들을 탐구해내는 것이라면 관계론은 漢字文化의 외부관계를 연구하는 데 목적을 둔다. 이렇게 함으로써 종적인 연구와 횡적인 연구를 하게 되는 것이다.16)

『漢字文化大觀』의 漢字와 민족文化, 漢字와 한어 및 형제민족문자, 漢字와 문학예술, 漢字와 연호·성씨·避諱, 漢字와 의식형태·사유방식, 漢字와 兵·法·吏, 漢字와 衣食住行, 漢字와 경제활동, 漢字와 동물·식물, 해외에서의 漢字 등등이다.

위의 내용들은 더 자세하게 분류될 수 있다. 내용은 漢字가 다른 한 文化 항목과 관계를 서술한 것이며 그러한 관계는 漢字의 해설과 文化적 설명을 통해 구현되고 있다.

사실 漢字文化學의 본체론과 관계론은 불가분의 관계이다. 漢字文化는 본체인 동시에 관계이기 때문에 본체만 중시하고 관계를 경시하거나, 관계만을 중시하고 본체를 경시하면 엄격한 의미에서의 漢字文化學이 성립될 수 없다. 漢字文化學은 본체론 연구를 기초로 나아가서 漢字文化와 전체 漢文化의 관계, 즉 漢文化에서 漢字의 지위, 漢文化에 대한 영향 등을 탐구하는 것을 임무로 한다고 볼 수 있다.17) 이런 관점에서 볼 때 박흥수의 <漢字에 반영된 중국의 교통文化>(중국학연구 16집)는 漢字에 반영된 교통수단에 대하여 문자학적인 관점에서 서술하였고, 박흥수, 남종호의 <漢字와 中國傳統政治文化>(중국학연구 19집)와 박흥수,남종호의 <中國傳統刑法과 漢字的 含意>(중국어문논역총간 10집)는 역시 관계론에 속하는 논문으로 漢字와 中國傳統政治文化와 中國古代刑法의 관계를 풀어냈다고 볼 수 있다.

---

16) 何九盈, 같은 책, 58쪽
17) 何九盈, 같은 책, 52쪽

4. 한자문화학과 타 학문과의 관계

漢字文化學은 여러 학문과 공유점을 갖는 새로운 학문이기 때문에
여러 학문과 관계를 갖고 있으며, 특히 傳統小學, 文化인류학 및 文化
言語學 등의 학문과 밀접한 관계가 있다.

1) 傳統小學과의 관계

漢字文化學은 漢字연구의 새로운 영역이기 때문에 漢字를 주요 연
구대상으로 하는 小學과 밀접한 관계가 있다.

小學은 文字學, 訓詁學, 聲韻學 세 분야로 나뉜다. 문자학은 漢字
의 구조, 발전 및 변천, 성질 및 기원 등의 내용을 전면적으로 연구하
는 학문이지만 중점은 자형의 연구에 있다. 唐蘭은 『中國文字學』에서
"나의 문자학 연구대상은 자형에 한정된다."라고 했다. 훈고학은 字義
의 연구를 주로 하는데 소위 "訓"이란 통속적인 언어로서 字義를 해석
하는 것이요, "詁"란 當代의 언어를 사용하여 고대의 의미를 해석하는
것이다. 성운학은 字音을 연구하는 학문이다.

漢字文化學은 문자학 중 특히 고문자학과 공통된 연구자료 및 연구
대상을 가지고 있다. 고문자학의 미시적 목표는 문자를 해석하는 것이
고, 거시적 목표는 역사를 통하게 하는 것이다. 漢字文化學의 미시적
연구목표는 고문자의 변별에 있는 것이 아니라 이미 인지된 고문자에
대해서 文化분석을 진행하는 것이고, 거시적 목표는 전체 한文化를 통
하게 하여 학문의 영역을 뛰어넘을 뿐 아니라 文化를 뛰어넘는 비교연
구를 하는 데 있다.[18] 이로 볼 때 漢字학은 漢字文化學의 선행학문이

며 漢字文化學은 漢字학에서 새롭게 파생된 학문이라고 할 수 있다. 양자의 차이점은 주로 연구의 범위, 목표가 다르다는 것이다.

漢字文化學은 우선 소학에 대하여 의존적 관계에 있다.[19] 漢字文化學이 연구하는 것은 漢字의 文化체계이고 이 文化체계는 의사소통부호인 漢字의 구성, 유형, 성질, 특징 등 각종 요소가 서로 연결된 것이다. 이러한 漢字에 대한 전면적이고 정확한 이해는 漢字文化체계연구의 기본전제가 된다. 漢字의 기본상황은 소학의 연구성과에 반영되어 있거나 혹은 소학의 방법으로 이해해야 한다. 이러한 사실은 漢字文化學이 소학의 연구성과를 전면적으로 이용해야 한다는 것과 소학의 연구성과가 漢字文化學 연구의 출발점이 된다는 것을 말하는 것이다.

漢字文化學의 소학에 대한 의존적 관계는 문자의 해석에서 찾아볼 수 있다. 예를 들면 "爲"자는 『說文解字』에서는 訛變된 小篆에 근거하여 "母猴"라고 해석하였으나, 후대학자들은 갑골문에 근거하여 "코끼리를 부려서 노역을 돕는(役象以助勞)" 형상으로 해석하였다. 이것은 상고시대에 중원에는 코끼리가 있었고, 코끼리를 이용하여 사역을 도왔다는 文化정보를 내포하고 있는 것이다.

또한 小學研究의 한계점은 漢字文化學 연구의 발전을 제한하기도 한다. 고문자 해석의 공백은 비교적 큰 문제이다. 현재까지 발견된 갑골문 單字는 5만에 달하는데, 지금까지 해석된 자는 1천여 자 뿐이다. 만약 많은 고문자들이 해독될 수 있다면 漢字文化學의 연구에도 더 광활한 영역을 제공하게 될 것이다.

위와 같은 의존성에도 불구하고 漢字文化學은 漢字學에 대하여 강력한 촉진작용을 한다고도 볼 수 있다. 이러한 촉진 작용은 두 가지 방면에서 나타난다.[20] 漢字文化學의 연구성과는 일반적으로 전통소학

---

18) 何九盈, 같은 책, 59쪽
19) 劉志基, 『漢字文化學簡論』, (貴陽: 貴州敎育出版社, 1994), 12-13쪽
20) 劉志基, 같은 책, 14-16쪽

의 연구에 대해 모종의 공헌을 동반한다. 그 이유는 의사소통 기능과 文化적 의미는 漢字의 각각 다른 기능이지만 구체적인 문자현상으로 기록되었을 때 이 두 가지 기능은 동일한 실체에 밀접하게 결합되기 때문이다. 따라서 漢字의 文化적 기능을 연구대상으로 하는 漢字文化學과 漢字의 의사소통기능을 연구대상으로 하는 전통소학은 일정한 의미가 발생할 수 있는 것이다.

또 한 가지 이유는 漢字文化學의 연구는 전통소학, 특히 문자학 연구의 촉진 작용을 하고 있는데, 그것은 文化학 연구방법의 도입으로 표현된다. 漢字의 형성, 발전 및 여러 가지 특징은 특정한 文化적 배경과 연결되어 있기 때문에 漢字의 연구는 의사소통도구로서 뿐 아니라 형성, 발전하게 된 文化적 배경을 소홀히 할 수 없는 것이다. 예를 들면 漢字의 簡化는 한어의 서사도구인 漢字의 서사속도 및 인지능력을 향상시키고자 실시한 것이다. 그러나 문자의 서사속도만을 고려한다면 문제가 발생할 수밖에 없다. 결국 2차 簡化方案이 나왔다가 취소된 것이 하나의 좋은 예이다. 그 이유에는 여러 가지가 있으나 한 가지 중요한 것은 簡化字가 중국인의 인지적 심리와 맞지 않기 때문에 받아들이기 어렵다는 것이다. 예를 들어 展자를 尸+一로 간화한다든지 道자를 刀+辶로 간화한 것은 이해하기 어렵다는 것이다. 이것은 문자학과 연관짓지 않더라도 중국인들의 관념 속에 漢字는 단어를 기록하는 단순한 기호가 아니라 습관적으로 자형과 의미 사이에 어떤 상관관계를 연상하게 된다는 것을 의미한다.

2) 한자문화학과 문화인류학과의 관계

漢字文化學이 연구하는 것은 漢字와 文化의 관계이기 때문에 文化

인류학과 밀접한 관계가 있다. 漢字는 유구한 역사를 가진 부호체계로서 그와 관계된 현대文化현상 이외에도 한민족의 고대文化현상과 더욱 밀접한 관계를 가지고 있는 것이다. 漢字文化를 인류학적 관점에서 투시한 대표적인 저작으로 許進雄의 『中國古代社會-文字與人類學的透視』(臺灣: 商務印書館, 1995)를 들 수 있다. 이 책에서는 중국文化의 각 방면을 연구하는 데 있어서 문자의 해설, 고고학과 인류학의 문헌자료 제시를 통해서 본문을 기술하고 매편 뒷부분에는 漢字의 자체변천을 도표로 제시하였으며 또한 고고학과 인류학 연구자료를 통해서 얻어진 풍부한 실물자료를 제시함으로써 연구의 신뢰성을 높이고 있다.

漢字文化學의 연구는 文化인류학의 연구성과에서 논증의 근거를 찾을 수 있다. 예를 들면, "婚"과 "娶" 두 글자는 고대인들의 약탈혼에 관계된 文化정보를 내포하고 있는데,21) 이것은 文化인류학 연구에서 보편적으로 인정되고 있는 사실이다. 이러한 발견은 중국전통민속연구에서 고대중국의 약탈혼이라는 원시혼인형식의 게시를 통해서 얻어낸 것이라고 할 수 있다. 이와 같이 漢字文化學의 연구는 文化인류학의 연구성과에서 단서를 얻을 수도 있으며, 구체적인 연구에서는 두 학문이 서로 보충할 수 있는 영역이 있는 것이다.

또한 漢字文化學이라는 이름만 보아도 이 학문은 文化사 연구와 관계가 깊다는 것을 알 수 있다. 특히 漢字는 오랜 역사를 가진 부호체계이기 때문에 현대의 文化현상 외에도 한민족의 고대文化현상과 관계가 깊다. 구체적으로 漢字와 文化의 관계는 두 가지 관점에서 살펴볼 수 있다. 첫째는 漢字와 文化의 관계는 文化사연구의 성과에서 게시를 얻는다고 볼 수 있다. 예를 들어 漢字학에서 말하는 反訓은 중국인들의 변증법적 사유를 대변하는 것으로 볼 수 있다. 漢字文化學은 우선 고대중국인들의 변증법적 사유의 특징을 이해하고 이로부터 漢字의 反

---

21) 박흥수, 『漢字所反映的漢字文化』, (중국어문학 36집, 2000), 15쪽

訓현상을 관찰한다면 자연히 양자의 관계를 발견하게 된다. 또 위에서 예로 든 "婚"자나 "娶"자의 경우도 전통 민속학에서 힌트를 언어 문자학의 연구성과와 결합시켜 얻어낸 결론인 것이다. 둘째는 漢字文化學에서 발견된 文化적 정보는 文化학의 관계 자료를 이용해서 확증해야 한다는 것이다. 다시 말하면 사람들이 漢字를 연구하다가 발견한 文化的 정보는 文化사적인 연구를 통해서 관계성이 증명되기 전까지는 하나의 추측일 뿐 확실한 과학적 결론을 내릴 수 없다는 것이다.[22)

위와 같은 관계에도 불구하고 漢字文化學이 文化史 연구에 긍정적인 역할을 하기도 한다. 그 첫째는 새로운 방법, 즉 漢字로부터 歷史 文化현상을 관찰하는 길을 제공했다는 것이요, 둘째는 새로운 文化 데이터베이스, 즉 漢字의 文化적 기능체계를 개발했다는 점이다.

3) 한자문화학과 문화언어학의 관계

漢字文化學과 文化言語學은 文化에 연구의 중점을 둔다는 데 공통점이 있다. 文化言語學을 어떤 학자들은 인류언어학이라고 부르는데, 羅常培의 『語言與文化』(北京: 語文出版社, 1996)가 바로 이런 성질을 띤 저작이다. 그 내용은 "단어의 어원과 변천으로부터 文化의 유적을 관찰함, 造語心理로부터 민족의 文化정도를 관찰함, 假借字로부터 文化의 접촉을 관찰함, 지명으로부터 민족이동의 종적을 관찰함, 성씨와 별명으로부터 종족의 근원과 종교신앙을 관찰함, 친족호칭으로부터 혼인제도를 관찰함." 등이다. 이러한 표제에서 언급한 내용은 漢字文化學에서도 연구할 수 있다.

그러나 차이점은 근거한 자료가 다르다는 것이다. 文化언어학은 언

---

22) 劉志基, 같은 책, 17-18쪽

어를 자료로 삼고, 漢字文化學은 漢字를 연구재료로 삼는다. 文化언어학은 또 다른 부분으로 나눌 수 있는데, 첫째는 언어와 文化의 일반관계를 연구하는 것과 둘째는 특정한 언어와 특정한 文化의 관계를 연구하는 것이다. 반면에 漢字文化學은 단지 한민족이 사용하는 漢字와 한민족의 文化 및 漢字와 유관한 다른 민족의 文化를 연구할 수 있다. 이론적으로 말하자면 언어와 문자는 서로 다른 영역에 속하고 한계가 분명하지만 구체적인 재료의 운용에 있어서 분명하게 구분하기는 쉽지 않다. 漢字와 文化의 연구에서 언어와 교차되고 중첩되는 것은 피할 수 없는 사실이다.[23]

이상의 논의를 종합해볼 때 漢字文化學과 기타 학문과의 관계는 다음과 같이 정리할 수 있다.

첫째, 학문의 성격을 결정하는 주요근거는 해당학문의 연구대상이다. 漢字文化學은 漢字를 연구대상으로 할 뿐 아니라 漢字의 형체구조를 중요한 근거로 삼기 때문에 漢字학에서 파생된 학문으로 볼 수 있다.

둘째, 漢字文化學은 文化인류학의 연구성과에서 단서를 찾을 수도 있으며, 구체적인 연구에서는 두 학문이 서로 보충과 증거가 될 수 있다.

셋째, 현재 중국에서 연구되고 있는 文化언어학은 한족의 언어와 文化에 대한 연구이며 한어연구의 한 줄기이다. 文化언어학은 한어에 대한 모든 연구를 포함할 수 없을 뿐 아니라 漢字文化學의 내용을 포괄할 수 없다. 漢字文化學과 文化언어학은 文化를 연구한다는 측면에서는 공통점을 가지고 있으나 연구의 대상은 달리하는 학문인 것이다.

---

23) 何九盈 胡雙寶 張猛, 같은 책, 6쪽

5. 결　어

　본 논문은 漢字文化學의 정체성을 탐구하는 데 목적을 두고 작성되었으며, 본론을 통해 다음과 같은 결론을 얻었다.

　첫째, 漢字文化學의 용어설명을 통해 漢字文化學은 “漢字의 文化”와 “漢字와 文化”를 연구하는 학문이며, 이는 漢字文化學의 임무인 본체론과 관계론에 관계가 있다.

　둘째, 漢字文化學의 임무는 文化의 각도에서 漢字를 연구하고 漢字의 각도에서 文化를 연구하는 것이다. 구체적으로는 漢字가 한文化의 일부로서 갖는 文化적 의미를 연구하는 본체론과 漢字와 다른 文化항목이 갖는 관계를 연구하는 관계론으로 나누어 볼 수 있다.

　셋째, 漢字文化學은 傳統小學, 文化人類學, 文化言語學과 밀접한 관계가 있다. 漢字文化學과 傳統小學과의 관계는 의존적인 동시에 발전을 촉진시키는 역할을 하고 있다. 文化人類學과의 관계는 漢字文化學에서 발견한 文化的 정보는 文化的인 연구자료를 통해서 과학적인 검증을 얻을 수 있다는 면에서 의존적이지만, 漢字를 통해서 文化를 연구하는 새로운 방법을 제공했다는 점에서는 漢字文化學의 기여라고 볼 수 있다. 文化언어학과의 관계는 각각 漢字와 한어에 내포된 文化적 요소를 연구대상으로 삼는다는 공통점이 있으나 구체적 연구대상이 하나는 文字, 하나는 言語라는 차이점이 있다.

【참고문헌】

唐　蘭, 『中國文字學』, 臺灣: 開明書店, 1988.

何九盈, 『字文化學』, 瀋陽: 遼寧人民出版社, 2000.

何九盈·胡雙寶·張猛, 『漢字文化大觀』, 北京: 北京大學出版社, 1995.

李玲璞·臧克和·劉志基, 『漢字與中國文化源』, 貴陽: 貴州人民出版社, 1997.

劉志基, 『漢字文化學簡論』, 貴陽: 貴州人民出版社, 1994.

劉志基, 『漢字與古代人生風俗』, 上海: 華東師範大學出版社, 1995.

劉志誠, 『漢字與華夏文化』, 成都: 巴蜀書社, 1996.

羅常培, 『語言與文化』, 北京: 語文出版社, 1996.

沈兼士, 『沈兼士學術論文集』, 北京: 中華書局, 1986.

宋永培, 『<說文>漢字體系與中國上古史』, 廣西教育出版社, 1996.

王　寧·謝棟元·劉方, 『<說文解字>與中國古代文化』, 瀋陽: 遼寧人民出版社, 2000.

許進雄, 『中國古代社會－文字與人類學的透視』, 臺灣: 商務印書館, 1995.

許　慎, 『說文解字』, 北京: 中華書局, 1992.

中國大百科全書出版社編輯部, 『中國大百科全書·語言文字』, 北京: 中國大百科全書出版社, 1992.

周有光, 『字和文化問題』, 瀋陽: 遼寧人民出版社, 2000.

박흥수, 『漢字에 반영된 중국의 교통文化』, 중국학연구 16집, 1999, 중국학연구회.

박흥수, 『字所反映的中國文化』, 중국어문학 36집, 2000, 영남중국어문학회.

박흥수, 『육서의 관점에서 본 간체자』, 중국문학연구 23집, 2001, 한국중문학회.

박흥수, 『漢字의 표의성과 표음성에 관한 고찰』, 언어와 언어학 28집, 2001, 한국외국어대학교 외국어종합연구센터 언어연구소.

박흥수·남종호, 『漢字文化學 시론』, 중국언어연구 12집, 2001, 한국중국언어학회.

박흥수·남종호, 『漢字와 中國傳統政治文化』, 중국학연구 19집, 2001, 중국학연구회.

박흥수·남종호, 『中國傳統刑法과 漢字的 含意』, 중국어문논역총간 10집, 2002, 중국어문논역학회.

【저자소개】

김영미

이화여자대학교 중어중문과를 졸업하고, 한국외국어대학교 대학원에서 「초기경극형태연구」로 문학박사학위를 받았다. 지은 책으로 『동아시아 여성의 기원』, 『영화로 읽는 중국』(공저) 등이 있고, 옮긴 책으로 『세계 영화이론의 비평과 새로운 발견』(공역) 등이 있으며, 연구논문으로는 「그녀는 추하기가 짝이 없었다 그리고 왕비가 되었다」, 「경극에서 '손오공' 인물형상의 예술적 창조> 외 다수가 있다. 현재 한국외국어대학교 중국어과 강사.

김현주

한국외국어대학교 중국어과를 졸업하고 동 대학원에서 「한 악부 민가의 서정성 고」로 문학석사학위를 받았으며 대만사범대학에서 「唐五代敦煌民歌之硏究」로 문학박사학위를 받았다. 지은 책으로 『돈황 곡자사 선집』, 『돈황민가』, 『우리말 한자 읽기 사전』(편저) 등이 있고 연구논문으로는 「당대 변새사 연구」, 「당대 민간 곡자사의 문인사화 과정 연구」외 다수가 있다. 현재 한국외국어대학교 중국어과 교수.

남덕현

부산대학교 중어중문학과를 졸업하고, 한국외국어대학교 대학원에서 「김성탄의 문예비평이론 연구」로 문학석사학위를, 「公安派之文學理論硏究」로 문학박사학위를 받았다. 『진명중한사전』, 『진명한중사전』, 『중한사전』 등을 공편하였으며, 지은 책으로 『삼국지 문화답사기』 등이 있고, 연구논문으로는 「원굉도의 창작이론 고찰」, 「삼국연의와 민간전설」 외 다수가 있다. 현재 부산대학교 중어중문학과 교수.

남종호

한국외국어대학교 중국어과를 졸업하고 국립대만대학에서 「황종희의 정치사상」으로 정치학석사를, 북경대학에서 「상호의존적 한중관계와 한반도형세」로 법학박사학위를 받았다. 지은 책으로『중국의 소수민족 – 조선족』이 있고, 옮긴 책으로『모택동자서전』이 있으며, 연구논문으로는 「중국헌법개정과 특징」, 「중국 사회주의정치 체제 하에서의 당정 관계 연구」 외 다수가 있다. 현재 한국외국어대학교 중국연구소 책임연구원.

류기수

한국외국어대학교 중국어과를 수석으로 졸업하고, 홍콩대학교 중문과(中文系)에서 석사 및 박사학위를 취득하였다. 엮은 책으로『올인 중국어 문법』,『역대한국사총집』등 28종이 있고, 사(詞) 문학과 중국어 교육에 관한 논문이 23편 있다. 현재 한신대학교 중국문화학부 교수.

송철규

한국외국어대학교 중국어과를 졸업하고, 동 대학원에서 「이어 '십종곡' 연구」로 문학박사학위를 받았다. 지은 책으로『중국고전이야기1-2』,『경극』,『현대 중국의 연극과 영화』(공저),『논어』,『사기』 등이 있고, 옮긴 책으로『제갈공명처럼 생각하고 행동하라』,『묘수』 등이 있으며, 연구논문으로는 「명청 전기의 구조」, 「영화 속에 나타난 북경」, 「주역의 문학성 소고」 외 다수가 있다. 현재 한중대학교 한중통번역학과 교수.

박홍수

한국외국어대학교 중국어과를 졸업하고, 동 대학원에서 석사학위를 받은 후 대만에 유학하여 대만사범대학 국문연구소에서 「주준성 설문학 연구」로 문학박사학위를 받았다. 지은 책으로 『중국 언어와 문자』, 『說文通訓定聲硏究』(중문) 등이 있고, 옮긴 책으로 『중국어 어휘론』, 『유대 상인과 온주 상인』 등이 있으며, 연구논문으로는 「한자에 반영된 중국의 교통문화」, 「한자문화학 시론」 등 40여 편이 있다. 현재 한국외국어대학교 중국어과 교수.

연동숙

한국외국어대학교 중국어과를 졸업하고, 동 대학 통역번역대학원 한중과에서 석사를 마쳤으며, 동 대학원 중어중문학과에서 「한국어와 중국어의 텍스트 결속 대조 연구」로 박사학위를 받았다. 구체적인 의사소통 행위의 도구이자 결과물로서의 언어 연구 및 응용에 관심을 쏟고 있으며 연구 논문으로는 「韓漢肯定應答形式對比及偏誤分析」, 「중국어의 텍스트 결속적 접속 표지 연구」, 「話題連貫硏究在閱讀敎學中的應用」 등이 있다. 현재 한국외국어대학교 중국어과 강사.

이정인

한국외국어대학교 중국어과 졸업하고 동 대학원에서 「1980년대 중국 실험극 연구」로 문학박사학위를 받았다. 지은 책으로 공저 『현대 중국의 연극과 영화』, 『중국 현대문학과의 만남』 등이 있고, 연구논문으로는 「가오싱젠의 '피안' 연구 — 원시적 기억으로의 여행」 외 다수가 있다. 현재 한국외국어대학교 중국어과 강사.

임대근

한국외국어대학교 중국어과를 졸업하고, 동 대학원에서 「초기 중
국 영화의 문예전통 계승 연구(1896-1931)」로 문학박사학위를 받
았다. 지은 책으로 『영화로 읽는 중국』(공저), 『중국 영화 이야기』
등이 있고, 옮긴 책으로 『아큐와 건달, 예술을 말하다』, 『격동의
100년 중국』 등이 있으며, 연구논문으로는 「상하이 영화 연구 입
론」, 「중국 영화 세대론 비판」 외 다수가 있다. 현재 한국외국어대
학교 중국어과 교수.

중국어와 중국문화, 어떻게 읽고 가르칠 것인가?

- 초판 인쇄　2007년 5월 2일
- 초판 발행　2007년 5월 2일

- 지 은 이　김현주 외
- 펴 낸 이　채종준
- 펴 낸 곳　한국학술정보㈜
　　　　　　경기도 파주시 교하읍 문발리 526-2
　　　　　　파주출판문화정보산업단지
　　　　　　전화　031) 908-3181(대표) · 팩스　031) 908-3189
　　　　　　홈페이지　http://www.kstudy.com
　　　　　　e-mail(출판사업팀사업부)　publish@kstudy.com

- 등　　록　제일산-115호(2000. 6. 19)
- 가　　격　29,000원

ISBN　　978-89-534-6741-5 93720 (Paper Book)
　　　　　978-89-534-6742-2 98720 (e-Book)